南山大学地域研究センター共同研究シリーズ

9

宗教と政治の
インターフェイス

現代政教関係の諸相

丸岡高弘
奥山倫明
編

行路社

本書の刊行にあたっては、
2016年度南山大学地域研究センター共同研究助成金を受けた。

まえがき
近年の「政教分離」論の一端にふれつつ

奥山 倫明

　日本で刊行されているこの数年の新刊書籍を見てみると、「政教分離」を標題や副題に掲げた書籍が何冊もある。そこには翻訳書も含まれているが、なかには原著には掲げられていないにもかかわらず、邦題に「政教分離」という言葉が付加された場合もある。
　本論集の冒頭にあたり、まずこれらいくつかの訳書を取り上げて、近年の議論において何が問題として論じられてきたのかを確認しておくことにより、本論集所収の各論文のおおよその位置取りについて見通しを立てておきたい。

1　「政教分離」という課題——アメリカの事例

　2007年に邦訳が刊行されたエドウィン・S・ガウスタッドの『アメリカの政教分離——植民地時代から今日まで』(原著1999年、改訂版2003年)の場合、アメリカ合衆国の文脈では、「政治と宗教の分離」というよりは「国家と教会の分離」が重要な論点であって、原題も「全土で自由を宣言せよ——アメリカにおける教会と国家の歴史」となっている。
　そもそもアメリカ合衆国の独立自体が、英国からの政治的自由とともに、イングランド教会からの信教の自由を獲得するための戦いだった(21頁〔訳語一部改変〕)。1791年にアメリカ諸州によって批准された連邦憲法の修正第一条は、「連邦議会は、宗教の公定化(establishment)、あるいは宗教の自由な実践を禁ずる、いかなる法律も制定してはならない」という文言から始まる。「公定」という用語は一般にはあまりなじみがないと思われるが、ガウスタッドは公定化の禁止について、「これは議会が宗教を庇護したり、推進させたりすること、ある宗教を他の宗教の上に置いたりすることを禁止するものである」

と説明している（35頁）。
　修正第一条を取り巻く現実の宗教の状況は、特に 20 世紀に入ってから大きく変容する。宗教の多元化、多元主義化の伸展である。ガウスタッドの描写はそれを端的に示している。

> 二〇世紀前半、合衆国はプロテスタントが支配的な国家である、と多くの人びとは考えていた。ところが、第一次世界大戦終焉までに、ことにアイルランドからのローマ・カトリック教徒や、東ヨーロッパからのユダヤ人など、膨大な規模の移民によってすべてが変わったのである。さらに二〇世紀の終わりまでには、ユダヤ・キリスト教国家であったものが、イスラム教や仏教もある程度とりこみ、まったく多元主義の国家となった。
> 　　　　　　　　　　（ガウスタッド『アメリカの政教分離』、54 頁）

　ガウスタッドの著書は、「公定条項」〔「公定」についての条項であるが、正確には「公定禁止条項」〕と学校との関連について、二つの章をあてて特に詳しく論じている。合衆国の公立学校では 19 世紀中は依然としてプロテスタント的傾向が強かったが、それは徐々に排除されてゆく。それに対して、プロテスタント的傾向の維持や強化を求める親たちも多かった。第二次世界大戦後には、学校内における複数教派の聖職者たちにより並行して行なわれる宗教教育への違憲判断（79 頁）、希望生徒に下校時間を早めて複数教派の施設での宗教教育に参加させていたことへの合憲判断（80 頁）、公立学校の教師と宗教系の教区学校の教師が相互の学校で授業を分担する方式への違憲判断が出された（81 頁）。
　授業開始前の教室での神への祈りの言葉については、1962 年の「エンゲル対ヴィタール」判決での連邦最高裁判所の判断は違憲だった（83 頁）。63 年にも、公立学校で聖書を読み、主の祈りを唱えることが違憲と判断された。これに対して、学校において、「ユダヤ＝キリスト教的」ではあっても「非教派的」な祈りなら許容されるのではないか、黙禱なら許容されるのではないかといった議論も出て、「一九八四年までに二〇の州が、公立学校で毎日沈黙の時〔a moment of silence〕を設けることを許可する法をもつことになった」という（87 頁）。ただし、この「沈黙の時」も 1985 年には違憲と判断された（「ウォレス対ジェフリー」）。全体として、合衆国の多数の国民が支持してきた公立学校での祈りは、それに対する異議申し立てを受けて、最高裁ではわずかな差

であっても違憲の判断が下される傾向が強いようである。

　他方、教科の内容についてもまた、審判にかけられてきた。その焦点は、よく知られている「創造説、対、進化論（ダーウィニズム）」である。1925年のテネシー州における「スコープス裁判」では、進化論を紹介しようとした生物の教師スコープスが有罪になった。それを受けて、隣りのアーカンソー州では進化論を記した教科書を長く非合法としていた。1968年になって「エパーソン対アーカンソー州」の最高裁判決は、こうした州の方針を違憲とした（90-91頁）。またルイジアナ州では、進化論を創造説とともに教えることを定めていたが、1987年の最高裁判決で違憲とされた。

　憲法修正第一条「公定条項」と学校との関連は、私立学校に関しても問題を提起した。1922年にオレゴン州は、8歳から16歳の少年少女が公立学校に通うことを求める法律を通過させた。1925年の「ピアス対修道女会」判決で最高裁は、その法律が、連邦憲法修正第十四条（合衆国市民としての身分の保障、適正手続なく個人の生命、自由、財産を奪うことの禁止等）に違反すると判断した。この判断により宗教系の教区学校──さらには一般に私立学校──の存立が保証されることになった（96-97頁）。他方、ルイジアナ州で、公立学校のみならず教区学校の生徒にも、宗教色のない教科書の購入を支援することとしたのに対し、1930年の最高裁の判断は合憲の判断を下した（「カクラン対ルイジアナ州教育委員会」）。これは「財政援助は宗教学校にたいするものではなく、子供にたいするものである」からである（97頁）。

　しかしながら、ガウスタッドによると、「公定条項」との関連で、宗教と私立学校に関連した訴訟は、そののちそれほど簡単に判断できるものではなくなったという（99頁）。とりわけ教区学校に対する州以下の諸自治体による資金援助（教科書、その他の教材、各種教育サービスに対する援助）については、最高裁の判断はケースバイケースの様相を呈している（97-102頁）。また教区学校の教師への給料の補助やそうした学校の授業料への補助（バウチャー制を含む）など、最高裁判事たちの意見がわかれるさまざまな問題が提起されてきた。

　宗教系の私立学校と公的機関との関係という問題に続いて、ガウスタッドが最後の章で取り上げているのは「信教の自由」についてである。修正第一条の「宗教の自由な実践」で特に留意すべきは、少数派の宗教者にとっての自由の保障である。公立学校における宗教という先の問題ともかかわる、エホバの証人に関する事例とアーミッシュに関する事例をここでは参照してみよう。

ペンシルヴァニア州の公立学校へ通っていたエホバの証人を信仰する姉弟が、国旗への儀礼を拒否したことから放校処分となった。この「マイナーズヴィル学校区対ゴビティス」（1940年）において、最高裁は国旗に対する儀礼の強制を認めた（119-120頁）。ただしこの判断は1943年には覆され、国旗に対する儀礼への強制的な参加は求められなくなる（121頁）。

　1950年にアーミッシュの監督（教区の指導者）たちが、八学年を超えて子供たちを公立学校に通学させることに反対する宣言文を記した。アーミッシュはそうした子供たちを独自の「職業高等学校」に通わせたが、それは州の規準に沿わず、彼らは何度も罰金刑や収監刑を受け、また法廷でも敗れ続けたという（125頁〔訳語一部改変〕）。ところが1972年の「ウィスコンシン対ヨーダー」判決で最高裁は、16歳まで公立学校に通わせることを定めたウィスコンシン州法に対して、アーミッシュの独自の教育を認める判断を下した（126頁）。

　ガウスタッドは「エピローグ」において、公立学校内における福音主義的キリスト教の活動の扱いに関する最高裁の判断を紹介している。1995年の「ローゼンバーガー対ヴァージニア大学」判決では、キリスト教的雑誌への公立大学の資金援助は公定条項違反には当たらないというものだった（139-140頁）。2001年の「グッドニューズ・クラブ対ミルフォード中央学校」判決では、学校敷地内での正規学課終了後の福音主義的活動が認められた（142頁）。どちらの場合にも、キリスト教的団体以外の団体に対して、資金援助がなされたり、学校敷地内での正規学課終了後の活動が許されたりしているのであれば、中立性・公平性の原則から、キリスト教的団体の活動に対しても同様の対応が求められるということである。

　ガウスタッドのこの本の改訂版が刊行された2003年の時点でも、公定条項や信教の自由をめぐる問題は同時代で進行中だった。そのため同書は、確固たる結論を示すことなく結ばれている。しかしながら最高裁での判断が求められる訴訟事例が次々と起こってきたということそれ自体が、宗教公定化の阻止と信教の自由の保障に向けて、合衆国の市民たちが声を上げ続けてきたことを示している。こうした権利要求の姿勢には、確かに学ぶべきものがあるにちがいない。なおアメリカ合衆国の事例については、本論集において川島正樹の論考が、同国の最新の状況をふまえて論じている。

2 「政教分離」という課題——フランスの事例

　ところでヨーロッパの事例に目を転じると、フランスの歴史家ルネ・レモンの著書が『政教分離を問いなおす——ＥＵとムスリムのはざまで』と邦題を付して、2010年に刊行されている（原著2005年）。この本がフランスで出版された2005年は、1905年に制定された「諸教会と国家の分離に関する法」の百周年に当たっていた。この法律も明示的に取り上げるのは「教会と国家」だが、一般には「政教分離法」と呼びならわされている。

　この法律の制定百周年に併せてフランスでは数多くの書籍が出版されたが、『政教分離を問いなおす』もそのなかの一冊である。原題は——訳者の工藤庸子が訳すところでは——「ライシテの創造——一七八九年から未来に向けて」となっている。フランスの「ライシテ」を「政教分離」と捉えるのであれば、邦題が「政教分離」を掲げることも一理あるだろうが、日本における近年の議論では、「ライシテ」はそのままカタカナで表記されることも増えてきたように見える。そうであれば、「ライシテ」と「政教分離」のあいだには差異があるのだろうか、ないのだろうか。

　工藤は訳書に付した「まえがき」で同書の射程について概観するなかで、次のような記述をしている。

> わたしたちの問題意識のなかで何かが決定的に欠けているとしたら、それは「制度としての宗教」という枠組みではないか。しかるにカトリックとは、本質において「制度的な宗教」なのである。教皇を頂点とする聖職者の位階制を介して真理が末端の信徒にまで伝達されるという信仰のありようが、そのことを物語っている。こうした教会制度への抵抗が、カルヴァンなどの改革運動を促して、人間が神と直接に向きあうことが求められるようになったという経緯も思いおこしておこう。
> 　　　　　　　　　　　　　　　　　　（工藤庸子「まえがき」、14頁）

　この「制度としての宗教」という問題意識の重要性については、私も共感することが多く、かつて小論を著したことがある（奥山、2015）。その問題意識を保ちつつ、レモンの叙述からいくつかの興味深い論点を拾っておこう。

　まず1905年と2005年という二つの年を対比してみよう。レモンは以下の

ように二つの年を対照させている。

> 二〇〇五年における問題は、一九〇五年における問題をほぼ反転させたような具合になっている。かつて求められたのは、ネイションと同じぐらい古くから存在する宗教に、お役目は済んだと申し渡すこと、ネイションと宗教とをつないでいた最後の絆を断ち切ることだった。これに対して二〇〇五年に問われているのは、新来の宗教をいかに社会に統合するかという問題だ。一九〇五年の共和主義者たちは、国民のアイデンティティとカトリシスムとの離婚を宣言するときが来たと考えた。これに対して二〇〇五年のわれわれは、いかにしてムスリムをネイションに統合すべきかと自問している。一九〇五年に人びとは、フランスのカトリック教会の残滓を一掃しようと考えた。ところが二〇〇五年のわれわれは、フランスのイスラームを育成することはできぬものかと四苦八苦している。
> （レモン『政教分離を問いなおす』、36頁）

　ここで記されているのは、1905年において「分離」が問題であったのに対して、2005年に「統合」が課題になっているということであり、そしてまた、1905年の対象はカトリック教会であり、2005年の対象はイスラームだということである。
　1905年の「政教分離法」は「共和国は自由な礼拝cultesの実践を保護する」ことを謳うものであることから、レモンは宗教の社会的な実践の面に言及されていることに注目している（43-44頁）。特に礼拝の実践に対する公金支出の禁止に対して、次のような特例があることも重要である。

> 公的資金により施設付き司祭を配置して雇用しておくことが、「特例」により、あらかじめ明示的に認められているのである。こうした施設付き司祭は、年齢、病気、内部の規則、あるいは司法の決定などにより、その構成員が自由に出入りできない、したがって礼拝に出席することができないような、閉ざされた集団、すなわち学校の寄宿舎、病院、ホスピス、監獄、兵営などに配置される。　　　　　　　　　　　　　　　（44頁）

　こうして見ると、ライシテとは、徹底して厳密な国家と宗教との分離ではないことが、1905年の時点から示されていることがわかる。施設付き司祭の配

置という問題は、日本においては、公立病院や刑務所への宗教的専門家の派遣という事例として検討することができよう（後者は教誨師と呼ばれる）。

　ライシテ（とその形容詞「ライック」）の概念について、レモンは公式な定義がないことを強調しているが、その公的な来歴は次のように振り返られている。すなわちライシテは、1880年代の共和主義的な公教育の導入の際に、全員にゆきわたる無償の教育であることとともに、教員スタッフと教育内容（世俗の知識）の規定として導入された。すなわちカトリックの人員と宗教教育が、公的な学校教育から除外されたということである（46頁）。そして国の制度としても、1946年の第四共和制憲法の前文に「無償でライックな公教育を組織することは、国の責務である」と記され、次いで第一条で、「フランスは、不可分にしてライック、民主的かつ社会的な共和国である」と定められた（47頁）。

　レモンの著書は、原著の副題に1789年というフランス革命の年を掲げている。それは憲法制定国民議会によりフランス人権宣言「人と市民の権利の宣言」が採択された年であり、その第十条には「何人もその意見のために、たとえそれが宗教上のものであっても、その表明が公の秩序を乱さぬかぎり、安寧を脅かされてはならない」と規定されている（53-54頁。また伊達聖伸による巻末の用語解説「フランスのライシテの歴史を読み解くためのキーワード」、196頁も参照）。レモンはここに、ライシテ原則の近代社会への登場の瞬間を見ている。それは、この条項では、「宗教上のものを含む意見表明の自由」という形で表現されている。これをレモンは個人における「信条の自由 la liberté de conscience」と言い換えている（54頁）★1。

　革命後、1905年に至るまで国家と教会との関係は複雑な経緯をたどったが、そのなかのいくつかの画期点のみを記しておく。第一執政ナポレオン・ボナパルトは、1801年にローマ教皇庁とのあいだで新たなコンコルダート〔協約〕を結んだ。これによりカトリック教会のみならずルター派、カルヴァン派、またのちにユダヤ教も含めて、それらと国家との関係が確定することになった。レモンはこう記す。

　　国家は諸宗教の存在と、その団体としての側面、社会的な性格を承認する。国家は、宗教が自由に実践されることを保護し、その維持に必要とされる経費についても責任をもつ。〔中略〕国家の中立性、公認宗教〔religions reconnues〕の多元性、そして諸宗派の平等な扱い。これらの条件は先取りした「ライシテ」と呼ぶこともできる新しい制度の大筋を描きだすも

のだ。それらはまた、人権宣言の「信条の自由」につぐ新しい特質として、ライシテの思想をいっそう明確でゆたかなものにした。　　　（62-63頁）

　ナポレオン失脚後、フランスの政体はめまぐるしく変わっていく。すでに教育におけるライシテ（公教育と宗教の分離）について触れたが、1870年以降の第三共和制において、ライシテは教育のみならず社会の他領域にも拡張されていく。1884年の憲法改正により、議会の開会の際の祈りは廃止された（71頁）。それと並行して、1900年にかけて宗教的なシンボル（特に十字架）は公共空間から排除されていく（71-72頁）。より長い時間的スパンから言うと、カトリックの道徳と市民法の分割も進展していった（73-74頁）。これにより離婚する権利が認められるようになり（1792年、1884年）、またのちには避妊（1967年）や人工妊娠中絶（1975年）なども認められるようになった。現在は同性のカップルも認められるようになっている。
　こうした世俗化の傾向のなかで、1905年の法律が制定される。巻末の資料として付されている、その第一条と第二条の訳を見てみよう（伊達聖伸訳）。

　「諸教会と国家の分離に関する法」
　　第一条　共和国は信条の自由を保障する。共和国は、公共の秩序のために以下に定める制限のみを設けて、自由な礼拝の実践を保護する。
　　第二条　共和国はいかなる宗派も公認せず、俸給の支払い、補助金の交付を行なわない。したがって、本法公布後の一月一日以降は、礼拝の実践に関するすべての支出は、国、県、および市町村の予算から削除される。ただし、施設付司祭職の活動に関する支出や、（……）公共施設において自由な礼拝を保障するための支出は、予算に計上することができる。　　　　　　　（153-154頁）

　ところが普仏戦争（1870-1871年）にフランスが敗れた結果として、1905年の時点でアルザス地方の二県、ロレーヌ地方のモーゼル県がドイツに属していた。第一次世界大戦後、これらの地域はフランスに再統合されるが、1905年の法律は適用されておらず、コンコルダート体制が継続していた（96頁）。それは今日にまで続いており、フランスのその他の国立大学では廃止された神学部が、ストラスブールの大学では存続している（98頁）★2。
　「政教分離法」の実際の運用においては、その後の時代状況の変化によって

いくつかの新たな事態が生まれてきた。レモンが挙げている事例のうちの一つは、公共のラジオ、テレビ放送にかかわるものである。紆余曲折はあったが1945年以降、「宗教的な性格の番組は、規則に準じてレギュラー・プログラムの一環をなすものとされている」という（104頁）。レモンの解釈はこうだ。

> この習慣は「政教分離法」への違反であり、「ライシテ」を踏みにじっているのだろうか？　むしろ反対に、法律それ自体が想定する「特則」、すなわち寺院や教会に赴くことのできない範疇の人びとへの配慮という考え方に合致するものだろう。〔中略〕これらの番組は、それぞれの宗派の責任において運営されているが、そのためにライシテが脅かされているのではない。むしろ宗派の多元性により、国家の中立性が守られているという仕組みなのだ。
> （104-105頁）

今日では、カトリック、プロテスタント、ユダヤ教に加え、東方正教会、仏教、イスラームも放送の機会が与えられているという（105頁）。

ストラスブール大学における神学部の存続について少し前に触れたが、レモンはライシテと学校の関係についても一つの章を割いて論じている。公教育に対して、カトリック修道会系の私立学校は「自由学校」として存続するが、保護者にとっては経済的な負担が必要であり、公教育とのあいだで平等性を欠いていた。詳細な歴史的経緯を省くが、画期的なのは1959年の法律、ドゥブレ法である。レモンは、「この法律により、施設の運営に関わる経費への公的予算の投入の度合いと、それらの施設が国に対して負うことになる責任の領域は、平衡のとれた照応関係をなすことが定められた。またこの法律は、カトリックの教育施設がもつ固有の性格を認めたのだった」と説明している（119頁）。なお付言しておくと「ドゥブレ法には、国と契約を交わした教育施設は、あらゆる宗派の児童を受けいれなければならないこと、児童の信条の自由を尊重しなければならないことが定められている」(122頁)。さらに2000年代になると、学校のプログラムのなかでは、「宗教教育」ではない諸宗教に関する知的理解のための教育も導入されるようになっている（123-124頁）。

続く「ライシテと信教の自由」と題された章で、レモンは1951年に歴史家アンドレ・ラトレイユと哲学者ジョゼフ・ヴィアトゥーが用いた表現に注目している。それは「ライシテとは、信仰の行為の自由に関する法的な表現である」というものである（132頁）。さらに終章「結論は出ていない」において、レ

モンは現代のヨーロッパ統合の動きのなかでのキリスト教の位置づけをめぐる問題に言及するのに加え、イスラームの存在がライシテに突きつけるいくつかの問題の所在も指摘している。問題は同時進行的に展開しているが、最後にレモンは次の言葉でこの本を締めくくっている。

> 信条の自由や、宗教と社会との自律的関係を保障するライシテ原則を忠実に守ること。さらに宗教の信仰は、おのずと集団的な性格をもつと認めること。これら二つの見解が交差する地点に、歴史の結論が立ちあらわれることだろう。
> 　　　　　　　　　　　　　　　　　　　　　　　　　　　　　（151頁）

　こうして見てくるとレモンが論じてきたライシテは、フランス共和国において信条の自由、礼拝などの社会的実践の自由を保障するとともに、国家が――特定教派（特にカトリック教会）を優遇も冷遇もするのではなく――諸教派に対して中立的、あるいは平等な対応をとることを定めた制度と見ることができよう。この制度は、国家と諸宗教との――ある程度の距離はあるにせよ――一定の関係のあり方を定めた制度と捉えることができるので、それを「政教分離」と呼ぶことはためらわれるかもしれない。近年、「ライシテ」を「政教分離」と訳さずに、カタカナ表記のままで論じる文献が出てきたのにも、それなりの理由があるのかもしれない。
　なお本論集のもととなった南山大学地域研究センター共同研究では、主にフランス研究者が参集していることもあり、丸岡高弘論文のほか第二部「キリスト教民主主義をめぐって」、第三部「ライシテと学校」において、フランスの事例について多角的に考察が加えられている。
　また先のアメリカ合衆国の事例もふまえると、アメリカがプロテスタント主流派の影響を脱しようとして「公定制」を禁止したことと、フランスがカトリック教会の影響を脱しようとしてライシテを規定したこととには、並行関係も見えてくる。そしてそれらはともに、両国の宗教制度のあり方として捉えることができよう。

3　「政教分離」という課題――政治哲学において

　ここで目を転じてみると、政治哲学の分野においても「政教分離」への注目が見られることに気づく。マーク・リラの 2007 年原著刊行の著書『死産の神

──宗教、政治、近代西洋』は、2011 年刊行の邦訳では『神と国家の政治哲学──政教分離をめぐる戦いの歴史』と書名を改められている。この原著の副題に記される「近代西洋」は 17 世紀にまでさかのぼるが(特にトマス・ホッブズが 1651 年に刊行した『リヴァイアサン』が画期点と見なされている)、ここでは同書第Ⅲ部第 5 章～第 7 章で主題化されている 19 世紀から 20 世紀の状況に焦点を絞って、そこでの記述を紹介しておこう。

リラは同書第 5 章「よく整えられた家」において、19 世紀のプロテスタント神学の変容、特にシュライエルマッハー以降の個人の経験において情感的に捉えられる神観念、近代聖書学による非神話的な新たなイエス像の提示を受け展開されることになる近代ドイツの自由主義神学を政治哲学の立場から振り返る一方で、自由主義ユダヤ教のドイツにおける誕生から挫折までも視野に入れている。これらの自由主義的な神学潮流は、第一次世界大戦の戦時国家体制下、愛国主義にからめ捕られるに至る。リラはこうまとめている。

> ドイツの自由主義神学は理性と啓示の間にある区別を泥水で濁らせてしまい、神、人間、世界について語る際に、直接的に神の言葉に訴えることのない、高度に洗練された方法を発達させた。同時にドイツの自由主義神学は、神に祝福されていることを言外にほのめかしながら、現代の政治生活や文化生活を賞賛する際に漂わせる、ぼんやりとした啓示の薫りを残した。そして祝福が始まる時、思考は停止するのである。
>
> (245 頁〔訳文一部改変〕)

次いで第 6 章「贖う神」において、リラは政治神学と政治哲学が分離した近代西洋においても、神秘的メシア信仰の情念や終末論的、黙示思想的な衝動が生き延びていることを指摘する。ここでリラが注目するのは、第一次世界大戦の衝撃ののち出現した、プロテスタンティズムにおいてはカール・バルトによる、ユダヤ教においてはフランツ・ローゼンツヴァイクによる神学の再建の試みである。彼らのそれぞれの著作『ローマ書講解』、『贖いの星』(邦訳表題では『救済の星』)についてのリラの議論を詳細にたどることはここではできないが、結局リラの見るところ、別の思考の経路からではあるが、両者は政治神学を否定した。「政治はわれわれを贖うことはできない」ということである(272 頁)★3。ところが、彼らの神学的メシア信仰のレトリックは、彼らの意図とは離れて、黙示思想的な政治的レトリックに取りこまれ、「現代的専制へ

の神学的讃美」に変容してしまう。1933年にナチスの第三帝国が成立し、ナチスに対する態度がドイツの神学を二分してゆくことになる。リラはその時代の政治的メシア主義の正当化の試みの例を、一時ナチスを支持したフリードリッヒ・ゴーガルテンと、自称無神論者で一時共産主義を支持したエルンスト・ブロッホに見出している。

　最後の第7章の「死産に終った虚構の神」という表題は、実際はこの書物の表題そのものである。これが指しているのは、プロテスタンティズム、自由主義神学の神である。その死産ののちにも、メシア信仰が存続していることが前章で確認されたが、メシア主義的なレトリックは、たとえばアメリカ合衆国の今日の政治言説にもあふれているという（301頁）。

　結局のところリラは、政治神学と政治哲学との分離への努力を継続していくことを、この著書で主張している。同書の末尾は以下のような記述になっている。

> 精神的な運命については個々人の手にゆだねつつ、われわれの政治は、相互に与えかねない最悪の危害から個人を守り、基本的な自由を確保し、また個人の根本的な福祉を提供することに限定するという選択を、われわれは行なってきた。われわれが保証してきたのは、聖書の救世主到来の約束によって解き放たれるさまざまな影響力を警戒するのが賢明であるということであり、公共の利益のためにそうした力を利用してみることはそれほどは勧められるものではないということなのだ。われわれの政治を啓示の光によって照らされないままにしておくことを、われわれは選択した。こうした実験がうまくいくためには、われわれは自らの明敏さを信頼しなければならないのである。
> 　　　　　　　　　　　　　（302-303頁〔訳文一部改変〕）

　こうして見てくると、この書籍の邦訳の副題が掲げている政教分離とは、実際には政治哲学と政治神学との分離のことであり、より広く言えば、政治と神学との分離ということになろう。ただし救世主待望論は、今日においても、政治言説に容易に侵入してきかねない。リラはそうした状況に警鐘を鳴らしているのである★4。

　なお、政治哲学との関連で言えば、近年、公共空間における宗教をめぐって議論が展開されている。本論集においては、丸岡論文において、ユルゲン・ハーバーマスの議論が取り上げられている。同論文ではまたマルセル・ゴーシェ

についても触れられているが、それもまた関連する主題をめぐる政治哲学的議論と捉えることができよう。

さらにリラの著書では、ドイツにおけるプロテスタンティズムやユダヤ教の神学のナショナリズムや愛国主義を前にしての挫折の経験も振り返られていた。宗教とナショナリズムの問題は、欧米以外においても重要な主題となる。本論集では、アントニサーミ・サガヤラージがインドの事例を、奥山が日本の事例を取り上げて論じている。

ガウスタッドが論じたアメリカの事例と、レモンが論じたフランスの事例はそれぞれが独立した個別の事例ではあるが、「政教分離」の議論として邦訳書が提示されたことには、それぞれの訳者の意図が働いているはずである。またリラの著書に見るように、政治哲学の観点からも「政教分離」の問題は主題化されうる。

近代国家の歴史的展開に即して言えば、支配的な（諸）教会からの影響を制御しながら、それぞれの国がその他の諸宗教も平等に扱いながら「信教の自由／信条の自由」を保障していく過程に、「政教分離」の主題がかかわってくる。さらに近代国家が国民教育・市民教育を責務とするなかで、公立学校と宗教との関係、宗教系私立学校と国家との関係もさまざまな形で問題として浮上する。これらの諸問題は、日本の近代化の過程においても避けては通れない課題だった。

さらに言うと日本では、象徴天皇制のあり方が今日、再検討を迫られている。近代的な立憲君主制の宗教性については、西欧、北欧の諸王国★5のなかで英国の事例を除いてあまり議論が積み重ねられているとは言えないようである。そうであれば、近代日本の天皇制における祭祀にかかわる側面は、興味深い事例を提示することになるかもしれない。

付記　本稿は、既発表の「『政教分離』を再考する」南山大学『アカデミア　人文・自然科学編』（第11号、2016年1月、218-238頁）と重複する部分がある。

注
- ★1　conscience には「良心」という意味もある。英語における freedom /liberty of conscience は「信条の自由」を含む「良心の自由」を意味する。
- ★2　1880年代以降、国立大学で神学の代わりに導入されるのが、「宗教学」に関する研究機関である（レモン『政教分離を問いなおす』、99頁の注86を参照）。

★3　ただしリラによると、ローゼンツヴァイクは贖いを約束する救世主待望論が心理的な力をもつことは認めていたとされる。
★4　近年の政治哲学の領域では、ジョン・グレイ『ユートピア政治の終焉』（松野弘監訳、岩波書店、2011 年、原著 *Black Mass: Apocalyptic Religion and the Death of Utopia*, 2007）の議論も、リラの議論との接点が見られる。
★5　日本の外務省ホームページ（http://www.mofa.go.jp/mofaj/area/index.html）で記される「国・地域」の概要によると英国（連合王国）、オランダ王国、スウェーデン王国、デンマーク王国、ノルウェー王国、ベルギー王国は立憲君主制、スペインは議会君主制とされる。モナコ公国、リヒテンシュタイン公国、ルクセンブルク大公国も立憲君主制であり、アンドラ公国は司教とフランス大統領が共同元首を務める。

参考文献

奥山倫明「制度としての『宗教』――序説」南山大学『アカデミア　人文・自然科学編』第 10 号、2015 年 6 月、243-256 頁。

エドウィン・S・ガウスタッド『アメリカの政教分離――植民地時代から今日まで』大西直樹訳、みすず書房、2007 年（原著 Edwin S. Gaustad, *Proclaim Liberty throughout All the Land: A History of Church and State in America*, Oxford University Press, 1999, 2003）。

マーク・リラ『神と国家の政治哲学――政教分離をめぐる戦いの歴史』鈴木佳秀訳、NTT 出版、2011 年（原著 Mark Lilla, *The Stillborn God : Religion, Politics, and the Modern West*, Alfred A. Knopf, 2007）。

ルネ・レモン『政教分離を問いなおす――EU とムスリムのはざまで』工藤庸子、伊達聖伸訳・解説、青土社、2010 年（原著 René Rémond, *L'invention de la laïcité française : De 1789 à demain*, Bayard, 2005）。

目次

まえがき——近年の「政教分離」論の一端にふれつつ………奥山倫明　3

I　政教関係を概観する

第1章
アメリカにおける政教分離の文脈的研究………川島正樹　21

第2章
フランス的政教分離(ライシテ)………丸岡高弘　53
——共和主義の《憂鬱と理想》

II　キリスト教民主主義をめぐって

第3章
フランスにおけるカトリシズムとデモクラシーの間………土倉莞爾　87

第4章
キリスト教民主主義と
　　　ジャーナリズムに関する一考察………中村　督　109
——『ウエスト・フランス』の創刊過程に着目して

III　ライシテと学校

第5章
公立学校の日常と「学校におけるライシテ」………小林純子　135

第6章
フランス共和国における公教育とイスラーム………浪岡新太郎　153
——リヨン郊外貧困者集住地区における
　　　ムスリム私立学校 Al-Kindi（アルキンディ）の成立過程

Ⅳ 政治化する現代宗教

第7章
カナダのムスリム………………サミラ・ベリャジド（安藤本来 訳） *189*
――《共に生きる》ための挑戦と
　《コンビベンシア》への希求の狭間で

第8章
現代インドにおける
ヒンドゥー・ナショナリズムの実態……アントニサーミ・サガヤラージ *219*
――キリスト教の視点から

第9章
現代日本における政教関係論………奥山倫明 *249*

あとがき………丸岡高弘 *277*

活動記録　*282*

執筆者紹介　*286*

I

政教関係を概観する

第 1 章
アメリカにおける政教分離の文脈的研究

川島 正樹

はじめに――本稿の課題と現状確認

　まず本稿で取り組む課題について明らかにしておく。18世紀末という同時期に前後して、啓蒙思想に基づいて、激烈な戦闘を伴う革命を経験しつつ政教分離の原則を確立しながら、厳格な制度化を進めたフランスと比べ、アメリカ合衆国（以下「アメリカ」と略記）では現在もなお大統領が就任時に聖書に手を置いて宣誓することが象徴するように政治と宗教の境目はかなり曖昧なままである。ジョージ・W・ブッシュ（George Walker Bush, 1946-）政権発足後間もない 2001 年に起こった「9.11 同時多発テロ」をきっかけとした対イラク戦争の際に「聖戦」が叫ばれたように、政治と宗教の結びつきは 21 世紀の幕開けとともにむしろ増したとさえ言える。両者の違いは何によってもたらされたのだろうか。本稿では、西欧諸国、とりわけフランスの努力と比べてともすれば批判の的となりがちな政教分離に関するアメリカ的な曖昧さの起源と発展の過程を跡づけながら、その歴史的な意義を浮かび上がらせ、フランス的な政教分離の厳格な施行追求が本来の意図と逆行してむしろ宗教活動の自由を阻害し結果的に多様な価値観の否定につながりかねない傾向が否めない現状に鑑み、植民地時代から今日までのアメリカの政教分離に関する歴史的経験を吟味し評価することを目指す。筆者がとりわけ意図するのは、そのような作業から浮かび上がる、グローバル化がますます進行する世界における多様で自由な信仰の保障と政治的統合の両立をめぐる、各国に共通の今日的な問題を解く手がかりを見出すことである。
　次に議論の前提となる基本的情報として、アメリカにおける信仰別人口比の現状（2008 年の統計による）を確認する。プロテスタント諸派は全人口の

51.3％であり、カトリック信者は 23.9％、ユダヤ教徒は 1.7％、モルモン教徒は 1.7％、その他のキリスト教徒は 1.6％、仏教徒は 0.7％、イスラム教は 0.6％、ヒンズー教は 0.4％、その他の宗教を信仰する者は 1.2％、無宗教が 16.1％となっている（堀内、2010：5、図表 2）★1。現在でも依然としてキリスト教徒が人口の 4 分の 3 と圧倒し、そのうちプロテスタント系が 3 分の 2 であり、全人口の過半数を占めている。ただし 17 世紀前半のイギリスからの植民の開始以来主流を占めるプロテスタント諸派はセクト的な離合集散を繰り返して現在に至っており、当初は排除される傾向にあったカトリック系が一つの教派としては最大規模を占めるに至っている。

1　アメリカ的政教分離の初期設定とその特徴

1・1　連邦憲法修正第一条

　現行成文憲法で最古のものとされる、1787 年に作成され、翌年に発効したアメリカの連邦憲法の本体には、意外なことに政教分離に関する規定はない。宗教に触れているのは第六条のみであり、その第三項の後半に公職者の資格要件に関して「宗教上の審査は課されてはならない」と規定されているだけである。憲法の本体に信仰の自由を含む人民の諸権利についての言及がなく、それが 13 の各邦（旧植民地）における批准手続きの過程において民衆レベルで問題視され、「権利の章典」と呼ばれる最初の 10 箇条の修正条項（1791 年発効）が付加的に成立した。憲法修正第一条において政教分離の原則は次のように明文化された。

> 合衆国議会は、国教を樹立、または宗教上の行為を自由に行なうことを禁止する法律、言論または報道の自由を制限する法律、ならびに、市民が平穏に集会しまた苦情の処理を求めて政府に対し請願する権利を侵害する法律を制定してはならない。（Congress shall make no law respecting an establishment of religion, or prohibiting the free exercise thereof; or abridging the freedom of speech, or of the press; or the right of the people peaceably to assemble, and to petition the Government for a redress of grievances.）　　　（下線は引用者）

上記の条文が規定したのはアメリカにおける政教分離の、ともすれば矛盾しか

ねない二つの原則である。すなわち、第一に公定宗教の禁止（特定宗教を国が認定し支援することの禁止）であり、第二に自由な宗教活動の保障である。後述のごとく、歴史的にアメリカでは、第二の柱である自由な宗教活動の保障がより重視される傾向が見られる。

1・2 「フロンティア」と「人種」

　アメリカ的な政教分離の特徴を考察する上で西欧諸国と異なる歴史的背景としてまず挙げられるべきなのは、苛烈な宗教戦争がなかったという事実である。欧州で迫害される傾向にあったプロテスタント諸派が信仰の自由を求めて入植したアメリカでは、今日に至るまでカトリック教徒は少数派である。加えて、プロテスタント内部で多発したセクト的な対立は、広大な「フロンティア」（実は先住民インディアンの土地）の存在で緩和された。先着の多数派セクトから迫害された後続少数派セクトは、相争うよりも新たな植民地の創設を目指すことが比較的に容易にできた。独立後にアメリカが開始する、東海岸から内陸部へと領土を拡張していく国家規模での西進運動は「明白な天命」（Manifest Destiny）と呼ばれるようになる。その神がかり的なスローガンはやがて19世紀末以降には太平洋を越えて膨張するアメリカ独特の帝国主義の正当化論となった（カミングス、2013）。

　宗教戦争の欠如に加えて、植民地支配からの脱却を勝ち取った独立戦争もアメリカ的政教分離の特徴に寄与した。元々英領北米13植民地は宗教的に多様であった。北部ニューイングランドではイングランド国教会（Church of England）から分かれたピューリタンの会衆派が公定宗教となったが、ヴァージニアをはじめ南部ではイングランド国教会（独立後は米国聖公会〔エピスコパル派〕）が公定宗教とされる傾向があり、メリーランドのようにカトリック信者の貴族が開いた植民地もあった。後述するロードアイランドや、ピューリタンから迫害を受けがちだったクエーカー教徒（フレンド派）が植民地の開設を認められたペンシルベニアでは信仰の自由が原則とされた。かくのごとく宗教的背景を異にする英領北米植民地が、共通の利益に基づいて8年に及ぶ過酷な戦争の果てに当時世界最強のイギリスからの独立を勝ち取る経験の果てに、前述の二大原則が生まれたのである。それは啓蒙思想を基にはしていたが、植民者の「新世界」での独自の経験や過酷な独立戦争から生まれた原則でもあった（Finkelman, 2014）。

　アメリカの政教分離の特徴を考える上で軽視できないもう一つの背景に、主

要には肌の色の違いに基づく「人種」の多様性がある。宗教や言語を含む文化という内面的な違い以上に人々を分けたのは「人種」という外見上の違いであった★2。帰化可能な移民の「人種」を「白人」に限定していた建国時に、総人口の7割が英国系でその他の欧州系が1割、主に奴隷からなる黒人は2割を数えた★3。建国時までに黒人の大半もプロテスタント系となっており、黒人教会は独自の発展を遂げて今日に至っている。プロテスタント諸派は当初聖書の記述に基づいて奴隷制を擁護していたが、その後主に北部でクエーカー教徒を中心に奴隷貿易への反対の声が高まり、1808年にそれを実現後に徐々に奴隷制廃止に向けて運動が展開されるようになり、甚大な損害を伴った南北戦争を経て奴隷制は全廃された。ちなみに最新統計で外国生まれ人口は約4000万を超えるが、その大半は中南米やアジアないしアフリカ出身の非白人系である（U.S. Census Bureau, "The Foreign-Born Population in the United States"）。「人種」による参政権の差別を厳格に禁じた投票権法（1965年）が成立して以降の大統領選挙の行方を左右するのは宗教以上に「人種」の違いである。

　前述の「明白な天命」の名の下で征服対象とされ、差別され迫害された「人種」集団である「インディアン」と呼ばれた先住民に対する白人入植者の反応が、偏見に基づくものばかりではなかった点には注意が払われるべきである。例えば、ピューリタンでありながらマサチューセッツ植民地を追われた後に信仰の自由に基づくロードアイランド植民地を開設したロジャー・ウィリアムズ（Roger Williams, 1603-1683）は、インディアンに「性善的人間の本質」を見出し、その多神教的精霊信仰に敬意を払った。ウィリアムズの態度は欧州の啓蒙思想家に浸透し始める「高貴な野蛮人」観に重なるのみならず、独立戦争を契機に優勢となるアメリカ的宗教観における多元主義原則を補強する先例をも提供した（Johansen, 2016, "Chapter 4"）。

　とりわけ広大な「フロンティア」の存在は各宗派および諸セクトに拡大の機会と多大な需要をもたらした。自勢力の拡大を目指す宣教師たちは盛んに西部の開拓地に新たな信者の獲得のために赴いた。また開拓者は結婚や出産や葬儀といった人の生き死ににかかわる重要な節目に宗教者を必要とした。もとより都市よりも過酷な生活を送る開拓地の人々には日常的に心の支えが不可欠であり、入植者はそれぞれの多様な文化的背景に合った宗教を必要としていた。開拓者の赴くところにさまざまな宗教家も同行したのである。

1・3 大覚醒と福音主義の伝統および原理主義の底流

アメリカにおける宗教と政治の関係に影響を与えた特徴に大覚醒（Great Awakening）と福音主義（evangelicalism）がある。大覚醒は信仰復興運動（revivalism）とも呼ばれ、植民地時代から現代に至るまでに何度も起こり、次のように折々の社会変革運動と連動してきた。第一次大覚醒（1730年代〜40年代）においては独立革命の下地が形成され、第二次大覚醒（18世紀末〜1850年代）においては二大政党制に基づく一人一票の民主政治や奴隷制廃止を求める運動が高まり、やがて南北戦争に帰結したことがアメリカ史の常識としてよく知られている。さらに近年では、19世紀末から20世紀初頭にかけて高揚したポピュリズムと呼ばれる南部と西部の農民運動および北部を中心とした都市部で起こった革新主義運動（Progressivism）の背景に第三次大覚醒があり、1950年代から60年代にかけて高揚した市民権運動（Civil Rights Movement,「公民権運動」とも呼ばれる）をもたらしたのが第四次大覚醒であるとも指摘されている（Wikipedia: Great Awakening）。1980年代以降のロナルド・レーガン（Ronald W. Reagan, 1911-2004）およびジョージ・H・W・ブッシュ（George Herbert Walker Bush, 1924-）の両政権、ビル・クリントン（William Jefferson Clinton, 1946-）政権を挟んで、ジョージ・W・ブッシュ政権という保守的な政治勢力の台頭をもたらし牽引した宗教右派は、バラク・オバマ（Barack Hussein Obama II、1961-）政権に対抗して生まれた草の根保守の「茶会」（Tea Party）運動と連携して連邦議会における共和党支配をもたらし、大統領が公約とした改革政治の実行を妨害した。後述のごとく、オバマ政権期に環境保全や経済格差の是正が国際的な政治課題になり、アメリカでも関心が高まったことをきっかけに、新たな宗教左派が誕生しつつある。このようにアメリカにおける宗教勢力は歴史的に各時代の現実政治との関係を濃密に持ってきたし、それは今でも続いている。

　大覚醒と信仰復興運動はアメリカに独特な、極めて反エリート主義的で反知性主義的なプロテスタント系新セクトの隆盛を生んだ。それはまた、アメリカにおいてピューリタニズムの体制化に反発しつつ発展を遂げたバプテスト派を中心に、イングランド国教会から分かれたメソジスト派の一部も加わって、諸教派を超えた、聖書により忠実な信仰を再生させようとする福音主義と呼ばれるアメリカのキリスト教に独特な、現在にも連なる伝統を生んだ。ちなみに福音派と対抗関係にある旧来のプロテスタント諸派は主流派（Mainline）と呼ばれる（堀内、2010：27-29）。従来の定説的解釈では、北部ニューイングラ

ンドの初期の禁欲的で神権政治の枠組みを固守しようとしたピューリタンたちが次第に世俗化する中で当初の宗教的純粋さが衰退し、代わりに民衆レベルに浸透したバプテスト派やメソジスト派のような新興諸教派が優勢となった、と見なされてきた。しかしながら、最初の大覚醒の運動はむしろ旧来の会衆派教会（ピューリタン派の中でも急進的な独立派から構成された）のエリート主義的傾向への民衆的な反発を基に同教会内部から起こったとする説が現在は有力である。それに従えば、従来聖書を媒介とした個々人と神との直接的な触れ合いを重視するカルヴァン系プロテスタント諸派にあってとりわけ個人的回心体験を重んじたニューイングランドの初期イギリス系植民者たちの地域社会が第三世代を迎えるころに、かつて祖父母が英国で否定してきた体制側に自分たちの教会になってしまったことへの強烈な反省こそが第一次大覚醒運動の背景にあった。そもそもアメリカに移植されたピューリタニズムの本質は福音主義的であり、その時々の歴史的な危機意識の高揚をきっかけに起こる信仰復興運動によってアメリカ独自の福音主義的伝統が再生されてきたと見ることができる（大西、2006）。

　福音主義諸派は、その根本教義において、終末論に深く彩られた「千年王国」思想（Millennialism）と、聖書における記述と歴史的事実との齟齬に注目する近代主義的な知性重視の傾向への本質的な反発という、原理主義的な二つの特徴を共有している。アメリカに独特な福音主義的伝統は、近代科学とキリスト教信仰とのより調和的な発展が見られてきた西欧諸国との明らかな違いを生んだ。この福音主義における原理主義的な傾向は、アメリカ的プロテスタンティズムにおける反近代主義的でかつ反知性主義的な傾向を象徴する★[4]。後述のごとく、20世紀以降に政治の表舞台に登場する原理主義者は進化論をめぐる過度の反動姿勢のゆえに1920年代以降に衰退を強いられたが、第二次世界大戦を契機とした「人類の終末」を現実化しかねない「核の時代」の到来とともに再び勢力を回復し、1980年代以降に保守派と合流して宗教右派として隆盛期を迎えた。ただし、後で引用する世論調査が示すように、今日アメリカで福音主義的信仰を持つ人々の一部は西欧諸国のように科学の成果とより調和的な関係を築きながら、家族の意義の再生ないし再定義、経済格差の是正、さらには反核運動や環境保全運動など、従来の枠を超えて広く政治に影響を及ぼすように変化している。

1・4　政治と宗教の境界の最終的判定者としての連邦最高裁判所

　アメリカにおける政治と宗教の境界線を最終的に確定するのは、首席裁判官を含む総勢 9 名の判事で構成される連邦最高裁判所である。ただし、大統領による任命と連邦議会上院における是認を媒介とする厳格な三権分立の原則によって、最高裁判事の陣容は時に応じて変化を生じ、判例も変更されうる。最高裁は世俗から超越的な最終的判定者であることを期待される。口頭弁論の開廷において次のように明らかにキリスト教的な「神」への祈りが廷吏によって捧げられる点で、改めてアメリカ的政教分離の曖昧さが思い起こされる。

　　静粛に、静粛に、静粛に！　栄光ある合衆国最高裁判所に出廷中の全員はご注意ください。各裁判官が出廷されます。神よ、<u>合衆国と栄光ある本法廷を守り給え</u>。(Oyez, Oyez, Oyez! All persons having business before the Honorable, the Supreme Court of the United States, are admonished to draw near and give their attention, for the Court is now sitting. <u>God save the United States and the Honorable Court</u>.)　　　　　　　　　　　（下線は引用者）

　かくのごとく、アメリカにおける政教分離の最終確定者たる連邦最高裁の権威を裏づけるのも、世俗の利害を超えた超越的な「神」なのである。各主要テーマに関する近年の重要な判例については本稿末尾で詳細な分析を行う。

2　各国との比較の試み

2・1　民主主義国家における政治と宗教の関係の類型化

　マイケル・ドリエッセンは、これまで多くの研究者によって試みられてきた、民主主義を統治の枠組みとする諸国家における政治と宗教の関係の類型化を次のようにまとめている。まず大きく次の二つに分けられる。①世俗的民主主義の国と、②宗教的民主主義の国である。①はさらに次の二つに分けられる。第一（①－1）に、フランスの「ライシテ」(laïcité) と呼ばれる原則に象徴される極めて厳格な世俗主義の制度化を実行する国であり、メキシコやトルコも含まれる。第二（①－2）に、アメリカに象徴される消極的世俗主義の国であり、ケニアやオーストラリアも含まれる。筆者の考えでは日本は①－1 と①－2 の中間である。

②はさらに次の三つに分けられる。第一（②－1）に、憲法上政教分離を明記しつつも政府と宗教団体の積極的協力を志向するセネガルやインドネシアやインドである。第二（②－2）に、公定宗教を許容する英国やデンマークやアイスランドやチュニジアである。第三（②－3）に、協定（コンコルダート）に基づいて教会税を制度的に維持し、社会政策の実行において宗教系非営利団体（NPO）への援助などを通じて国家が宗教勢力との積極的な協力体制を推進するドイツ型の国で、程度や内容に差があるがイタリアやアイルランドやポーランドなどカトリック系欧州諸国と、アジアの仏教系のタイなどが含まれる（Driessen, 2016, "Chapter 39"）。

　上述の類型化でまず気づかされるのは、「先進国」と呼ばれる西欧を含めた民主主義を統治原理とする多くの国々で政教分離の原則が現在においても明文化を伴って確立されているわけではないという、日本人から見てやや意外な事実である。とりわけ他の欧米諸国家と比べて、カトリック系が依然として有力でありながら、フランスが政教分離の原則を明文化し、その厳格な実行に努めてきた極めて特異な国である事実が浮かび上がる一方で、英国や北欧諸国と比べて、同じくプロテスタント系が優勢なアメリカが公定宗教の廃止原則の実行に努めつつ多様な宗教の自由な活動の保障を模索してきた特異な国である事実も浮かび上がる。西欧諸国も含めて民主主義の枠内において政教分離の原則を明文化してその実行に努める国はむしろ少数派であるという事実を踏まえた上で、もし政教分離という原則の樹立を今後ますますグローバル化が進む世界にあって共有されるべき基本的な方向性として認めるならば、次のような事実に注目すべきである。アメリカが建国時に樹立した政教分離を実行する上で不可欠のメルクマールと見なしうる二大原則のうち、公定宗教の禁止を厳格化してきたフランスと、多様な宗教活動の自由をより重視してきたアメリカが示す、歴史的に二つの異なった道があるという事実である。

2・2　アメリカにおける公定宗教の禁止までの苦闘の歴史

　今日多様性の受け入れをますます迫られつつあるEUと、長らく歴史的に多様性の処理の諸経験において先行してきたアメリカとを比較してまず言えることは、政治と宗教の境界線の策定においてEUには統一的な基準が未だ確立される気配がないことである。ではアメリカ的な統一基準とは何か。それは公定宗教の廃止という原則の下で可能な限り多様な宗教活動の自由の保障を模索する、というものである。ここではまず公定宗教の廃止に至るまでのアメリ

力の苦闘を跡づけ、次項において多様な宗教活動の自由に関して歴史的に振り返ることとする。

　1620年にメイフラワー号に乗り合わせた102名の中心は、迫害を逃れてオランダに身を寄せていたピューリタン分離派に属すイギリス系の「ピルグリム・ファーザーズ」という小集団に所属した人々だったが、半分以上が教派と無関係のイギリスでの応募者で、その大半が労働者としての移住希望者であった。ピューリタンによる神権政治が展開される北部ニューイングランドの中心であるマサチューセッツ植民地の基礎を開いたこの集団が、そもそも多様な背景を持っていた事実は重要である（斎藤、2006：159）。その後英国王の勅許を得て1630年にマサチューセッツ植民地を開いたピューリタン独立派（会衆派）は、英国では実現し難いと判断された信教の自由を求め、理想的な「丘の上の町」の建設を目指してジョン・ウィンスロップ（John Winthrop, 1588-1649）に率いられて入植した人々だった。しかしながら、この人々が「新世界」で実践したのは他の宗派や教派への公開処刑を含む厳しい弾圧を伴った神権政治であり、「良心の自由」を求めて追放されたロジャー・ウィリアムズはロードアイランド植民地の開設に至った。本国で国王チャールズ一世の処刑を含む激烈なピューリタン革命（1641年〜1649年）とその後のピューリタン指導者オリバー・クロムウェルの神権的独裁を経て名誉革命（1688年〜1689年）に至って信教の自由が確立されるに及んで、マサチューセッツ植民地は直轄王領化され、本国と同様の信教の自由が導入されたが、依然として会衆派教会は公定教会として徴税権と政治的任命権を有し続けた。ちなみに、アメリカ独立後も公定教会制度を州レベルで維持し続けた2州のうち、コネティカット州が廃止するのは1818年であったが、マサチューセッツ州が最終的に州レベルでの公定教会制度を放棄するのは1833年であった（佐々木、2006；Lambert, 2008, chaps.1 and 2.)。

　前述のごとく、アメリカ史上しばしば発生した大覚醒の最初の動きの帰結としてアメリカ独立革命が起こるのであり、それはもっぱら西欧由来の啓蒙思想によってのみ導かれたとは言い難いのである。啓蒙主義に大きな影響を受けた独立運動の指導者が多く輩出したのは、むしろイングランド国教会信者の多い南部ヴァージニアであり、彼らが率先して公定教会制度は廃止された。その代表であるトマス・ジェファソン（Thomas Jefferson, 1743-1826）が第三代大統領に当選する1800年の末、マサチューセッツをはじめとする最北部ニューイングランドのピューリタン系指導者たちは「信教の自由」を掲げるジェフ

ァソンら南部の共和主義者の台頭を恐れた一方、やがて第二の大覚醒を中心的に興す、迫害を恐れる同地のバプテストやメソジストたちはジェファソン政権下での信仰の自由の実質化に期待を寄せた（Norton et al., 2015: 200-201）。そのような福音派の願いが実現されるのにさらに30年以上が必要であった。政教分離に関する二大原則のうち第一の公定宗教の否定は、このように性急に実現が求められることはなかったのである。しかしながら、南部の奴隷制大農園主の権益を認める代わりに独自の政治的権威の持続を図ろうとした北部の体制派ピューリタン系各派指導者たちでも、19世紀の進行とともに始動する福音主義的な第二次大覚醒が刺激した二つの社会改革運動、すなわち二大政党制を伴う一人一票の民主主義の確立と奴隷制の廃止を求める地殻変動的な民衆の動きに抗することはできなかったのである。政教分離の第一の柱の公定宗教の廃止は、アメリカにおいては福音諸派の平等な地位の確立の動きと並行して模索されたのである。

2・3　現実の変化が先導する多様性の尊重という方向性の確立

連邦憲法修正第一条で明記されたアメリカにおける政教分離の第二の柱である多様な宗教活動の自由の保障という原則の実質面での確立を見るまでには、第一の原則の確立以上に長い時間を必要とした。既に述べたごとく、政教分離に関しては憲法の本体には明記されずに後から修正条項として付加された。それは、1787年の憲法制定会議で「公共の諸事に影響力のある宗教」が話題となれば「分裂を呼びかねないことを全代議員が熟知していた」からであるとされる（Lambert, 2008: 250）。前述のごとく第一原則の公定宗教の廃止が州レベルにおいても実行されるに及んで間もなく、1840年代末から50年代初頭にかけてカトリック系のアイルランド人移民が百万単位でアメリカに流入した。南北戦争を経て19世紀末から20世紀初頭にかけて、今度はイタリア系のカトリック教徒や東欧系のユダヤ教徒が1千万単位で流入し、非プロテスタント人口が急増し、既述のごとく1965年の移民法の改正以降、非欧州系移民の急増期が到来する。また南部には当初からアフリカ系の黒人奴隷が大量に存在し、主人から当初押しつけられたキリスト教信仰を元に独自の黒人神学を打ち立てて今日に至っている。さらに先住民の多神教的精霊信仰の伝統も今日まで脈々と維持されている。ある意味で建国時から多様性の処理を現実的な政治課題として突きつけられ、1830年代初頭にアメリカを旅行したフランス人観察者アレクシス・ド・トクヴィルがアメリカ的特質と称えた、宗教を含めた

多様な文化的背景を持つ人々の諸組織が織りなす公と私の中間的な社会という曖昧な領域を満たしつつ資本主義的な市場経済を発展させてきたという歴史的事実の蓄積と展開こそが、政教分離の第二の柱たる多様な宗教活動の自由の保障という原則を実質化してきたのである（トクヴィル、2005）。既述のごとく、概してアメリカにおいて理論は後づけで、現実の変化が先行する。人口構成の多様化とそれを重要な基礎とした経済発展が先行しつつ、多様な宗教活動における自由の保障という原則が徐々に確立されていったのである。

3　福音主義／原理主義の根強さ

3・1　主流派と福音派の対抗関係

既に述べたように、西欧諸国と違って歴史的に当初からカトリック勢力との対抗をそれほど気にしないで済んだアメリカ的プロテスタンティズムの特徴は、むしろプロテスタント教会内部の下からの反発という独特の福音主義の伝統にある。それは信仰復興運動を伴いつつ歴史的に重要な折々の社会改革と結びついてきた。このような歴史的特徴をアメリカに特徴的な反知性主義の伝統の一部と見ることも可能である。すなわち、会衆派の学術的拠点としての出自を持つハーヴァード大学が象徴する自由主義的神学に否定できないエリート主義的傾向への民衆レベルの強烈な反発と見ることも可能である（森本、2015、「はじめに」）。これに対して西欧ではアイザック・ニュートン以降の近代科学の発展がキリスト教会諸勢力との調和的関係の深化を伴った。それと異なって、アメリカ的な反知性主義の伝統には、科学に裏打ちされた合理主義的な聖書解釈や公的領域での世俗主義の貫徹を志向する近代主義者への強烈な反発が内包されたままである。そこから20世紀以降に極端な反近代主義的傾向を伴うキリスト教原理主義（日本ではかつて「キリスト教根本主義」と呼ばれた）の潮流が派生した。福音主義は第二次世界大戦後にラジオやテレビの伝道番組の急速な普及を背景にビリー・グラハム（Billy Graham, 1918-）やジェリー・ファルウェル（Jerry Falwell, 1933-）らのスター伝道師を生んだ。当初政治への直接関与を慎んでいた彼らは、1960年代に「人種」の平等を求めた市民権運動の高揚後に暴力的反乱を伴う急進主義の台頭への懸念から、1970年代以降に積極的に政治に関与するように転じた。1980年代以降に誕生する共和党保守派政権が背景としたのは、このような世論全般の保守派傾向であった（飯山、2008）。

「主流派(世俗主義・近代主義・政治的リベラリズム) vs. 福音派(原理主義的分離志向・反知性主義・政治的保守主義)」という図式のプロテスタント内部の対抗関係が際立つアメリカのキリスト教の歴史的な発展の過程において、アメリカ的な政教分離の特徴としての多様な宗教諸勢力の自由な政治活動の相互承認の原則が確立されてきた一方、主流派と呼ばれる旧来の体制側プロテスタント諸教派は 20 世紀後半以降に特に目立って減少傾向にあり、今日数的には福音派が圧倒するに至っている(堀内、2010：26、図表 9)。福音派の最新情況については後述する。

3・2　アメリカが発祥の地であるキリスト教原理主義

　原理主義という言葉は今日では主にイスラム系テロリストを指すように思われがちだが、既述のごとく、その起源は 20 世紀初頭のアメリカにある。キリスト教原理主義は、科学の発展を反映した近代主義的な聖書の再解釈を志向する動きに反発した、聖書の記述を絶対視する信仰の在り方で、高南部や中西部の保守的な白人農民層を中心に浸透し、第二次世界大戦前後からの人口移動現象とともに西海岸諸州へも拡散して現在に至っている。ある意味で原理主義は権威を否定する福音主義的な伝統を基盤としており、反知性主義的な傾向とも相俟って発展した極めてアメリカ的な現象であり、当初は世俗性との分離を志向する傾向が強かったが、1970 年代以降に現実政治に大きな影響力を及ぼすようになった宗教右派と呼ばれる集団の形成に大きく寄与した。本項では原理主義者が 20 世紀初頭のアメリカでどのように誕生し、1920 年代に問題化した進化論をめぐる裁判に勝ちながら混迷を余儀なくされた経緯に焦点を当て、第二次世界大戦と「核の時代」の到来を契機に再び隆盛の機運を迎え、20 世紀末から 21 世紀初頭にその勢いが頂点に達するまでを概観する。

　19 世紀末に始まった、東海岸の有名大学出のリベラルな指導者をいただくキリスト教主流派が推し進めた科学に裏打ちされた革新主義運動が先導した諸改革は第一次世界大戦への参戦に帰結し、11 万 5000 人の戦死者をもたらした。大戦中に宗教の意義を全否定する共産主義革命がロシアで起こり、遠く離れた欧州大陸での戦争に若者を駆り立てて多大な犠牲をもたらした近代主義者への民衆的な反発が募る中、保守派の巻き返しが起こった。戦後間もない 1919 年に「世界キリスト教原理協会」(World's Christian Fundamentals Association)が組織され、翌年に「北部バプテスト連盟」(Northern Baptist Convention)が原理派(Fundamentals)の大会の開催を制度化し、バプテスト派の雑誌(*The*

Watchman-Examiner）の保守的な編集者カーティス・リー・ローズ（Curtis Lee Laws）によって「原理主義者」（fundamentalists）という用語が作られ、以後定着した。彼によればキリスト教原理主義者とは「根本原理（Fundamentals）に忠誠を誓って戦う」ことを覚悟した人々であった（Marsden, 1991: 57）。「原理主義者」という言葉に当初アメリカでは今日のような侮蔑的な含意がなかった事実に注目されたい。1919 年に成立した「禁酒法」（憲法修正一八条）の成立はリベラルな革新主義者の勝利というよりも原理主義の隆盛を示すものであった（*Ibid*.: 53）。

　原理主義者が当初集中したのは聖書の記述と真っ向から対立する進化論教育への反対運動だった。国務長官を務めかつて民主党の大統領候補にも指名されたウィリアム・ジェニングズ・ブライアン（William Jennings Bryan, 1860-1925）が反進化論陣営に参戦した。南部と中西部のいくつかの州で公立学校における進化論教育を禁じる州法が成立していた。1925 年、その一つであるテネシー州で敢えて進化論を高校で教えた教員が告発された州レベルのスコープス裁判（*State of Tennessee v. Scopes*）が全米の注目を浴びた。原理主義者は勝訴したが、その頑ななまでの反科学的で非妥協的な姿勢が嫌われ、これ以降州レベルでの反進化論教育立法運動は勢いをそがれ、原理主義者はしばし政治の領域からの撤退を強いられた（*Ibid*.: 59-60; Lambert, 2008: 124-125; 飯山、2008：58-59）。

3・3　福音主義諸派と原理主義者のキリスト教右派への再統合

　終末論的な思想を中心に据える原理主義者が再び世の注目を集めるのは第二次世界大戦後の冷戦下で米ソの核軍拡競争が激化する時期を迎えてからである。キリスト教リベラル派が広島と長崎への原爆投下に対して受容と批判をめぐる論争を続ける一方で、米ソ核開発競争の激化による核戦争の危機の高まりは原理主義者が主張する終末論に信憑性を与え、原理主義を多分に共有するテレビ伝道家が脚光を浴びる背景となった（Lambert, 2008: 155）。

　その一方で、科学技術に裏打ちされ発展するアメリカの経済力は白人に大都市郊外での一戸建て住宅の所有を一般化させ、ケネス・ガルブレイスが称賛した「豊かな社会」を実現させた（ガルブレイス、2006）。プロテスタント主流派が推し進める 1930 年代のニューディール政策以来の「大きな政府」を前提とするリベラリズム政治は 1950 年代の共和党のアイゼンハワー政権下でも圧倒的な支持を確保した。その流れの中でマーティン・ルーサー・キング・ジュ

ニア（Martin Luther King, Jr., 1929-1968）が指導者となって「人種」差別の撤廃を求める市民権運動が高揚し、市民権法（1964年）と投票権法（1965年）という二つの強力な連邦法の成立をもたらし、民主党のケネディ（John Fitzgerald Kennedy, 1917-1963）とジョンソン（Lyndon Baines Johnson, 1908-1973）の両政権下でリベラリズムは頂点を迎えた。しかしながら、その直後に全米大都市において「ブラック・パワー」を叫ぶ地元黒人ゲットー住民による「暴動」が頻発し、同時にベトナム戦争への関与が深まる中で、1968年の大統領選挙では僅差で「法と秩序」を掲げる共和党のリチャード・ニクソン（Richard M. Nixon, 1913-1994）が当選した★5。南部バプテスト派出身でありながら民主党リベラル派のジミー・カーター（James Earl Carter, Jr., 1924-）政権を挟んで、1982年の選挙では「小さな政府」のスローガンを掲げる共和党保守派ロナルド・レーガンが圧勝した。それを可能にしたのが「モラル・マジョリティー」（Moral Majority）と呼ばれる福音主義的組織だった。それは先に触れたテレビ伝道家の一人であるジェリー・ファルウェルが中心となって直接的には1973年の連邦最高裁による妊娠中絶を合憲としたロー対ウェード判決（*Roe v. Wade*）への反発をきっかけに組織された団体だった。保守派が待望していた、急進化していた1960年代後半以降のアメリカの社会思想の主潮流への明確な批判を掲げた原理主義的な福音主義諸派の統一組織が発足した。それに合流した人々は間もなく宗教右派と呼ばれるようになる（Lambert, 2008: 189-190; 飯山、2008、第5章）。

　既述のごとく、宗教右派は、中道路線に切り替えた民主党の下で1990年代に二期続いたビル・クリントン政権の後に、回心体験者（born-again Christian）であることを売りとする共和党ジョージ・W・ブッシュ政権をもたらし、2001年の「9.11同時多発テロ」を契機に「唯一の覇権国家」アメリカによるイスラム系のテロリスト諸集団への「聖戦」が声高に叫ばれるようになった。世俗性の象徴である現実政治への直接的関与を長らく控えていた原理主義者は21世紀の幕開けとともに、宗教色を色濃く帯びつつあるアメリカ外交に決定的な影響力を行使するようになった（Lambert, 2008: 205-207; 飯山、2008、第7章）。だが、間もなくイラクのサダム・フセイン政権には「大量破壊兵器」の証拠がないことが判明し、ブッシュ政権の権威は揺らいだ。さらに2008年秋のリーマン・ショックをきっかけに世界的「大不況」（Great Recession）が勃発し、再び世論は「変化」を志向し、民主党候補バラク・オバマを指導者に選ぶことになった。既述のごとく、宗教右派は二期続いたオバ

マ政権によるの諸改革の試みを阻止することを目標とする、「小さな政府」のスローガンを掲げる草の根の保守主義運動である「茶会」運動と連動し、その勢力を維持し続けていたが、オバマ以降のアメリカの行方を決定する 2016 年の大統領選挙では支持候補であった共和党のテッド・クルーズ（Rafael Edward Cruz, 1970-）候補が早々の撤退を強いられている。「9.11 同時多発テロ」が喚起した「愛国心」の高揚に追い風を受け、オバマ政権の「大きな政府」への回帰と「人種」要因への反発で支えられた宗教右派はある意味で「賞味期限切れ」を呈している。この点に関しては後述する。

4 「人種」／民族と宗教

4・1 黒人教会と黒人神学

ここで「人種」と民族、とりわけ長らく奴隷とされた黒人と、白人でありながら同じく差別されてきたアイルランド系やイタリア系のカトリックおよび東欧系ユダヤ人の苦闘について概観する。まず奴隷制下でアフリカでの伝統的な精霊信仰を捨てて、主人である白人のキリスト教を受け入れながら現在に至るまでに独自教会制度を発展させてきたアフリカ系アメリカ人の信仰の歴史から垣間見える特徴と政治との関わりに焦点を当てる。

日本人から見て最初に浮かぶ疑問は、なぜ奴隷制下で主人の宗教であるキリスト教信仰を受け入れた黒人奴隷たちが奴隷解放後今日に至るまで分離された独自教会組織を維持し続けているのか、であろう。その答えを敢えて端的に述べれば、奴隷たちが厳しい境遇を共有する中で相互の文化的背景の違いを乗り越えて受容しつつも独自の解釈を加えたキリスト教理解に基づく「黒人神学」の伝統のゆえである、ということになる。夜、主人の目を盗んで集会をもった奴隷たちは独自の歌い方で霊歌を歌うことで互いの苦しい境遇を乗り越える精神的な力を養った。奴隷解放後に離散していた家族の再結集を実現し、経済的にはなお従属を強いられた小作人（sharecroppers）ではあっても、各プランテーションの近隣に独自の教会兼学校を設立し得たのは、独自の解放の神学によってだった。迫害の果てに死を乗り越えて再生を得た主イエス・キリストの物語は奴隷たちを支えたのである（コーン、1983；黒崎、2015）。

冷戦下でアメリカが非白人系「第三世界」諸国の支持を勝ち取る必要に迫られた国際政治情況も後押しし、白人リベラル派諸教会や連邦政府の支援を確保しつつ、キング牧師に率いられた南部の地元黒人民衆が主体となった市

民権運動の高揚は、既述のごとく1960年代半ばまでに大きな成果をもたらすことに成功した。しかしながら、まさに勝利の到来と前後して「ブラック・パワー」のスローガンを伴った分離主義的で暴力を辞さない、大都市の黒人反乱が全米で続発した。その中で注目を浴びたのがマルコム・X（Malcolm X, 1925-1965）だった。当初彼は「白人は悪魔である」とするイライジャ・ムハマド（Elijah Muhammad, 1897-1975）が主宰する黒人回教団（Black Muslims、団体名称は the Nation of Islam）に加盟したが、聖地メッカの巡礼を経て袂を分かち、「人種」偏見を乗り越える新たな運動を起こす矢先に暗殺された。マルコムはその早すぎる晩年にはキング牧師との連携に努めた。両者を対立的ではなく、相補的な関係性の中でとらえる考え方は、現在では広く受容されている（コーン、1991）。ただし、近年の都市中心部黒人ゲットーにおける「アンダークラス」と呼ばれる、失業率にさえ反映されない就職機会を奪われた人々の増加や男性収監者人口の急増、さらにアファーマティヴ・アクションによるリーダー層の脱出傾向とが相俟って、伝統を誇る黒人教会の組織的統合が危ぶまれる事態が生じつつある（Robinson, 2010）。

4・2　アイルランド系およびイタリア系の移民

　既述のごとく、アイルランド系は古くからの白人系移民でありながら、長らく差別の対象とされた。アイルランド系移民は「ジャガイモ飢饉」（1845年～1852年）をきっかけに急増した。その大半が英語を母語とせず、カトリック教徒であり、母国がイングランドの植民地とされたことから、アメリカ社会の最底辺に留め置かれた。1850年に北東部諸州で隆盛した反アイリッシュで反カトリックの「ノー・ナッシング党」（Know-Nothing Party）という秘密結社はアメリカ的プロテスタンティズムに根強いカトリックへの反発と反移民感情が合体したものであり、表面的には道徳的な理由を掲げた禁酒運動の拡大を支えた背景としてその後も持続し、既述のごとく欧州移民の殺到が懸念された第一次世界大戦直後には「禁酒」を定めた憲法修正第一八条の成立をもたらすほどであった。現在「アイルランド系」を自認する人口は3457万人ほどで総人口の11％を占め、アイルランド本国の640万ほどの人口の5倍以上を数える（2013年統計）★6。冒頭で触れたように現在米国民の24％ほどを占めるカトリック教徒だが、アイルランド系でもあるジョン・F・ケネディは現在に至るまで唯一のカトリック教徒の大統領である。ただし、二大政党からの大統領候補としてはニューヨーク州知事を務めたアル・スミス（Alfred

Emanuel Smith, Jr., 1873-1944）が 1928 年に民主党から指名を受けたことがある。

　もう一つの欧州からのカトリック系の主要移民集団であるイタリア系移民が急増するのは 19 世紀末から 20 世紀初頭にかけてであり、後述する東欧ユダヤ系移民とともに、当時は「新移民」（New Immigrants）と呼ばれ、同じ白人でありながらアイルランド系と同様に差別の対象とされた。現在（2013 年）イタリア系と自認する人々は 1722 万人ほどでアメリカの総人口の 5.4 ％を数える（Wikipedia: Italian Americans）。アイルランド系とイタリア系を含めた移民諸集団、とりわけ欧州系の移民とその子孫においては混血が進んでおり、後述のごとく 20 世紀半ばまでに民族的な境界は曖昧化している。1990 年代半ばにボストン郊外のウォータータウンの白人系カトリック居住区で家族ぐるみで 1 年間暮らした筆者の個人的体験を交えれば、アイルランド系やイタリア系さらにはカナダのケベック州からの移民であるフレンチ・カナディアンを自認する人々のカトリック的紐帯はなお根強いものがあると言える。

　1965 年の移民法の改正後に急増しているメキシコ系を中心とするヒスパニック系（ラティーノスとも呼ばれる）を自認する人々の数は現在（2015 年推定）5660 万人ほどでアメリカ総人口の 17.5 ％を数える（Wikipedia: Hispanic and Latino Americans）。その大半がカトリック系であり、アメリカのカトリック教会において歴史的に確立されてきたアイルランド系の支配的地位に今後変化が起きることも予想される。換言すれば、長年アメリカ社会を分断してきた「人種」という外見上の違いを超えた共通のカトリック的な紐帯の強度が試される時代を迎えているのである。

　2004 年に民主党の大統領候補指名を受け第二期オバマ政権下で国務長官を務めるジョン・ケリー（John Forbes Kerry, 1943-）、さらにはオバマ政権の副大統領であるもジョー・バイデン（Joseph Robinette Biden, Jr., 1942-）もカトリック信者である。ジョージタウン大学（首都ワシントン、1789 年創設）、ノートルダム大学（インディアナ州、1842 年創設）、そしてボストン・カレジ（マサチューセッツ州、1863 年創設）等の評価の高いカトリック系高等教育機関が次々に設立され、政財界や学術教育分野に有為な人材を供給するとともに、アメリカにおけるカトリック勢力の維持拡大をもたらしている。カトリックは今や完全にアメリカ社会に定着している。カトリック系は数でこそ総人口の 4 分の 1 に過ぎないが、人口の過半数を占めるプロテスタント系は諸派に分裂して今日に至っている。カトリック系は教派としては最大

の集団であり、歴史的に集団的な拘束性が根強い。リベラルな傾向で知られるフランシスコ教皇の指導の下で、今後のカトリック系の動向は大いに注目される。

4・3　ユダヤ系移民の苦闘と「新移民」の「白人化」

歴史的にユダヤ系移民の多量受け入れ国としての実績を誇るアメリカには、2012年現在ユダヤ系人口は550万から800万人と推定され（定義により異なる）、イスラエルのユダヤ系人口540万（2007年）を上回る（Wikipedia: American Jews）。ユダヤ系の微妙な立場を象徴するのは南部に移住した人々である。サウスカロライナ州チャールストンは19世紀初頭において約2000人のアメリカで最大のユダヤ系人口を誇った。そのほとんどがイギリスからの移民で元々はイベリア半島系の人々（Sephardim）であり、19世紀末から20世紀初頭に北部に急増する東欧系の移民（Ashkenazim）と異なる背景を持っていた。既述のごとく、この時期の東欧ユダヤ系移民は南欧イタリア系移民とともに「新移民」と呼称され、1910年における外国生まれ人口（1351万5886人、総人口の14.7％）（Wikipedia: Immigration to the United States）の大半を占めていたと推定される。第一次世界大戦後に反動化の時代を迎えたアメリカで、1924年に「新移民」や日系人の実質的な移民禁止が法制化され、それは1965年まで続いた。しかしながら、40年ほどの間に経済的な覇権を確立するに至るアメリカで、かつての「新移民」の孫の代までには、経済的地位の上昇を含む、今日の歴史家が「白人化」と呼ぶ同化のプロセスが機能した（ローディガー、2006）。

1948年にボストン郊外ウォルサムにユダヤ系のブランダイス大学が創設された。ユダヤ系以外の志願者に広く開かれた非宗教的なリベラルアーツ志向の高等教育機関だが、全米の優秀なユダヤ系志願者を集め、瞬く間に全米大学ランキングの上位1％以内に入った。1960年代の市民権運動の高揚期には、ユダヤ系学生を中心に多くの学生が率先して生命を賭して深南部諸州の農村地帯での黒人有権者登録活動に参加したことで知られる[7]。

1980年代から2000年代のネオコン（neoconservatismを略して英語でもneoconと呼ばれた）の隆盛を支えたのもユダヤ系移民二世の知識人だった。その多くがかつてのトロツキストで反ソ的かつシオニズム支持者でもあり、キング牧師の市民権運動の支持者でもあったが、ビル・クリントン政権の中東政策に幻滅し、共和党支持派に鞍替えし、2001年の「9.11同時多発テロ」以降

にジョージ・W・ブッシュ政権の強硬姿勢を支持するようになった。その代表格というべき国防次官を経て世界銀行総裁に栄達したポール・ウォルフォウィッツ（Paul Dundes Wolfowitz, 1943-）は東欧（ポーランド）系ユダヤ人の二世で、南部の地方レベルの市民権運動に身を投じたかつてのユダヤ系学生とはまったく違った権力志向の人物であり、他の民族宗教集団と同じくユダヤ系の政治的立場の多様さを象徴する（Wikipedia: Paul Wolfowitz）。

5　2016年選挙をめぐる宗教諸勢力分布と変化の兆し

5・1　トランプ現象とサンダース現象

　2016年の大統領選挙における最大の番狂わせはドナルド・トランプ（Donald John Trump, 1946-）候補の躍進である。既述のごとく、キリスト教右派が後押しする草の根保守の「茶会」運動が支援した共和党候補指名争いの本命と目されたテッド・クルーズ候補は撤退を余儀なくされた。他方、民主党指名争いでも民主的社会主義者でユダヤ系のバーニー・サンダース（Bernard Sanders, 1941-）候補が前国務長官で本命視されていたヒラリー・クリントン（Hillary Rodham Clinton, 1947-）候補と最後まで予想外の接戦を演じた。一方は急増する「非合法」移民に排外主義的態度をあらわにし、他方は包摂的な姿勢を示しつつも、トランプとサンダースの両候補とも TPP（環太平洋戦略的経済連携協定）が象徴する伝統的なアメリカの自由貿易体制への反発を共有し、経済格差の拡大傾向を放置した既存の政治エリートの対応能力への批判を起爆剤に支持を拡大した。宗教諸勢力はこのような民衆レベルの不満の高まりに十分に対応できたとは言い難い。とりわけ郊外の非大卒白人中高年有権者を組織してきた宗教右派とそれと連携してきた共和党保守派にとってトランプ現象はショックだった。トランプおよびサンダース両候補に共通の孤立主義外交と保護貿易主義という内向き傾向と、二大政党の候補最終指名の場である全国大会の直前のイギリスの国民投票で示された EU 離脱の決定が象徴する極めて短期的な利益確保へと誘導された自国民優先志向の扇動的レトリックに、1930年代に英米両国に見られたブロック化への傾斜が第二次世界大戦を帰結した事実を重ね合わせて現状を懸念するのは筆者だけではないであろう。

5・2　環境保全問題と宗教左派の再生の兆し

　テッド・クルーズ候補の早々の撤退はある意味で宗教右派の「賞味期限切れ」

を示しており、宗教右派が重要視してきた同性婚への反発を含む伝統的な家族の価値観や自助精神を基盤とする「小さな政府」といった保守的政治課題では、急増する非白人系移民との競争の激化と先細る経済的機会の不安にさらされる非大卒郊外居住白人有権者の政治的要求を満たすことができなくなってしまっていることが暴露された。宗教右派がオバマ政権への「人種」に基づく反発以外に中高年を中心とする白人保守派に有効な公約を提示できなくなったときに、保守派や右派にとってさえ禁句とされた反移民感情の率直な表明を躊躇しなかったトランプ候補が人気を博す一方で、既述のごとく現在4000万人を超える外国生まれ人口を背景とした増加する非白人系の若年層や、多様性の進行を既成の事実として受容し、むしろそれを積極的に生かす道を自らの経済的利益と重ねようとする高学歴の比較的若い白人有権者への支持を拡大したのが、サンダース候補だった。同候補はオバマ政権下で勢力拡大の契機をつかみつつある環境保全派も取り込んだ。

　ここで注目したいのは、20世紀初頭の革新主義運動や1960年代に高揚した市民権運動をはじめとする社会正義の実現を掲げたさまざまな改革運動を支援した宗教左派の復活の兆しである。確かに2006年7月の世論調査によれば「宗教左派」と自認する人の割合は7％に過ぎないが、「宗教右派」と自認する人の割合（11％）と比べて大差ない。その一方で約7割の人々（69％）が宗教の政治への影響力の低下を感じており、しかも後述のごとくその多くがそれを悪いことだと思っているのも事実である。同調査によれば、最も懸念される政治課題は地球温暖化をはじめとする環境保全問題への対処である。同調査によれば、圧倒的多数（79％）の人々が近年の地球温暖化を明確に懸念しており、それは教派や「人種」を超えた国民的共通認識となっている（Pew Research Center, "Many Americans Uneasy with Mix of Religion and Politics"）。このような環境保全意識の高揚には同調査の前年にアメリカ南部を襲ったハリケーン・カトリーナがもたらした甚大な被害の記憶も影響したものと思われる。オバマ政権下で論争を呼ばなかった唯一の課題は環境保全対策であり、2012年のリオデジャネイロ世界環境サミットを経て2015年にパリで開催されたCOP21（国連気候変動枠組条約第21回締約国会議）での国際的合意形成にアメリカが大きな役割を果たす上で、依然として篤い宗教意識を維持する世論の後押しの存在が認められるのである。

　この項目の最後にプロミス・キーパーズ（Promise Keepers, 以下PKと略す）という「左」にも「右」にも分類し難い、「人種」を超えて男性の連帯

を目指す極めて特異な福音主義的集団について触れる。英語版ウィキペディアによれば、PK はカナダやニュージーランドなど海外にも支部を拡大しつつある男性のみによるキリスト教団体である（Wikipedia: Promise Keepers）。PK をキリスト教右派的な新潮流と見なして研究対象としたセス・ドーランドによれば、PK は白人に「人種」に基づく差別という罪の悔い改めを呼びかけつつ、男性の復権を求め、家族の価値の再生を図ることを目的とした社会活動を各地で展開しており、1997 年 10 月 4 日に首都ワシントンのナショナル・モールで開催された大集会には数十万人の男性が参加した（Dowland, 2015）。オバマ大統領が最初の民主党大統領候補指名争いの最中に黒人男性に向けて父親としての役割を果たすように訴えて注目された「さらに完全な連合体に」と題された演説（2008 年 3 月 18 日、ペンシルベニア州フィラデルフィアにて）★8 とも符合する動きであるが、PK に合流する黒人男性は現状では限られたままである。

　このような宗教左派の再生の動きと重なるのが、贅沢なライフスタイルを排し、経済格差の是正を掲げる、2013 年に世界の 12 億人以上と推定されるカトリック教徒の頂点に立ったフランシスコ教皇による訪米時（2015 年 9 月下旬）の熱狂的歓迎であり、史上初の連邦議会でのローマ教皇による演説に寄せられた共感だった（松本、2016）。映画『スポットライト』（2016 年）でも話題となった聖職者による子どもに対する性的虐待事件で信者数を減らしたとされるカトリック教会だが、冒頭でも述べたごとく、依然としてアメリカ総人口の 4 分の 1 がカトリック教徒であり、ヒスパニック系およびアジア系新移民の急増で信者数は増加傾向にあり、上意下達的な組織構造と相俟って、離合集散を繰り返すセクト主義的なプロテスタント諸派以上に政治的な影響力が強い。メキシコとの国境に壁を構築して「非合法」移民の流入を阻止することを公約に掲げるトランプ候補がフランシスコ教皇から厳しい批判を受けた事実は、2016 年大統領選挙の行方に影響を及ぼすことが予想される（Christina Wilkie「ローマ法王、トランプ氏を批判」）。

5・3　メガチャーチが秘める可能性

　近年のアメリカにおけるプロテスタント系教会の特徴の一つにメガチャーチと呼ばれる 2000 名以上の会員を有する巨大な教会組織の隆盛がある。2010 年時点でその数は 1300 以上とされ、そのうち毎週日曜日のミサに 1 万以上の信者を集めているのは全米で 50 教会を超え、中には 4 万 7000 人もの信者が

一堂に会す例もある。2015年11月のある週末に全米でメガチャーチに集った人はプロテスタント信者の10人に1人、総計約500万人であったと推定される。カトリック教会でも教区人口が2000名を超えるものが3000となっており、その数は現代の新移民の急増によって増大傾向にある（Wikipedia: Megachurch；松本、2016、第八章）★9。従来このようなメガチャーチでの説教で話題にされるのは「中絶反対」や「同性婚反対」だけだったが、近年では「地球温暖化」や「貧困」ないし「経済格差」といった問題も取り上げられている（NHK「クローズアップ現代」）。メガチャーチにおける新たな傾向は、既述の宗教左派の再生の可能性をさらに補強するものである。

　メガチャーチ発祥の地とされるカリフォルニア州の郊外地域に所在する、オバマ大統領の就任式に立ち会ったことでも有名なリック・ウォレン（Richard Warren, 1954-）牧師が主宰する、全米で最大規模のサドルバック教会（Saddleback Church）でのミサに参加した日本人研究者によると、同教会の会員数は10万、毎週末のミサには2万5000人から3万人が集う。日本を含む世界各地に支部を持ち、関連出版社が出版した本には4000万冊を超える売り上げを誇るものも含まれる。福音派が伝統的に重視する「反妊娠中絶」や「反同性婚」とともに、「環境保全」や「貧困解消」といった従来リベラル派や左派が取り上げてきたテーマも説教で話題とされるだけでなく、実際にさまざまな福祉活動も展開されている。ロック・コンサート・ホールにもなる巨大な礼拝堂のステージ上では「美しい白人女性とイケメン男性」や黒人のシンガーがゴスペルを歌う。たまたま不在だったリック・ウォレン牧師の説教は事前録画されたものだったが、臨場感に満ちた映像と音声で、「大学教員である著者が、講義をするときの参考にしたくなるような人を惹きつける話しぶり」とも相俟って、そのリベラルな政治課題を含む説教は聴衆に多大な影響を及ぼしている（松本、2016、第八章）。

　本稿筆者の見るところ、トランプ候補は「賞味期限切れ」を迎えつつあるキリスト右派に見切りをつけ、よりストレートに白人男性中高年向けに排外主義的な経済的利益確保の大衆扇動的言辞を多用する戦略をとったのである。しかしながら、数百万もの熱心な信者が毎週末に通うキリスト教各派の大規模教会の昨今の様子を踏まえて言えるのは、1980年代以降に立ち現れ、2001年の「9.11同時多発テロ」以降に一世を風靡してきた宗教右派と明らかに違う潮流が生まれつつあるという事実である。そのような人々には、筆者が見るところ、トランプ候補が主張するメキシコ国境上の壁の構築（同候補は建設資金をメキ

シコ政府に求めている）のような、キリスト教諸派が共有する「隣人愛」の精神に真っ向から反する公約は受け入れ難いであろう。この傾向は敬虔な信者にとどまらない。先ほど引用した世論調査によれば、約6割（59％）のアメリカ人が宗教の政治への影響力の低下を感じており、そのうちの約8割（79％）がそれを悪い傾向であると懸念しており、全体でその割合は5割（50％）に達する（Pew Research Center, "Many Americans Uneasy with Mix of Religion and Politics"）。少なくとも半数の有権者はあまりにも露骨な排外主義に不快感を示すであろう。トランプ候補が宗教よりも経済的側面を強調した背景もそこにある。

6 近年の最高裁判所の判例から見える アメリカ的な政教分離の特徴

6・1 教育における政教分離をめぐって

近年の最高裁判例からアメリカ的な政教分離の現在までの歴史的到達点を確認し、本稿のまとめの一助とする。結論を先取りすれば、基本的に連邦最高裁判所はアメリカ的政教分離の特徴である多様な宗教活動の自由を保障する判例を積み重ねている。まず初等中等レベルの教育における政教分離の在り方を方向づけてきた戦後の主要判例を見てみよう。

第二次世界大戦下の1943年に下されたウェストヴァージニア州教育委員会対バーネット判決（*West Virginia State Board of Education v. Barnette*）で、連邦最高裁は6対3で公立学校における特定シンボル（この場合は星条旗）への忠誠の表明を拒否したエホバの証人（Jehovah's Witnesses）信者の子どもの権利を認めた。それは同じくエホバの証人の子どもに示された否定的な3年前の判例の変更だった（Wikipedia: *West Virginia State Board of Education v. Barnette*）。

戦後間もない1947年に特定宗教団体が運営する私立学校への公費でのスクールバスの援助を定めたニュージャージー州法の合憲性をめぐって下されたエヴァーソン対教育委員会判決（*Everson v. Board of Education*）は、教育分野における政教分離に関するランドマーク的な判決とされる。同判決では5対4の僅差でニュージャージー州法の合憲性が認められたが、その根拠はあらゆる宗派教派に対する平等な適用とされた。同判決で連邦憲法修正第一条の政教分離原則が連邦レベルのみならず、各州のレベルにおいても厳格に適用されると

いう原則が改めて確認された（Wikipedia: *Everson v. Board of Education*）。

1972年に下されたウィスコンシン州対ヨダー判決（*Wisconsin v. Yoder*）で最高裁は8対1で、厳格な宗教的戒律を固守し続けるアーミッシュ派（Amish）の子どもに同州が定める義務教育を強制することはできない、と判定した（Wikipedia: *Wisconsin v. Yoder*）。子どもの学ぶ権利よりも親の信仰の自由が優先された形である。

これらの判決から浮かび上がるのは、憲法修正第一条が定める公定宗教の禁止が示唆する厳格な政教分離よりも、同じく同条項が定めるアメリカ的政教分離の第二の柱である多様な宗教活動の自由の保障を拡大する方向性をより重視する判例が積み重ねられてきたという事実である。同時にそれがホーム・スクーリングの合法化とも相俟って、子どもの権利の侵害に結びつきかねない問題性を含むことも銘記すべきであろう。

6・2　宗教と科学の境界

既に触れた1925年のスコープス裁判で示された州レベルでの進化論教育禁止法の有効性を長年黙認してきた連邦裁判所ではあったが、1968年のエパーソン対アーカンソー州判決（*Epperson v. Arkansas*）で、進化論教育を禁じる州法の違憲性が確立された（Wikipedia: *Epperson v. Arkansas*）。

進化論教育擁護の判例確立は確かに科学の成果を受容する方向に変化しつつある世論を背景にしている。先に引用した近年の世論調査において、アメリカ人の約3分の2（65％）が科学の進歩に肯定的であり、有害であるとする割合は19％に過ぎない。しかしながら、進化論に関して話は別であり、反対が根強いままである。とりわけ白人福音派プロテスタントの3分の2（65％）が人間を含む生物が長い年月をかけて進化してきたとする考えを拒絶したままである。1990年代以降にディスカヴァリー研究所（Discovery Institute）などの民間団体が公立学校での進化論教育に反対する草の根運動を展開し、一部で「インテリジェント・デザイン」という原理主義的進化論の教育を取り入れさせる例も見られる。同運動は本流となっていないのも動かし難い事実である（Johnston and Taylor, 2016, "Chapter 36"）。興味深いのはカトリック信者の約6割（59％）が進化論を受け入れている事実である（Pew Research Center, "Many Americans Uneasy with Mix of Religion and Politics"）。

6・3 「避妊」「人種間結婚」「中絶」「同性婚」をめぐって

　家族の価値観や性道徳をめぐる判例で驚かされることの一つは、既婚夫婦における避妊の行為を禁じる北部ニューイングランドのコネティカット州法が違憲とされたのが極めて最近というべき 1965 年であったという事実であり、アメリカにおける教派を超えたキリスト教原理主義文化のしぶとさを物語る。同法が違憲とされたのはグリスウォルド対コネティカット州判決（*Griswold v. Connecticut*）においてである（Wikipedia: *Griswold v. Connecticut*）。

　直接宗教との関係がないように思われながら、明らかに原理主義的な考えを背景としてきた「人種」間結婚禁止法（実際には白人と他「人種」の結婚のみを禁じる）も大半の州にかつて州法として存在した。それらに違憲判決（*Loving v. Virginia*）が下されたのも極めて最近のこと（1967 年）である（Wikipedia: *Loving v. Virginia*）。

　福音派や原理主義者が強く反発する妊娠中絶と同性婚に関して、前者は 1973 年の判決（*Roe v. Wade*）、後者は 2015 年の判決（*Obergefell v. Hodges*）で認められたが、依然として反発が根強いままである。1970 年代以降のキリスト教右派の政治的台頭は最高裁判事の構成を保守派に変えることに動機の一端があったと考えられる（Wikipedia: *Roe v. Wade*; Wikipedia: *Obergefell v. Hodges*）。

　既述のごとく、長年論争を呼んできた家族の価値や性道徳に関しては最近になって旧来のリベラル派と保守派の違いを超えて見直しがなされつつある。環境保全の問題が保守的宗教観を持つ福音派にも浸透しつつあるように、家族の価値、とりわけ父親の役割を積極的に認めた上で「人種」和解を推進しつつある PK の活動や、オバマ大統領の父親の責任を問う黒人男性向け発言に見られるごとく、伝統的価値観の一部見直しの波がリベラル派や左派に及びつつあることは注目に値する。

6・4　先住民／インディアンの「違法性を伴う精霊信仰」と 宗教的自由の限界をめぐって

　この項目の最後に取り上げるのは先住民、とりわけインディアンの伝統的行事で使用される「違法薬物」をめぐる判例の推移である（McGraw, 2016, "Chapter 40"）。この問題に関して連邦議会と連邦最高裁は相争ってきた。連邦議会は 1978 年にアメリカ・インディアン宗教的自由法（American Indian Religious Freedom Act）を成立させ、例外的に違法薬物の使用を

認める余地を与えた。1990 年の判決（*Employment Division, Department of Human Division of Oregon v. Smith*）で、従来は主流アメリカ文化に属する集団のみに認められてきた信仰の自由が先住民の多神教的精霊信仰にも適用されるかどうかが争われた。基準が未確立であったために、ある意味で長年事実上の黙認ないし一括して違法とする両極端の判断がなされてきたが、この連邦法の成立以降に違法薬物問題の統一基準が求められるようになっていた。同判決で最高裁は、伝統的な宗教がらみであろうと天然由来の違法薬物ペヨーテの使用を禁じる州法を合憲と判断した（Wikipedia: *Employment Division v. Smith*）。多様な宗教活動上の自由が侵されかねないと危惧した宗教諸勢力の支持を背景に連邦議会で 1993 年に宗教的自由回復法（Religious Freedom Restoration Act）が成立した。しかし 4 年後の判決（*City of Boerne v. Flores*）で最高裁はこれを違憲と認定し、ペヨーテは宗教や文化と切り離されて例外なく違法薬物と判断されるに至った。連邦議会は 2000 年に新たな立法化（Religious Land Use and Institutionalized Persons Act, 以下 RLUIPA と略す）で対抗した。RLUIPA は薬物の問題から離れ、宗教団体の土地規制除外扱いや収監者の宗教的慣習の尊重を求めた立法措置で、カリフォルニア州の刑務所において近親者の喪に服すとき以外に髪を切らないという先住民の慣習が認められ、男性服役者への断髪の強制が裁判所の後押しも得て撤廃された（McGraw, 2016, "Chapter 40," p.521）。かくして、多様な宗教的行為の自由の保障という憲法修正第一条で明記されたアメリカ的政教分離の特徴がさらに強化されたが、連邦議会でこのような動きに積極的だったのは宗教右派や政治的な保守派であり、リベラル派や世俗派が概して懐疑的だった点には十分な注意が払われるべきである。宗教的な自由を無際限に拡大することは政教分離の原則自体を揺るがしかねないからである（*Ibid.*: 524）。

おわりに

アメリカはイギリスとの長期にわたる激烈な戦争を経た建国時に、公定宗教の禁止と宗教活動の自由の保障という二本の柱を立てて、政教分離の原則を憲法上に明記した。ともすれば対立しかねない二大原則のうち第二の諸宗教の自由な活動の保障をより重視してきたアメリカは、極めて宗教的多様性に富んだ社会を作り上げてきた。多様な宗教活動の自由が保障され、それには政治活動も含まれた。歴史的に宗教諸勢力はその時々の政治の流れに大きな影響を及ぼ

してきた。近年で目立ったのは宗教右派の影響力であり、それは「9.11 同時多発テロ」を契機とする「聖戦」の叫びとともに頂点を迎え、リベラルなオバマ政権下でも「小さな政府」のスローガンを掲げる草の根保守の「茶会」運動を通じてさまざまな社会政策の実行が阻害された。しかしながら、グローバル化の負の影響が郊外地区における白人中産階級の「豊かな社会」へも波及するにつれ、宗教右派の影響力も陰りを見せた★10。2016 年の大統領選挙ではより直截に白人中高年男性を主な対象として自己利益確保を訴える排外主義的な候補が事前予測を超えて支持を拡大した。その一方で、オバマ政権下で環境保全への意識が高まり、ウォール街占拠運動（2011 年末〜 2012 年初頭）の高揚に見られるように経済格差の是正への世論の圧力も増しており、その中から宗教左派の再生が指摘されるようになっている。今や毎週末に数百万もの人が参集するメガチャーチの隆盛も宗教右派の「賞味期限切れ」を表している。そこでは伝統的な家族の価値観とともに、それを成り立たせるための環境保全や経済格差是正の課題も話術巧みな人気の高い説教師の口を通じて人々に浸透している。トランプ現象は将来への不安を募らせる白人男性ベビーブーム世代の焦燥を反映した動きであるが、世論調査が示すごとく、政治への宗教的道徳性の影響の低下を危ぶむ世論の声はなお根強いままであり、あからさまな排外主義の膨張を食い止める防波堤となっている。

　多様性は「民族」を基盤とする近代国家において短所とされがちだが、アメリカでは歴史的に経済的繁栄をもたらしてきた長所であるとする国民的認識が優勢である。かつてロバート・N・ベラーが歴史的にアメリカ人に広く共有されてきた「市民宗教」と指摘した価値体系は個人主義に基づくものであった（ベラー、1991）。ともすれば衝突しがちな個人主義的価値観を調整し統合してきたのは多様な背景を持つ個々人の尊厳の相互承認というアメリカ独特の多文化的な平等観であり、それと不可分な多様な宗教活動の自由の保障こそがアメリカ的政教分離の歴史的な特徴なのである。それは宗教の政治への過度の干渉や社会的統合力の低下を招きかねないという危険を孕むが、同時にトランプ現象のような排外的な自己利益確保に向かいかねない個人主義的なアメリカの市民宗教の道徳度もチェックしうることが期待された。確かに 2016 年の大統領選挙の結果が示したトランプ候補の予想を覆す僅差での勝利は、そのような宗教的道徳性を上回るほどに所得と将来展望の二極化を伴う中産階級社会の崩壊の度合いが大方の予想よりも深刻であったという事実を暴露したと言える。それでもなお、公共の場からの宗教性の徹底排除というフランス的アプロ

ーチとは異なった、公定宗教を否定しつつも多様性に富む諸宗教の自由な活動の保障をより重視してきたアメリカ的政教分離の歴史的経験は、グローバル化を遅れて経験する各国に、それがもたらす不可避の問題への対処法を考える際に有益な先例である点は変わりないのである。

注

★1　最新の統計数値は Wikipedia: Religion in the United States, in https://en.wikipedia.org/wiki/Religion_in_the_United_States（2016 年 8 月 15 日アクセス）で参照されたい。

★2　このテーマに関しては、川島正樹『アファーマティヴ・アクションの行方——過去と未来に向き合うアメリカ』（名古屋大学出版会、2014 年）を参照されたい。なお本稿では 2003 年に完了したヒトゲノム解析の結果、「人種」という概念が分子生物学レベルで科学的分類概念として否定されたことに鑑み、「　」を付して使用する。

★3　アメリカの「人種」別人口動態に関しては次を参照されたい。Wikipedia: Historical racial and ethnic demographics of the United States, in https://en.wikipedia.org/wiki/Historical_racial_and_ethnic_demographics_of_the_United_States#Historical_data_for_all_races_and_for_Hispanic_origin_.281610.E2.80.932010.29（2016 年 8 月 15 日アクセス）．

★4　キリスト教原理主義と福音主義的な伝統との関連性については次の二冊を参照されたい。George M. Marsden, *Understanding Fundamentalism and Evangelicalism*, Grand Rapids, MI: Wim. B. Eerdmans Publishing, 1991；飯山雅史『アメリカの宗教右派』中央公論新社、2008 年。

★5　この間の経緯については川島正樹『アファーマティヴ・アクションの行方―――過去と未来に向き合うアメリカ』（名古屋大学出版会，2014 年）を参照されたい。

★6　その他に元来スコットランドからアイルランドに移住した非カトリック系のスコッチ・アイリッシュを自認する人口が 300 万人を数える。以下を参照されたい。Wikipedia: Irish Americans, in https://en.wikipedia.org/wiki/Irish_Americans（2016 年 8 月 18 日アクセス）．

★7　詳細は、北美幸『公民権運動の歩兵たち――黒人差別と闘った白人女子学生の日記』（彩流社、2016 年）を参照されたい。

★8　三浦俊章編訳『オバマ演説集』（岩波書店、2010 年）、19-46 頁。なお英語原文は次を参照されたい。Wikisource: A More Perfect Union, in https://en.wikisource.org/wiki/A_More_Perfect_Union（2016 年 8 月 15 日アクセス）．

★9　大規模教会のリストとして次のサイトを参照されたい。Wikipedia: List of the largest Protestant churches in the United States, in https://en.wikipedia.org/wiki/List_of_the_largest_Protestant_churches_in_the_United_States（2016 年 8 月 15 日アクセス）．なお世界各地の福音派メガチャーチの最新のリストと情報に関しては以下を参照されたい。Wikipedia: List of evangelical megachurches, in https://

en.wikipedia.org/wiki/List_of_evangelical_megachurches（2016 年 8 月 15 日アクセス）.
★10　ジョージ・W・ブッシュ政権第二期半ばにおける、アメリカと世界に二極化をもたらすグローバル化と環境破壊を伴う資源浪費傾向への道徳的警鐘を鳴らす役割を「宗教左派」の再興隆に期待する宗教学者の注目を浴びた論考としては例えば以下を参照されたい。Rabbi Michael Lerner, *The Left Hand of God: Healing America's Political and Spiritual Crisis*, New York, NY: HarperCollins, 2006.

参考文献

飯山雅史『アメリカの宗教右派』中央公論新社、2008 年。
NHK「クローズアップ現代　巨大教会が政治を動かす──アメリカからの報告」2007 年 7 月 10 日放映、http://www.nhk.or.jp/gendai/articles/2441/index.html（2016 年 8 月 15 日アクセス）。
大西直樹「VII 初期アメリカにおける政教分離と信教の自由」大西直樹・千葉眞編『歴史の中の政教分離──英米におけるその起源と展開』彩流社、2006 年、167-188 頁。
堀内一史『アメリカと宗教──保守化と政治化のゆくえ』中央公論新社、2010 年。
カミングス、ブルース『アメリカ西漸史──《明白なる運命》とその未来』渡辺将人訳、東洋書林、2013 年。
ガルブレイス、J・K『ゆたかな社会』鈴木哲太郎訳、岩波書店、2006 年。
川島正樹『アファーマティヴ・アクションの行方──過去と未来に向き合うアメリカ』名古屋大学出版会、2014 年。
北美幸『公民権運動の歩兵たち──黒人差別と闘った白人女子学生の日記』彩流社、2016 年。
黒崎真『アメリカ黒人とキリスト教──葛藤の歴史とスピリチュアリティの諸相』神田外語大学出版局、2015 年。
コーン、ジェイムズ・H『黒人霊歌とブルース──アメリカ黒人の信仰と神学』梶原寿訳、新教出版社、1983 年。
─────『夢か悪夢か──キング牧師とマルコム X』梶原寿訳、日本基督教団出版局、1991 年。
斎藤眞「VI 政治構造と政教分離──イギリス〈複合〉帝国とアメリカ植民地」大西・千葉編『歴史の中の政教分離』、2006 年、159 頁。
佐々木弘通「IV 一八世紀初頭の王領植民地マサチューセッツにおける教会 - 国家関係」大西・千葉編『歴史の中の政教分離』、2006 年、103-123 頁。
トクヴィル『アメリカのデモクラシー』（全 4 巻）松本礼二訳、岩波書店、2005 年。
堀内一史『アメリカと宗教──保守化と政治化のゆくえ』中央公論新社、2010 年。
ベラー、ロバート・N 他『心の習慣──アメリカ個人主義のゆくえ』島薗進・中村圭志訳、みすず書房、1991 年。
松本佐保『熱狂する「神の国」アメリカ──大統領とキリスト教』文藝春秋、2016 年。
森本あんり『反知性主義──アメリカが生んだ「熱病」の正体』新潮社、2015 年。
三浦俊章編訳『オバマ演説集』岩波書店、2010 年。
ローディガー、デイヴィッド・R『アメリカにおける白人意識の構築──労働者階級の形成

と人種』小原豊志他訳、明石書店、2006年。

Dowland, Seth, *Family Values and the Rise of the Christian Right*, Philadelphia, PA: University of Pennsylvania Press, 2015.

Driessen, Michael D., "Chapter 39 Religion, State, and Democracy: The United States in Comparative," in Barbara A. McGraw, ed., *The Wiley Blackwell Companion to Religion and Politics in the U.S.*, Chichester, UK: John Wiley & Son, 2016, pp.500-513.

Finkelman, Paul, "The Roots of Religious Freedom in Early America: Religious Toleration and Religious Diversity in New Netherland and Colonial New York," *Nanzan Review of American Studies*, vol.34, 2014, pp.1-26.

Johansen, Bruce E., "Chapter 4: Roger Williams, Native Peoples, and 'Soul Liberty'," in Barbara A. McGraw, ed., *The Wiley Blackwell Companion to Religion and Politics in the U.S.*, 2016, pp.42-50.

Johnston, Lucas E. and Taylor, Bron, "Chapter 36 Trends in Religion and Environmental Politics into the Twenty-First Century," in McGraw, ed., *The Wiley Blackwell Companion to Religion and Politics in the U.S.*, pp.454-469.

Lambert, Frank, *Religion in American Politics: A Short History*, Princeton, NJ: Princeton University Press, 2008, chaps. 1 and 2.

Lerner, Rabbi Michael, *The Left Hand of God: Healing America's Political and Spiritual Crisis*, New York, NY: HarperCollins, 2006.

Marsden, George M., *Understanding Fundamentalism and Evangelicalism*, Grand Rapids, MI: Wm. B. Eerdmans Publishing, 1991.

McGraw, Barbara A. "Chapter 40 Religious Pluralism at the Crossroads," in McGraw, ed., *The Wiley Blackwell Companion to Religion and Politics in the U.S.*, 2016, pp.514-531.

Norton, Mary Beth et al., *A People & A Nation: A History of the United States*, Brief Tenth Ed. Stamford, CT: Cengage Learning, 2015, pp.200-201.

Pew Research Center, "Many Americans Uneasy with Mix of Religion and Politics," August 24, 2006, in http://www.pewforum.org/2006/08/24/many-americans-uneasy-with-mix-of-religion-and-politics/（2016年8月15日アクセス）.

Robinson, Eugene, *Disintegration: The Splintering of Black America*, New York, NY: Doubleday, 2010.

U.S. Census Bureau, "The Foreign-Born Population in the United States," in https://www.census.gov/newsroom/pdf/cspan_fb_slides.pdf（2016年8月14日アクセス）.

Wikipedia: American Jews, in https://en.wikipedia.org/wiki/American_Jews（2016年8月14日アクセス）.

Wikipedia: *Employment Division v. Smith*, in https://en.wikipedia.org/wiki/Employment_Division_v._Smith（2016年8月15日アクセス）.

Wikipedia: *Epperson v. Arkansas*, in https://en.wikipedia.org/wiki/Epperson_v._Arkansas（2016 年 8 月 15 日アクセス）.
Wikipedia: *Everson v. Board of Education*, in https://en.wikipedia.org/wiki/Everson_v._Board_of_Education（2016 年 8 月 15 日アクセス）.
Wikipedia: Great Awakening, in https://en.wikipedia.org/wiki/Great_Awakening（2016 年 8 月 18 日アクセス）.
Wikipedia: *Griswold v. Connecticut* https://en.wikipedia.org/wiki/Griswold_v._Connecticut（2016 年 8 月 15 日アクセス）.
Wikipedia: Hispanic and Latino Americans, in https://en.wikipedia.org/wiki/Hispanic_and_Latino_Americans（2016 年 8 月 23 日アクセス）.
Wikipedia: Historical racial and ethnic demographics of the United States, in https://en.wikipedia.org/wiki/Historical_racial_and_ethnic_demographics_of_the_United_States#Historical_data_for_all_races_and_for_Hispanic_origin_.281610.E2.80.932010.29（2016 年 8 月 15 日アクセス）.
Wikipedia: Immigration to the United States, in https://en.wikipedia.org/wiki/Immigration_to_the_United_States#Demography（2016 年 8 月 14 日アクセス）.
Wikipedia: Irish Americans, in https://en.wikipedia.org/wiki/Irish_Americans（2016 年 8 月 18 日アクセス）.
Wikipedia: Italian Americans, in https://en.wikipedia.org/wiki/Italian_Americans（2016 年 8 月 23 日アクセス）.
Wikipedia: List of evangelical megachurches, in https://en.wikipedia.org/wiki/List_of_evangelical_megachurches（2016 年 8 月 15 日アクセス）.
Wikipedia: List of the largest Protestant churches in the United States, in https://en.wikipedia.org/wiki/List_of_the_largest_Protestant_churches_in_the_United_States（2016 年 8 月 15 日アクセス）.
Wikipedia: *Loving v. Virginia*, in https://en.wikipedia.org/wiki/Loving_v._Virginia（2016 年 8 月 15 日アクセス）.
Wikipedia: Megachurch, in https://en.wikipedia.org/wiki/Megachurch（2016 年 8 月 15 日アクセス）.
Wikipedia: *Obergefell v. Hodges*, in https://en.wikipedia.org/wiki/Obergefell_v._Hodges（2016 年 8 月 15 日アクセス）.
Wikipedia: Paul Wolfowitz, in https://en.wikipedia.org/wiki/Paul_Wolfowitz（2016 年 8 月 14 日アクセス）.
Wikipedia: Religion in the United States, in https://en.wikipedia.org/wiki/Religion_in_the_United_States（2016 年 8 月 15 日アクセス）.
Wikipedia: *Roe v. Wade*, in https://en.wikipedia.org/wiki/Roe_v._Wade（2016 年 8 月 15 日アクセス）.
Wikipedia: *West Virginia State Board of Education v. Barnette*, in https://en.wikipedia.org/wiki/West_Virginia_State_Board_of_Education_v._

Barnette#Facts_of_the_case（2016 年 8 月 15 日アクセス）.
Wikipedia: *Wisconsin v. Yoder*, in https://en.wikipedia.org/wiki/Wisconsin_v._Yoder（2016 年 8 月 15 日アクセス）.
Wikisource: A More Perfect Union, in https://en.wikisource.org/wiki/A_More_Perfect_Union（2016 年 8 月 15 日アクセス）.
Wilkie, Christina.「ローマ法王、トランプ氏を批判」、*The Huffinpost*、2016 年 2 月 19 日、http://www.huffingtonpost.jp/2016/02/19/pope-francis-donald-trump-christian_n_9271072.html（2016 年 8 月 15 日アクセス）.

第2章
フランス的政教分離(ライシテ)
共和主義の《憂鬱と理想》

丸岡 高弘

  政教分離（ライシテ）は憲法原則であり、法的には国家や地方自治体、公的機関にのみ適用されるものである。しかしこうした法的定義を超えて、それはひとつの共和主義的価値である。これによって人々は宗教的・思想的にどのような集団に帰属しているにせよ、自由であり、権利において平等な存在として集団を形成するのである。　　　　　　　　　　（政教分離監視委員会[1]）

　近代的な民主主義国家ならどこでも政教分離の原則は存在する。日本でも憲法に「国民の信教の自由」や「国家による宗教活動の禁止」（第20条）、「宗教活動への公金支出の禁止」（第89条）などが明記されていることはあらためて言及するまでもない。しかし日本ではこうした条項の存在意義や必要性について切迫した意識をもっている人はそう多くないにちがいない。大半の日本人にとって政教分離原則など数ある原則のひとつにすぎず、しかも比較的地味で注目されることのない原則にすぎない。それにたいしてフランスでは政教分離原則は歴史的にも極めて重要な位置づけをあたえられているのみならず、1980年代以降、イスラーム系移民（あるいは移民出身者）の社会統合をめぐる論争が激しくなるにつれて徐々に議論の中心を占めるようになり、さらに近年、イスラーム過激主義テロが頻発するようになってそうした傾向はますます激化している。現在のフランスにおいて政教分離は政治的議論の中心かつ最前列の位置を占めていると言ってさしつかえない。
　そもそも政教分離はフランスにおいて政治と宗教の関係を規定する法的枠組みということを超えてある種の価値を担った原理であるとみなされる傾向があ

る。エピグラフに引用した文章はそうした発想の典型的な例である。これは首相の直属機関である「政教分離(ライシテ)委員会」が発行した企業向けのガイド・ブックの冒頭に書かれたものであるが、ここには政教分離(ライシテ)が個人の信仰の自由を保護するために国家がみずからに課した制約であるだけではなく、人々を糾合してひとつの政治的共同体を形成するための基礎であることがたからかに宣言されている。プロテスタントやカトリックの信仰をもつ自由が保証されることは言うまでもないが、しかしそうした個人的な属性(アイデンティティ)のむこう側（あるいはこちら側）にただの「人間」として、普遍的理性の体現者として人々が集うこと――それが共和主義であり、それを可能にするのが政教分離(ライシテ)である。要するに政教分離原則とは人々が集う公共空間成立の基盤なのである。

　ところがこの共生の原理であるはずの政教分離原則が、近年、激しい議論の対象となり、むしろ人々を分裂させる原因ともなっている。共生の原理として構想されたものが分裂の火種になるというのは実に逆説的な事態ではないだろうか。本論ではそうした政教分離(ライシテ)をめぐる議論と軋轢を紹介し、このフランス共和主義のもっとも本質的な原理のひとつが新しい社会状況の中で深刻な危機に直面し、根本から問いなおしを必要とする状況に陥っていることについて論じたい。

1　憲法原則としてのライシテ★2

　日本語で「政教分離」と呼ばれているものを指し示す表現はフランス語では二種類ある。そのひとつは「ライシテ」（laïcité）であり、第二は「教会と国家の分離」（séparation des Églises et de l'État）である。前者は「洗礼をうけているが聖職者ではない俗人」を意味する形容詞ないしは名詞「ライック」からつくられた抽象名詞で、「世俗性」、「非宗教性」を意味するが、フランスの現行の憲法ではフランスが「ライックな共和国」であることが冒頭の第1条に明記されている。つまり「ライシテ」はフランスという国家のあり方を定義づけるもっとも基本的な概念のひとつになっているのだ。

　一方、第二の表現「教会と国家の分離」はフランスにおける政教分離を初めて体系的に規定した法律「教会と国家の分離にかんする1905年12月9日の法律」（通称「政教分離法」）にあらわれるものである。その第1条では「良心の自由」、「自由な礼拝」の保障が規定され、そして第2条で「共和国はいかなる礼拝にたいしても公認せず、給与を支払わず、また補助金を交付しな

い」（小泉、1998：371）と書かれている。政教分離を具体的に規定しているようにみえるのは当然、第2条の「国家による宗教の非公認と公金の非支出」であるが、それに先行して第1条で「良心の自由」、「礼拝の自由」にたいする言及がおこなわれていることは決して意味のないことではない。つまり1905年の政教分離法の制定は決して国家による宗教の否定ではなく、むしろ共和国は「自由な礼拝を保障する」義務を負うことをみずから宣言したのであり、そしてそれを前提として国家と教会の分離が規定されたのである。

　フランスの政教分離の歴史の中で重要なもうひとつの要素は1880年代にだされた一連の教育関連法である。これによって教育委員会・教育内容・教員の非宗教化など「教育のライシテ」とでも呼ぶべきものが確立されたのだが、とりわけ教育の場においては宗教的色彩を「排除」するという側面が非常に強く強調される傾向があることはフランス的なライシテ論の特徴と言うことができる。

2　ヨーロッパにおける多様な政教分離のあり方と「フランス的例外」

　国家による宗教の非公認、宗教への公金非支出、教育を初めとする公役務の非宗教化——歴史的にみてもこの三点はフランスにおける政教分離原則の中核を形成しているのだが、この三点に限っても、またヨーロッパという一見制度的な同質性が期待できる空間に限定しても、政教分離のあり方は極めて多様である。この点についてフランス上院の欧州問題担当事務局法制比較研究課による『宗教団体財政』★3という資料を参考にして以下に簡略にまとめることにしよう。

　まず宗教団体がどんな風に活動資金を得るかという点について、この文書が調査対象にした欧州連合加盟国中の8カ国は四つのタイプに分類される。第一はベルギーのように国家認定宗教の宗教指導者に対する俸給など国家から宗教団体に資金が直接支出されるものである。第二は国家による直接支出がおこなわれ、さらに特定の宗教団体に宗教税徴収権が認められているタイプ（ドイツ、デンマーク）、第三は納税者が所得税の一部を特定の宗教団体に割当指定することができる制度（イタリア、スペイン、ポルトガル）、そして最後に国家による宗教団体への直接支出を原則的に一切おこなわない国々（イギリス、オランダ）である。フランスがこの最後のカテゴリーに属することは言うまで

もない★4。

　宗教団体への公金支出と宗教団体の公認制度とは表裏一体をなす関係にあると言える。国家による俸給の直接支給にせよ、宗教税徴収権や所得税割当指定にせよ、そうした制度が成立するためには、その恩恵をうける宗教団体が特定されなければならないからである。こうして最初の三つのカテゴリーに属する国においては国家による宗教団体の選別と特定の宗教団体の公認がおこなわれることになる。たとえばドイツで宗教税徴収権をもつのは「その組織と信者数により持続的に存在すると認められた」★5 カトリック、プロテスタント諸派、モルモン教、ユダヤ教、正教諸派のみであり、イタリアで納税者が税金割当指定をできるのはカトリックおよび国家と協定を結んだその他の六つの宗教団体である。こうした中で国家による宗教団体への直接的資金提供がないイギリスにおいて英国国教会がイングランドの「制度的宗教」と規定され、国家制度の一部として特別なステイタスを有しているのは特異なケースと言えよう。一方、フランスでは宗教団体は 1905 年法（政教分離法）に規定された「宗教社団」となるか、1907 年法による「混合社団」（非営利団体だが、同時に宗教活動もおこなう）となるかだが、こうした団体を結成するためには単に届け出をすればよく、国家による規制や認定作業は原則的には存在しない。

　最後に公役務の非宗教化にかんしては、病院・保育園など宗教団体がおこなう社会事業が公役務の一環と考えられ、その経費の公費負担が認められたり（ドイツ）、教会が戸籍など一部の公役務を担っていたり（デンマーク）、国家と協定を結んだいくつかの宗教団体による宗教結婚が法的に効力をもつとされる（スペイン）など、いくつかの国において本来的に国家が国民にたいして提供すべきサービスを宗教団体が担いつづけているケースがみられる。さらに公立学校における宗教教育にかんしては分析された 8 カ国すべてにおいて実施されている点は、フランスとの対比において特記されるべきであろう。たとえばベルギーでは国民が宗教教育をうける権利を認められ、従って国家はそのために公金を支出する義務を負うことになる。

　このようにヨーロッパ連合の中核を占める国々においてさえ、一口に政教分離といっても極めて多様な形式をもっている。その中でフランスは明らかに政治と宗教の分離という点にかんして他の国々よりも厳格な適用をしているようにみえる。特に公立学校における宗教教育についてはそれを厳格に排除しているのはフランスだけであるし、そもそも憲法で神に言及する国家が多いのにたいして、政教分離が憲法に言及されているのはフランス以外にはオランダだけ

である。こうしたことから政教分離についてヨーロッパにおける「フランス的例外」ということがしばしば語られるのである。こうした状況をさして、フランスでは「国家は宗教を知らない（ignorer）」と形容されることがおおい。国家は市民にたいして単に市民として対するだけで、その宗教的属性などは一切考慮にいれない。こうした原則のもっとも顕著なあらわれとして宗教統計をとることの禁止をあげることができる★6。国家はあたかもこの世の中に宗教など一切存在しないかのようにふるまうことが期待されているのである。

　ただ、この「フランス的例外」というのはある程度、相対化されなければならない。1880年代から1905年の政教分離法にかけて、共和国はカトリック教会との激しい敵対関係の中で政教分離をなしとげたのだが、しかしその時にあった反宗教的な要素は教会が共和主義を容認するようになり、教会との和解が成立する中で消滅し、柔軟な運用がおこなわれるようになる。フランスの政教分離は明らかに政治にたいする宗教的要素の影響力排除、公的空間からの宗教色の排除という発想から出発したのだが、徐々に「宗教的自由の保証」という側面に力点がおかれるようになる。そしてそれは明らかにヨーロッパ連合の他の構成国の政教分離原則との違いを拡大する方向への変化ではなかった。

　しかし政教分離原則の「フランス的例外」ということが語られなければならないとしたら、その原因はこうした「法的枠組」、国民の信教の自由を守るために国家がみずからに課する制限にではなく、むしろそれが、先に述べたような「共和主義的統合」の原理として構想されているという事実そのものの中に求められるべきであろう。それは、奇妙なことに、ライシテを国家がその権力を行使する時の規則というよりは国民が遵守すべき義務と化してしまうようにみえる。そのもっとも典型的な例が「イスラームのスカーフ」をめぐるはてしのない論争である。

3　イスラームのスカーフ——終わりなき物語

　イスラームのスカーフ事件については日本でも十分に紹介されているので、ここでは概略を述べるとともに、いくつか看過されがちな点を強調しておきたい。1989年、ある中学校でスカーフを着用して登校した女子生徒が公立学校における政教分離原則（ライシテ）に反するとして教室内に立ち入ることを校長から禁止される。イスラームの戒律では女性は髪の毛を露出してはならず、外出にはスカーフを着用することが義務づけられているとされる★7。女生徒はその「戒律」

にしたがい、スカーフを着用して登校したのだが、一方、校長は公立学校は宗教的に中立でなければならず、生徒も自分の宗教的信仰を表明してはならないと考え、そうした指導に従わない女生徒にこのような処分をおこなったのだ。つまり「公的空間からの宗教性の排除」という「原則」が適用されたのである。この処分はメディアに報道され、政治家、知識人、宗教界、各種人権団体をまきこむ大論争となる。論争を沈静化するため当時の社会党政権の教育大臣ジョスパンはこの問題について国務院に法的な判断を求める。それに対する国務院の「見解」の結論は「スカーフ着用自体は政教分離原則に反しないが、顕示的であったり、学校秩序に混乱をもたらす場合には処分可能」というものであった。ジョスパンはそれにしたがって大臣通達をだし、スカーフ着用者にたいして排除ではなく指導によって対応するよう学校に要請する。

　なぜスカーフの着用が問題になるのか。それはフランスではとりわけ公教育における政教分離原則が原理として極めて重要であるとされているからである。フランスにおいて共和主義は常にカトリック教会と葛藤的な関係をもっていた。政教分離原則が確立したのはようやく第三共和制時代であったが、その時、最大の争点になったのは公教育からの教会の影響力の排除であった。したがって公立学校においてはいかなる宗教的色彩の侵入も許されないということは自明の理である、と考える人々がたくさんいたのだ。

　しかしスカーフ着用は本当に政教分離原則に反するのか？　スカーフ着用に反対する人々はそれが自明であるかのように考え、そのように主張するのであるが、しかし意外にも、明示的にそういう規定は存在しない。それどころか1989年の国務院見解は、むしろ一般的な形での宗教的印着用の禁止は憲法に保障された信教の自由の原則に反するという判断を示したのだ。

　簡略化すると政教分離原則(ライシテ)は「宗教性の排除」と「すべての宗教の尊重」という一見相反する二種類の表現で規定されうるようにみえ、そして実際この点が政教分離(ライシテ)をめぐる論争の争点となるのだが、国務院はこの点をつぎのように整理している。つまり「公教育におけるライシテの原則は、一方では、教育プログラムと教員の中立性を尊重しながら、また他方では生徒の良心の自由を保障しながら、教育がおこなわれることを要求する。したがって、生徒は他人の自由を尊重し、教育活動を妨害したり、教育内容を拒否したりすることがないかぎり、学校施設内で自分の宗教的信仰を表明する権利をもつ」★8。すなわち公教育における宗教性の排除は公役務を提供する側が遵守すべきことがらであり、生徒を拘束するものではない。むしろ宗教的印の着用は信教の自由の原則

によって保障されるべきものである。ただ一般的な秩序維持の必要からその権利にたいして制限が加えられる可能性はある。つまり国務院見解によれば宗教的印の着用に制限が加えられる可能性があるとしても、それはライシテ原則のためではなく、学校の規律維持の問題にすぎない★9。

　宗教性の排除を公権力の義務とし、公的サービスの受益者には信仰表明の自由を保障する、ただし（すべての権利がそうであるように）その権利の行使は公益・公秩序の維持のために制限されるという国務院の見解は常識的かつ明快に思えるのだが、スカーフ反対派はそれにたいして激しく反発する。なかにはジョスパン教育相の通達をチェンバレンがナチスに譲歩したミュンヘン会議になぞらえるものさえいた。なぜそのような激しい反発が生じたのか？　それはフランス社会がスカーフに複数の負のシンボルを読みとったからである。それはまずフランスに数百万の規模で存在するイスラーム系移民の社会統合の失敗の証である。スカーフを着用し、一般のフランス人と異なるアイデンティティを主張すること、それは移民系住民★10がフランス社会を拒絶し、否定していることの意志表明ではないだろうか？　第二にスカーフはイスラームの女性蔑視的イデオロギーの表明と感じられる。スカーフは女性の身体の抑圧であり、女性を社会から隔離しようとする男性たちの抑圧的権力の象徴である。そもそも女の子がスカーフで髪の毛を隠したいなどと思うはずがない。きっと親や兄弟に強制されているに違いない……。第三に当時、中東や北アフリカで盛んになりつつあったイスラーム過激派の存在は、スカーフに対する負の感情を一層助長する。スカーフを着用するなんて狂信者に違いない、そして狂信者からテロリストへはほんの一歩なのだ……。そして最後に、以前から底流として存在していた反移民感情——こうしたものが渾然となってスカーフというシンボルの中に凝縮される。それがライシテという抽象度の高い観念をめぐる論争を情熱的にする。

　そして何より、こうした感情的負荷の高いテーマは政争の道具として利用されやすい。1980年代からいっこうに好転しない雇用状況、とりわけ青年層の失業率の高さを前にして極右政党国民戦線（FN）は移民排斥をスローガンにかかげてじょじょに支持をのばしたが、支持基盤が競合する保守政党はそれを看過できず、国民戦線（FN）支持層にもアピールするような主張・政策を掲げざるをえなくなる。1993年、国民議会選挙で保守政党RPRが勝利するとバラデュールが首相となり、社会党のミッテラン大統領の下、第二次保革共存政権がはじまるのだが、RPRは移民規制など国民の反移民感情に迎合するよ

うな政策をとる。また教育相バイルーは公立学校におけるスカーフ着用について大臣通達をだし、それを禁止する校則をつくるよう要請する。通達をうけた学校は、スカーフ禁止の校則を制定し、それによりスカーフ着用者にたいする処分がおこなわれる。処分を不服とした生徒側は行政裁判に訴え、そして——国務院見解から考えれば当然予想されるように——数年後、国務院判決でその大半のケースについて国側が敗訴し、処分取り消しが命じられる★[11]。国側が敗訴したケースの判決にはたいてい「誰それがその宗教的信条を表明しようとしたスカーフはその本性により顕示的あるいは要求的性格を呈しているとみなすことはできず、またいずれにせよその着用は圧力や勧誘行為を形成してはいない故に」という文章が挿入されている。こうしてスカーフ問題はライシテをめぐる法制度の解釈というレベルでは完全に決着がついたかに思われた……。

しかしそれにもかかわらず論争はつづく。というのもこれは純粋に法理の問題ではなく、政治的な問題だったからだ。こうして 2002 年に UMP（RPR の後身）のシラクが大統領に再選されると再びスカーフ問題が注目を浴びる。保守派、中道派、左派の議員がそれぞれ独自のスカーフ禁止法案を提案し、議会が調査委員会を設置し、知識人グループがスカーフ禁止を要求し、対抗グループがそれに反対し、首相は逡巡し、有力政治家は賛成し、内務大臣は反対し、シラク大統領は慎重姿勢をみせる……。が、シラクは最終的にスカーフ禁止法制定を決断し、こうして 2004 年 3 月、「ライシテ原則の適用として公立の小中高校において宗教的帰属を表明する印や衣装の着用にかんする 2004 年 3 月 15 日の法律」が制定される。その主たる条文は「公立小中高校において生徒が自分の宗教的帰属を顕示的に表明する印や衣装を着用することは禁止される」★[12] である。「宗教的な印や衣服」にはユダヤ教のキパ（帽子）や大きな十字架なども含まれると説明されていたが、この法律がイスラームのスカーフをターゲットにしていたことは誰の目にも明白であった。また小中高校と限定されたのは成人は自分自身の判断で着用の有無を決めるが、未成年の場合には周囲の影響をうけやすいから、判断力を養成する場である学校ではそうした影響をこうむる可能性を排除することが好ましいと考えられたからであり、さらに未成年のスカーフ着用は本人の意思ではなく、親や兄弟など周囲の男性から強制されているために違いないと多くの人々が考えていたからである。

この法律に対するフランスのイスラーム団体からの反発は強かったし、また信仰の自由の侵害に敏感なアメリカや多文化主義的傾向が強かったイギリスからはフランスの対応は奇異の目でみられた。それでもこの法律は基本的に守ら

れた。通学にスカーフを着用しつづける女生徒たちはたくさんいたが、校門でスカーフを脱ぎ、下校するときに再び校門でスカーフを着用するという習慣が定着した。この法律はイスラーム系住民に大きな不満を感じさせる結果となったが、法律制定で明確かつ強制的規則をつくることによって学校生活に平穏さをとりもどさせることにある程度、成功したと言える。

4　スカーフ論争延長戦

　しかしイスラーム女性の服装にかんする論争はこれでは終わらない。2009年、今度は全身をおおい、顔も目の隙間をのぞいてすべておおうブルカと呼ばれる服装をめぐって、街中での着用を全面的に禁止する法律が議論になる。2007年に大統領に当選したサルコジ保守政権が「フランス国民のアイデンティティ」強化をスローガンに右傾化を強めているなかでの出来事であった。確かにブルカはアフガニスタンでタリバーンが政権を握っていた時代に女性たちに強制した服装であり、フランスでそれを着用する行為が極めて反近代的な信仰の表明であると同時に、フランス社会に対する挑発的意思表示、フランス社会拒絶の印であると解釈されるのは無理からぬことであった。しかし、成人に特定の衣服を禁止することは公立学校内で人格形成途上の少年・青年に校則で服装規定を定めることとは全くレベルを異にする問題である。それは信仰の自由はおろか個人の基本的自由の侵害ではないだろうか？　国務院はそれに反対しないだろうか？　憲法院はそのような法律に違憲判決をださないだろうか？

　そもそも政府自体が認めているようにフランス全国でブルカを着用している女性はせいぜい二千人程度で「マージナルな現象にすぎない」のに、法律まで制定して禁止する必要があるのだろうか★13？　保守派議員でもそんな法律は「全体主義的」だと反対するものがいるが、一方で社会党でもマニュエル・ヴァルス★14は禁止法制定を熱烈に支持する。

　紆余曲折の後、翌年、「公的空間で顔を隠すことを禁止する2010年10月11日の法律」が成立する。その第1条は「何人も公的空間で顔を隠すことを目的とした服装をしてはならない」とあり、さらに第2条で「公的空間とは公道ならびに一般の人々に開放され、あるいは公役務に供された場所」と定義される★15。この法律を採択した上下両院議長はその合憲性を確認するために、憲法院に提訴し、そして憲法院は法律が合憲であるという判断をだす。憲法院の論拠は、政府は公秩序を維持するために必要と考える私権の制限をおこなえ

るということである★16。交通違反切符を切るとき、身元確認のために顔を露出するよう要求できるのは当然ではないか。憲法院は公秩序維持のためのそうした顔面露出義務の規定が既に存在することを指摘し、この法律はそれを一般化したものにすぎないと解釈する。だが、憲法院がこの判断にあたって憲法のライシテ原則は参照しないと述べている点も注目すべきであろう。つまり（ある意味では当然の事なのだが）この法律は「公共空間における宗教色の排除」という論理とは無関係な議論に基づいているのだ。

　とはいえ、この法律がブルカをターゲットにしていることは公然の事実であり、そしてフランスでのこの立法をきっかけにしてヨーロッパ各地で同様の法律がつくられるようになる。が、イスラーム女性の衣服をめぐる論争がこの法律の制定によって下火になる兆しはいっこうにみられない。2013年、ル・モンドは統合高等委員会（HCI）のライシテ部会が大学でのスカーフ着用を禁止する提言をおこなう予定であると報道する★17。大学で宗教を理由にした授業拒否など「共同体主義的」なふるまいが横行しているから、それに断固とした態度をとるためというのが論拠であった。統合高等委員会というのは大都市郊外に集住し、孤立したり差別されたりする傾向のある移民や移民系出身者の社会統合を実現するための方策を提言する委員会であるが、サルコジが大統領だった2011年にライシテ部会が創設され、エリザベット・バダンテールやマニュエル・ヴァルスなどライシテについて強硬な意見をもっている人々が委員に任命されていた★18。この提案には大学関係者からも、例外的状況を針小棒大にとりあげ危機感をあおっていると批判がよせられたが★19、議論はくすぶりつづけ、この後も折に触れてこの主張は繰り返されることになる。のみならず、スカーフ着用を一般の企業にまで拡大しようという主張さえだされることになるだろう。イスラーム信仰の表明を規制する欲求はとどまることなく、際限なくエスカレートするかのようにみえる。

　そして2015年1月にシャルリー・エブド襲撃事件がおこるとイスラームへの警戒心は高まらざるをえなかったが、この年の4月、係争をもう一段階レベルアップさせる事件が報道される。アルデンヌ地方にある中学校で15歳の女子生徒がロングスカートを着用しているという理由で登校が禁止された。校長の保護者への手紙にはロングスカートの着用が2004年の法律で禁止されている「宗教的帰属を顕示的に示す印」であるとされていた。記者の取材にたいして教育省は学校の措置は「服装と態度」の両方からの総合的判断だったと回答する。一方、「フランスにおけるイスラモフォビーに対抗する集団」という

名称のイスラーム系団体は 2014 年からすでにこうした問題が頻発しており、学校と問題を抱えた女子生徒の相談を全国各地からうけていると述べる★20。このことからスカーフを禁止されたために、スカーフの代わりの信仰の証としてロングスカートを着ることが一部のイスラーム系女子生徒の間で流行になっていることがうかがえる。しかしこの事件は同時に、フランスにおけるライシテ論議が禁断の領域の一歩手前でかろうじて踏みとどまっているか、あるいは場合によればそこに踏み込んでしまっている、そのような危うさを内包する議論であることを露呈しているように思われる。というのもそれが本当にめざしていることは行為を規制することではなく、意図を規制することであるように思えるからである。

5 ライシテと理性の公共的使用

　交通法規を考えてみよう。たとえば右折禁止にしても速度制限にしても法律は実際におこなわれる行為を規制するのであって、その意図を問うことはない。もちろん情状酌量や加重条項など意図によって刑罰が軽減されたり加重されたりすることはあるが、法によってある行為が禁止されるとき、それはその行為の外形をもったすべての行為が禁止されるのであり、意図の存在は無関係であるはずだ。しかし宗教的印・衣装をめぐる議論には常にこの「意図」の問題が執拗につきまとう。そもそも問題の発端となった「イスラームのスカーフ」と呼ばれるものも、たとえば十字架とか「お札」などとは異なり、その物自体には宗教的な性格はまったくない。スカーフ自体は単なる片々たる布切れにすぎないのだ。それが「宗教的印」であるとされるのは聖典たるコーランに貞淑規定があり、それにのっとってスカーフを着用するからである。従ってスカーフが 2004 年の法律によって小中高校で着用が禁止される「顕示的宗教的印」であるかどうかは着用者がイスラームの信仰をもっているかどうかによる。確かにイスラームのスカーフと呼ばれるものについてはフランスにおいてはかなり様式化された独特の形式があり、一見してそれと見分けることはできる。しかしロングスカートの場合はどうだろう。外形が同一の行為でもイスラーム信仰をもっている人間には禁止され、そうでない人間には許容される——このように、少々意図的に意地悪に表現してしまうと、2004 年の法律の特異な性格が明らかになるだろう。

　そもそも宗教的な印や服装にかんする論議がこんな風に際限なくつづき、規

制する法律が成立しても規制派の主張がたえずエスカレートしていくのはどうしてだろう？　それはおそらく規制派がある行為の外形を規制しようとするのは、その外形自体が社会的な実践として問題があり、禁止されるべきだと考えているというよりは、その外形の背後にある精神のあり方そのものに問題があり、それを変化させるべきだと考えているからだろう。この事件から日本の中高校の生徒の服装にかんする校則とそれをすりぬけてオシャレを追求しようとする生徒のイタチゴッコを連想することは一見そうみえるほど突飛な連想ではない。スカートの丈に目くじらをたてる教師の胸の内が「服装の乱れは精神の乱れ」と考える信念と善意に満ち溢れていることを誰が疑うだろうか？　瑣末な規則の強制とみえるものは実は心の鍛錬なのだ。外形を規律することによって内面を訓練する──つまりこれはフーコーが近代の特徴とした規律訓練型権力の典型的なあらわれなのだが、しかしどうやら超個人主義が蔓延するポストモダンの現代社会においてそれは有効性を喪失してしまったようなのだ。スカーフ規制派の人々のいらだちとその常にエスカレートする要求はそうした規律訓練型権力の無力さの証であるのかもしれない。

　しかしオシャレをめぐる教師と生徒の児戯めいたゲームはさておき、ことは宗教的信仰である。内面の信仰は強制できない──これは当為であると同時に事実でもある。心の中で信じていることを外から変更させることは「してはならない」以前にそもそも不可能なのだ。にもかかわらずフランスのライシテは、あるいはすくなくとも一部のライシテ論者は外形を強制することによって精神を宗教そのものから解放しようと試みているかのように思われる。かれらは宗教的信仰そのものにたいして敵対的であるのだろうか？　そう公言するひとがいないわけではない★21。しかし多くの場合、その宗教批判はもっと洗練された形をとるだろう。それは反宗教的であるとは言えないが、「脱」宗教的である。宗教的な信仰の拘束から解放された精神の育成、それが共和主義成立の鍵とされるのだ。

　フランスには反宗教的・戦闘的無神論と言ってもよいような立場からライシテの徹底を主張する人々もいる。そうした人々を「ライシテの原理主義者」と揶揄的に呼ぶこともあるのだが、ここでは極端な議論は避けて、定評のあるライシテ研究者ペナ＝リュイーズの議論を紹介しよう。ペナ＝リュイーズはイデオロギー的な選択とは無関係な位置から、実質的な宗教的自由を保証するための装置としてライシテを提示しようとするのだが、それでもフランス的な文脈の中でライシテの内包する可能性を十全に展開しようとすればするほどその

「脱」宗教性が強調されることになる。

　まず第一に、ペナ゠リュイーズの「政教分離の二方向性」論に注目しよう。たしかに政教分離はまず第一に国家に課せられた制約である。良心の自由が保証され、人々が自分たちの宗教的選択を完全に自由におこなうためにも国家は宗教的信念に関連して意見を表明することを避け、宗教的選択が「各人の私的領域に属する」と考えて、それに一切関与してはならない（Pena-Ruiz, 2003a: 33）。しかし政教分離を国家の宗教に対する不介入という一方向だけで考えるのでは不十分である。国家が宗教に関与しないだけではなく、宗教の公的領域への干渉を排除する——政教分離はこの二方向性において考えられなければならない。つまり「政教分離」とは

> 国家の宗教的中立性であると同時に、宗教や宗教的イデオロギーに対する国家の完全な独立性でもある。教会はいかなる政治的統制からも自由でなければならないが、国家も宗教から独立していなければならない。
> (*ibid.*: 35)

大革命時に戸籍の教会管理に終止符がうたれたことや、1880年代の一連の教育法で公立学校への教会の影響力が排除されたことを考えると、国家がその行為にかんして宗教の介入をうけないという規定は一見して政教分離の一側面としてごく自然な定義であると思えるのだが、ペナ゠リュイーズは政教分離のこの二方向性の後者にこそ、たとえばアメリカ的な政教分離に対する、フランス的ライシテの独自性があると強調する。

> 国家が宗教に介入しないと規定するだけでは十分ではないが、ある種の解釈によれば合衆国憲法はそのように理解されるようだ。すなわち、合衆国憲法は国家と宗教とをへだてる「壁」を規定しているのだが、それは宗教が自由に活動できるようにするためだけであり、公的領域にたいして宗教が影響力をもつことがないようにするという点にたいする配慮がない。しかし前者だけでは不十分であり、逆に、宗教が国家や公共の市民秩序に容喙してはならないと断言されるべきであるが、合衆国ではそうなってはおらず、大統領が聖書に手を置いて宣誓したり、通貨に「神を信じる」と印刷されたりする。
> (*ibid.*: 35)

ライシテの「二方向性」というペナ＝リュイーズ風の定義は、教会が圧倒的な存在感をもって国家に対峙していたかつてのフランスにおいては国家と教会がそれぞれの領域を明確に規定し、すみわけを実現するためには極めて有効な手段であったにちがいない。しかしそれは同時にライシテを国家の義務であると同時に国民の義務とする可能性をも秘めたものであったと言わざるをえない。というのもこの「二方向性」は国家が国民にたいしてみずからの「非宗教性」を約束するとともに、国民が何らかの形で（そしてそれがどのような形でかは国家が規定する）国家にたいして関係するときには「非宗教的」であることを国民にたいしても要求する根拠となりうるものだからである。しかしこのように国家が国民にたいして非宗教性を要求する権限があるということが原理的に認められた場合、その範囲が恣意的に決定され、際限なく拡大される危険性がある——とりわけこの「非宗教性」が神聖不可侵の原理であると表象されている場合には。

　というのも——ペナ＝リュイーズに限らず多くのライシテ論者において——ライシテは宗教の複数性を管理するための単なるプラグマティックな手段ではなく、共和国の原理であり、成立基盤そのものであるからだ。ペナ＝リュイーズはこのように述べる、ライシテは異なった信条をもつ人間が共生するための条件であり、「カントならば先験的枠組みとでも呼ぶであろう社会の前提条件を構成している」(Pena-Ruiz, 2003b: 10)。個人はさまざまな個人的信条をもち、そしてそれは私的領域にある限りまったく正当なことであるが、しかしそうした個人的差異の手前で（あるいは向こう側で）万人に共有されうる公的空間を形成しなければならない。そうした公的空間には個人的信仰をもちこんではならない。公的空間における個人的信仰は、比喩的に言えばちょうど議論の場における武器のようなものであり、それは必然的に意見の対立を理性によるのではなく暴力によって解消するよう誘ってしまうものなのだ。公的空間において人は個人的信条の体現者としてではなく、普遍的理性をそなえた主体として行動しなければならない。公的空間とは純粋な理性の規則だけが有効であるような抽象性の高い理念的な空間なのである。

　先ほどのペナ＝リュイーズのカントへの言及は、「理性の公共的使用と私的使用」にかんするその一見逆説的にみえる考察を連想させる。カントにおいて特定の法や掟の枠内で思考することは「理性の私的使用」にすぎず、理性が「公共的に使用」されていると言われるためには、人はその社会的役割や実定法の規定に制限されず、完全に自由に理性を行使しなければならない。それと同様

に、ある種の思想家においてフランス的ライシテは実定法によって定められた社会的ルールというのではなく、法律の規定を超えた所で公的空間を成立させるための理論的根拠として構想されているように思われる。ペナ＝ルイーズにとってライシテという問題にかけられているのは「人々が共生する社会の可能性」そのものであり、ライシテとは社会を「基礎づける原理」なのである（*ibid.*: 11）。

　しかしこのように高邁な理念として掲げられたライシテは、そのためにかえってある種の危険性を内包していないだろうか？　《ライシテは共和国の存立基盤である、だからそれを脅かすものは、たとえちょっとした兆候にすぎなくとも、許容してはならない》――このような議論に陥いる傾向を秘めてはいないだろうか？

　民主的社会は議論の場である公的空間を前提とするのだから、ライシテがそうした公的空間を樹立する原理であるとすれば、それは原理的には法に先行する……。実際、1989年以来のスカーフをめぐる論争においてしばしばライシテは権利上、実定法に優先するかのような議論が繰り返される。スカーフ事件が発生して以来、国務院は公的空間からの宗教性の排除という側面よりも宗教的自由の保証に力点を置いた「見解」や「判決」を繰り返すのだが、国務院のこうした態度は多くの強硬ライシテ論者の批判の的となる。もちろん国務院はそうした見解・判決を既存の法体系・判例を基礎にして構築するのだが、ライシテ論者にとってそれはもっとも基本的な理念にたいする裏切り行為にほかならない。先鋭なライシテ論を展開するミシェル・トリバラは、みずからが理解するところのライシテという観念が「十分明確で明示的な法律の支えをうけていない」ことを簡単に認めてしまう。トリバラにとってそれは些細な事実にすぎない。というのもライシテは「論証されるというより体験されるもの」（Kaltenbach, Tribalat, 2002: 209）であり、その意味内容は「暗黙の内に」、「直感的に」理解され、「自明」なものとして了解されていたものだからである（*ibid.*: 119）。

　こうしてライシテは彼らライシテ強硬論者にとってほとんど倫理的な響きをもった観念となってしまう。ライシテを「宗教的自由」と定義することはライシテを否定的な形で規定している（特定の宗教の無強制・無禁止）にすぎない、ライシテを積極的に定義するとすれば、それは「知的自律性」であり、そして国家にとってはすべての個人にそうした自律的精神を実現するために必要な社会的条件を整備することである。

ライシテを積極的な形で定義するとすれば知的・精神的自律性というテーマとかかわることになる。公教育はそうしたものを推進しようとしているわけだが、さらに政治は国民が自律的な自己を実現するために必要な条件を整備しなければならない。　　　　　　　（Pena-Ruiz, 2003b: 9-10）

　従って、人は宗教上の信仰を異にしているかも知れないが、ライシテはその違いの手前で万人が共有する事柄を参照点とし、基礎とする。「公共財」（res publica）という表現が共和国という言葉のもととなった。だから共和国はすべての従属から解放され、自分たちを結びつける法を自分たち自身に与えることができる人々を必要としているのであり、そうした人間の存在を前提としているのである。自律性という概念はここでは十全な意味をもつ。それは二つの側面をもっているのだが、その第一は法的・政治的なもの、つまり主権という言葉で表現されるものである。主権者たる国民は自分自身で決めた法律を自分自身にたいして与える。第二は倫理的・公民的なものだが、それは自分が従う法律の源泉が自分自身であることを自覚し、法に従うことは従属や隷属とは無関係であることを理解することである。　　　　　　　　　　　　　　　　　　　　　（*ibid.*: 27）

　すなわちライシテという原理は、宗教色の排除という禁止条項のみならず自律的精神の樹立という倫理的要請をも含んだものなのである。共有された財の場としての公共空間には一部の人のものでしかない個別的な信念・信条・信仰が介入してはならないばかりではない。ライシテはそうした公共空間に参入する個人の内面をも律する倫理となる。そしてライシテを共和国の原理とするということは、そうした個人の倫理的な課題を実現する環境を整備することを国家は自己の責務として負うということを意味する。というのもそうした個人の存在は民主主義的な社会の前提そのものであるからである。
　しかし、こうした自律的精神の所有者は、ライシテについて通常言われるような「宗教的自由」を享受する個人であるというよりは、むしろ「宗教からの自由」を体現した人物であるように思われる。

　　人間の意識をあらゆる個別的な信仰からも解放し、そうして初めて人間の間に社会的な絆を構築する──ライシテとはこうした社会観からうまれ

た主張である。(*ibid.*: 38)

　そしてそれは同時に集団的アイデンティティ意識にたいして強い警戒心をあらわにするような思想となるであろう。
　一般的に言って、なんらかの集団の一員として自己を意識するという自然な傾向から完全に解放された人間というのはむしろまれな存在であるに違いない。イスラーム教徒であるとか、日本人であるとか、あるいは同性愛者のように性的嗜好のマイノリティであるとか、ともかくなんらかの形で自分が集団に所属していると感じ、その集団の伝統・文化・価値観を共有していると意識することは人間としてむしろ自然な傾向であるだろう。のみならず、第二次大戦以後、文化の多様性の発見とともに、エスニック集団に属しているという自覚は「真正な」意識・自己認識としてどちらかと言えば肯定的に評価されてきた。それにたいして、ペナ゠リュイーズのみならず、ほとんどすべてのライシテ論者が集団的アイデンティティ意識をきわめて否定的に評価する。ミシェル・トリバラにとってマイノリティの民族的・文化的アイデンティティを尊重することは、出自による宿命論の「専制」を容認することにほかならないし（Kaltenbach, Tribalat, 2002: 52）、フィンケルクロートは文化的出自によって個人が規定されることを許容することは「思考の敗北」であると断言する★22。文化的帰属の尊重は人間を無意識的なるものに従属させることであり、人間の思考の自由を否定するものである。みずからが選択したのではない環境（出自、階級、民族、宗教……）に多かれ少なかれ影響されて形成された「私」を知識と批判能力によってたえず自己革新する努力、──ライシテ論者たちにとって民主主義的社会の成否はまさにこれにかかっている。もし公共空間の中でそれぞれの個人が自分のアイデンティティを十全に生きるといういうことになると公共性の回路が寸断され、「共同体主義」が跳梁することになる★23。それはフランスの社会を否定し、フランスの中に独自の規範が支配する複数の小社会をつくることになる。それはフランスをバルカン化するのみならず、フランスの中に民主主義的ではない正当性を欠いた空間を誕生させることになる……。
　フランス的ライシテとは宗教を排除して理性の公共的使用を厳格に規則化することによって公共空間を現出させる原理である──このような主張は極めて格調高い理想であり、そしてそれは確かに近代的な国民国家を形成する理念として一定の機能をはたしたことは否めない。しかし現在、単にそうした理念をくりかえすことはフランスの外の議論と対照させるとき周回遅れのレースをお

こなっているような印象を与える。ここで念頭においているのはもちろんハーバーマスのポスト・セキュラー論である。周知のとおりハーバーマスの議論はロールズの「公共的な理性使用」論に触発されて書かれたものだが、フランスのライシテはそうした議論とどのように接合するのか、次にこの問題を検討したい。

6　ハーバーマスのポスト・セキュラー論

　ハーバーマスは 2005 年「公共圏における宗教」[24] を発表し、公的空間における宗教的発言を容認（ある意味では推奨）して人々を驚かせた。この論文でハーバーマスはまずロールズが『政治的自由主義』[25] で展開した議論をつぎのように紹介する。民主的な体制は特定の世界観をとらない。したがって、国家権力が正当化されるとしたら、それは市民がみずから法の作り手となり、みずからのつくった法に従うからである。だから、民主主義において、市民はたとえ異なったさまざまな認識形式をもっているとしても、その違いを克服し、討議を通じて他者に自分の見解を理解させ、みずからも他者の見解を理解するよう努力しなければならない、そしてそうした議論を通じてすべてのメンバーが合理的に受容できる決定を形成するということが理念的に想定されているのである。そのためには、社会の基本的なあり方について決定する「公共圏」においては、市民は自分が主張する法・政策について自分だけが納得できる論理形式によってではなく、他の市民にも理解できる形で説明する道徳的義務がある（公共的な理性使用）。換言すれば、特定の（宗教的）立場の人によってしか容認されないような理由にもとづいておこなわれた決定は正当性をもたない。もちろんある主張が特定の立場から動機をえている場合もあるだろう。しかし、その場合には、そうした特殊な立場をそのまま主張するのではなく、それを適切な形で表現しなおし、万人が理解し、納得できるような形で適切に政治的理由として提示しなければいけない（付帯条件）。これがロールズの「公共的な理性使用」とその「付帯条件」と呼ばれるものである。このようにロールズは超越的原理を欠いた民主主義的公共空間の根本的成立要件としての非宗教性を定立しながらも、「付帯条件」によって公共空間への宗教的実践・言説の貢献の可能性を確保しようとしたのである。

　しかし、とハーバーマスは自問する、政教分離の原則を「制度のレベルを越えて、政治的公共圏におけるさまざまな団体や市民の態度決定にまで適

用」(ハーバーマス、2014：147)することは正当化されるだろうか？　宗教的公民も民主主義的原理を認めている以上、信仰の絶対性という観念をすでに放棄し、信念の複数性を認めているはずであり、それは彼らの信仰にとってすでに大きな譲歩である。その上にさらに対立のある懸案について宗教的動機を（少なくとも言説上は）すべて放棄して、非宗教的論理を提示しなければならないというのはいきすぎではないだろうか？　そもそも自分の宗教的信念を非宗教的な言語で語ることができない人もいるが、そうした人たちすべてに公共圏へのアクセスを禁じることは民主主義的正当性という点で問題がないだろうか？

　こうしてハーバーマスは公的空間の非宗教性という大前提は維持しながらも、ロールズの「付帯条件」を緩和することによって公共圏からの宗教的公民の排除という問題に対処しようとする。それは二つの手段によっておこなわれる。その第一はロールズの公共空間の細分化である。ハーバーマスは公的な問題が討議されるべき公共空間を「自由奔放な」政治的公共圏と「国家の諸機関」とに細分化する。前者が「自由奔放な」というのはもちろん宗教的言説が許容されるということであるが、前者と後者の間には「制度的敷居」がフィルターとして機能し、後者（そこには議会も含まれる）に宗教的言説がはいりこむことを阻止する。第二は「共同翻訳」(同上：151)という概念である。ロールズにおいて「翻訳」作業の責任主体は宗教的市民であったが、ハーバーマスはそれを非宗教的市民にも分担させる。つまり宗教的言説の非宗教的言説への翻訳の努力をただ宗教的市民におしつけるだけではなく、非宗教的市民も宗教的言説にたいして心を開き、それが公共的思考にもたらすかもしれない可能性を明らかにすることに協力する。ハーバーマスはこの二点によってロールズの「付帯条件」が内包する負担の非対称性——宗教的市民にのみ課される負担——という問題を解決しようとしている。

　ハーバーマスがこのような議論を展開するのは三つの動機がある。その第一は現実の社会的状況である。ヨーロッパやアメリカをはじめとする民主主義国家においては制度的には政教分離が実現されたが、世界各地で原理主義的宗教の台頭があり、アメリカで宗教右翼が伸長し、宗教問題は完全に消滅したかにみえたヨーロッパにおいてさえ堕胎・安楽死・同性愛などをめぐって宗教的対立がおこっている。宗教はいまだに公共空間においてひとつの課題でありつづけているのだ。第二は自然主義の進展で公共的精神が貧弱化しているという危機感である。人間には変更不可能な自然法則・経済法則が世界を支配しているという感覚は現代人の道徳的価値判断や公共善実現の意欲を減衰させる。それ

にたいして宗教は「道徳的直感」、「とりわけ人類の共存形式という繊細な問題」(同上) について明確な観念をもっており、公共精神のエネルギーの源泉となる潜在力をもっている。そして最後に第三の点は民主主義的正当性である。民主主義的権力が正当性をもつのはそれが多数決によって決定されるからではない、決定に至るまでの議論に (その決定の拘束力をうける) すべての人間が参加するからである。権力による決定は——たとえ多数決であろうと——すべて暴力的である。その暴力性を緩和するのが全員参加の熟議という理念である。そもそも公共空間の非宗教性 (つまりそこで使用される言語が参加メンバー全員に理解可能な言語でなければいけないという原理) が要請されるのはそのためであった。だから公共空間の非宗教性が宗教的市民の排除をもたらすとしたら、それは本末転倒であろう。ある宗教的言説が普遍的な価値をもつかもたないか (つまり非宗教的言説に翻訳可能かどうか) は非宗教的市民と協同でおこなう熟議の中でしか判明しないであろう。宗教的であるという理由だけで予めそれを排除することは公共空間の言説を貧弱化する結果になるであろう。

　ハーバーマスのこのような議論は政教分離厳格派・緩和派の両方からきびしい批判をうけていることは言っておかなければならない。ホセ・カサノバはハーバーマスの「ポスト・セキュラー」という概念が近代化＝世俗化という図式の否定の結果であるのに、それにもかかわらずハーバーマスが最終的にはその図式に捕らわれつづけていると批判する (Calhoun, 2013: 27-48)。またマリア・ヘレーラ＝リマによれば、ハーバーマスが宗教に期待するのは人間精神の発展に直接寄与することではない、ただ理性の成果を宗教が追認することだけなのだ (ibid.: 49-71)。さらにチャールズ・テイラーはハーバーマスが宗教とそれ以外の哲学的・思弁的教説を区別し、宗教だけに「翻訳」の義務を課することに疑問を呈している★26。一方、スタヴォ＝ドボージュは特にインテリジェント・デザイン説を主張するアメリカの原理主義者を念頭において、普遍的言語に翻訳できない主張とは原理主義的主張にほかならない、そして原理主義者がおこなおうとしているのは宗教的信仰を共有しない人間の意見表明を排除することであるとしてハーバーマスの主張をほとんど全面的に否定する★27。

7　民主主義的正当性の問題

　ハーバーマスの議論が理論的にも実践的にもさまざまな問題を内包していることは事実であろう。極端な世俗主義と反近代の中間の極めて狭い空間に道を

切り開こうとするハーバーマスの歩みはどちらの側からも中途半端にしかみえないかもしれない。そもそも自然主義・実証主義が世俗主義的な倫理基盤を形骸化・空虚化したから宗教によって公共的な空間に道徳的精神のエネルギーを再充填するというのは世俗主義的近代の敗北宣言ではないだろうか？　それに、よく知られているように、翻訳とは「裏切り」にほかならない。とすれば宗教的発想から出発する言説も世俗的言語に翻訳されるとともにその宗教性をうしなってしまうだろう。

　しかしハーバーマスの議論は現代社会における公共圏のあり方について真剣な再検討をわれわれに促すものであることは確かだ。宗教権力が圧倒的な影響力をもっていた時代に民主的な熟議の場（公共圏）から宗教を排除すること——つまり宗教的権威がそれだけで論拠となるのを否定すること——は公共圏成立のために必要なことであったにちがいない。しかしわれわれは今やテイラーの言う「世俗時代」★28 に入ったのだ。すなわち、（少なくとも欧米世界では）信仰をもつことがさまざまな選択肢のひとつにすぎなくなり、信仰がデフォルトではなくなった時代、さらには信仰をもたないことがデフォルトになった時代になったのだ。そうした状況の中で公共圏にどのように宗教を位置づけるかという問題にあらためて関心がもたれるようになったのは当然であろう。とりわけヨーロッパにおいては信仰をもつ人々が社会的マイノリティとして存在するのだからこの問題はいっそう深刻であり、緊急性をもつ。というのもそれは同時にマイノリティをどのように公共圏に取り込むかという問題でもあるからだ。公共圏からあらゆる宗教性を排除することを最優先し、それによってマイノリティが排除されることになってもよいのかどうか、逆にマイノリティを公共圏に包摂するためには公共圏の変質を許容してもよいのかどうか、変質を許容するとしてもそれはどの程度までなのか……。

　近年、フランスにおけるライシテ論議が紆余曲折をへ、さまざまな立場が激突しながらも、ライシテ擁護の名のもとに公共圏の純化にむかっていることは確かである。それは明らかにハーバーマスの問いかけとは逆行した展開をみせているのだ。問題は、それが付随的損害として公共圏からの宗教的マイノリティの排除をもたらしていないかどうか、さらには共和国の民主主義的正当性にダメージをあたえていないかどうかである。兆候はたくさんあるが、ひとつだけ象徴的な例をあげよう。

　2010年の州議会選挙で極左政党 NPA（新反資本主義党）の地方支部がスカーフを着用した女性候補を候補者リストに記載した。リストの順位は当選す

ることがまずあり得ない順位であったが、その候補者イラム・ムサイドは当選してもスカーフを着用しつづけると言明した。NPA内部でもそれについて議論がわきおこり、また党外でも移民系フェミニスト団体NPNS（「売女でもなく従順な女性でもなく」）が「中立性」が要請される議員職にスカーフ着用女性を記載したこの候補者リストの無効を訴える提訴をおこなった。判決はもちろん「いかなる法も宗教的信仰を表明する人間の立候補を禁止していない」、つまり「公的空間での宗教信仰表明禁止」などという原則はないという誰もが知っている事実を再確認したものであった（Tévanian, ch. 15）。しかし、世論の激しい批判にさらされたこの女性はNPAからも支援をうけることができず、結局、この政党を去っていく★29。

　宗教的な帰属を表明することがそれだけで公共圏からの排除の理由になってしまい、公共圏でその人がどのような発言をするか、万人に理解可能な普遍的言説を用いるかが問われさえしない——こうした状況はハーバマスの議論以前の問題かもしれない。先に「フランスは周回遅れの議論をしているようにみえる」と述べたのはそうした意味である。フランスのイスラーム系住民のすべてがスカーフ着用者ないしはその支持者であるわけではない。しかしこの社会グループにおいて宗教的帰属意識をもつ人の割合がきわめて大きいことは周知の事実である。つまり——もう一度テイラーの表現を借りれば——かれらはフランスにおいては例外的に「信仰をもつことがデフォルト」である社会グループを形成しているのだが、このような社会グループ全体を公共圏から排除することの影響の大きさは明らかである。それは必然的に対抗的公共圏を形成するであろうし、さらにそれがアイデンティティ・ポリティクスをもたらす危険性がある。社会に深刻な亀裂をうみださないためにはそうした対抗的公共圏を支配的公共圏にとりこむ可能性を開くことが重要である。さもなければハーバマスが言うマジョリティ社会の民主主義的正当性を損なう結果になるだろう。対話のあるところには両者に変身の可能性が開かれるが、そうではない場合には硬直性が蔓延し、他者と対抗し差異を強調することによって自己を規定していく誘惑が助長される。

8　社会的空間の政教分離（ライシテ）？——政治的空間のトポロジー

　こうした事態をイスラーム嫌悪症（islamophobie）と名づけ、それを国家によって制度化された人種差別主義だと形容する人もいる★30。それは極論と

しても、現在、フランスにおいてライシテの名の下に公共空間からの宗教（イスラーム）色の過剰な排除が進行しつつあることは事実である。しかもそれは明白に意識されることもなく、「公共空間」のみならず「社会的空間」からの宗教の排除へとむかいつつある。公務員は宗教的中立性を要求されるから宗教的印・衣服の着用が禁止されるのは当然だが、それが2004年の法律で小中高校生に禁止が適用され、さらに2010年には公道でのブルカ着用を禁止する法律が成立したこと、さらに大学の学生や私企業従業員にもそれを延長する誘惑が常に存在していることは先にのべた。が、現在（2016年）進行中の労働法改正で私企業の就業規則に「中立性の原則」を書き込み、ある種の条件下で被雇用者の「信条の表明を禁止する」可能性を開く条項が議会で採択された★[31]。政教分離監視委員会は政府機関であるにもかかわらず、ライシテにかんして穏健な立場をとり、時には首相とも対立するのだが、この条項にはっきりと反対の意を表明し、労働者の信仰の自由のみならず、思想表明の自由を恣意的に制限する恐れがあるとして条項の削除を求めるが、担当大臣はこれは単なる「シンボリック」な規定にすぎないと問題を軽くみせようとする。社会的空間の中立性が厳密にすべての信条の表明禁止であるはずがない。というのもそれは完全に沈黙が支配する空間になるから。そこではもちろん「中立的」で「普遍的」な言説は許容されるのだろう。しかし誰がそれを認定するのだろうか？

そもそも社会を中立化し、非宗教化するなどということは本来的な政教分離の構想には存在しなかったはずである。しかしライシテを「公共空間からの宗教性の排除」と定義し、それを時々の政治状況に反応して際限なく拡大解釈を繰り返してきた結果、それがさして奇異なこととも感じられなくなってしまう。2010年の「ブルカ法」で「公的空間」が学校など公役務が提供される場所だけでなく、公道や「一般に開放された場所」にまで延長されたことを想起しよう。「公的空間」という概念のこのような拡大はどうしておこるのだろう？
ホセ・カサノバのつぎのような指摘はフランスのライシテ論の「盲点」を鋭くついていると言うことができよう。宗教の公共圏での役割を積極的に評価しようとするホセ・カサノバは公的空間からの宗教の排除という原則には根本的な問題があると述べる。そもそも世界を公的空間と私的空間に二分割するのはギリシャのオイコスとポリスの二項対立に由来するものだ。しかしこの二項対立では近代（ヘーゲル）の政治的空間を整理することは困難である。近代の特徴は家族と国家の狭間に市民社会が誕生し、それが拡大をつづけていることなのだが、近代の特色であるこのような三分割的空間構成（家族・市民社会・国家）

を公私という二分割モデルで整理すること自体が不可能なのである。にもかかわらず無理にそれを適用しようとするから、さまざまな矛盾・混乱が生じる……（Casanova, 1994: 41-43）。

とはいえ近年のフランスにおける「社会の中立化」要求をたんなる概念分節上の混乱と解釈するのは問題を卑小化することになるのかもしれない。ここでもうひとり、哲学者マルセル・ゴーシェの議論を紹介したい。ゴーシェもまたフランス近代において政教分離（ライシテ）が成立するにあたり「市民社会」の誕生がはたした役割の大きさを指摘する。

ゴーシェはフランスの政教関係の歴史を概観し、近代についてそれを三期にわけている★32。まず第一期は絶対主義的従属の時代である。この時代には公的空間と私的空間しか存在せず、そのために宗教は必然的に公的空間の中におしこまれていた。というか、そもそも集団的なるものすべてが公的空間のなかに含まれ、国家権力のコントロール下におかれていた。それにたいして第二期は「共和主義的分離」の時代である。この時代、市民社会が成立し、集団的なるものの一部が国家のコントロールを離れ、市民社会のなかで（比較的）自由な活動を保証されるようになった。宗教にかんして言えば第三共和政に実現された政教分離は宗教が絶対主義的コントロールから自由になって、市民社会のなかで自由に活動することが制度的に確立された時代と言える。

ゴーシェの時代区分は極めて大雑把で、二つの時期がどこで区切られるのか必ずしも明確ではないが、しかし事柄の性質上、そうした意味での正確さが追求されているわけではない。大革命が二つの時期を区切るように書かれているが、しかしむしろ革命期は第一期に属し、第二期が十全な形で実現されるのは第三共和政と考える方がイメージは結びやすい。実際、フランスでは絶対王政、革命政府を問わず、国家権力から自由な集団にたいする警戒心は極めて強かった。協会・結社の結成を禁止したル・シャプリエ法が成立したのは革命のさなか1791年であった★33。それにたいしてフランスで労働組合が初めて合法化されたのは第三共和政時代の1884年、非営利団体の結成を認めた協会法が成立したのは1901年である。1905年の政教分離法をその延長線上において考えると、フランスの政教分離は通常とは異なった相貌をあらわすかも知れない。つまり国家権力と市民のあいだに両者を媒介する中間団体が介在することを認めなかったフランス的中央集権体制が、ある種の公益性（あるいはすくなくとも「集団性」）をもった団体の存在を容認し、そしてそれを入れる容器としての市民社会という新しいトポスの存在を制度的に公認したのである。

そしてゴーシェの「近代の第三期」つまり現代であるが、それは公共空間の弱体化によって特徴づけられる。というのも第二期の共和主義的分離は国家と教会とがきびしい緊張関係のなかで対峙しながら実現されたのだが、フランス社会の「世俗化」で教会が弱体化し、そのために国家自体も緊張感を喪失してしまい、人々が共感し共有することができるような集団的目標をもはや提示できなくなる。その結果（あるいはそれと同時に）、私的空間が野放図な活動をはじめ、そして生きることの意味が公共空間から私的空間に移行してしまう。

　つまりゴーシェの近代にかんする歴史的シェーマによればフランス的政教分離は第二期の例外的状況ということになる。第二期は公的空間と私的空間の微妙なバランスの中で社会的空間が成立し、その中で個別主義的集団性の存在が確保された。それにたいして、その前後に位置づけられる第一期は公的空間の力が強大すぎてあらゆる集団性をその中に包含してしまい、第三期は私的空間が強大化しすぎて普遍主義的集団性が消滅する。

　今、フランスに限らず日本でも「公共空間」の劣化を嘆く人はおおく、新しい「公共性」の構築が現代的な課題となっている。このように考えてみると、現在、公的空間が社会的空間にまで介入し、個別主義的集団性の表明に制限を課そうとしているのは、公共空間の弱体化に危機感を感じ、公共空間を再活性化しようとする試みと考えられるのかもしれない。すなわちゴーシェのシェーマに即して言うと、フランスにおけるライシテ論議の高まりは公的空間から私的空間へと常に下降する重心点の運動を逆転させ、両者にもう一度バランスをとりもどさせる努力にほかならない。ただそれが成功しているかどうかは別問題である。

　ゴーシェは人類史における宗教のあり方について非常に射程の大きい議論を展開している。彼の基本的テーゼは「宗教からの脱出」であるが、その意味は人間が外部（神など）に自己の存在の根拠を求めることから自分自身の中にそれを求めるように変化していくことである。近代の第三期はしたがってそうしたプロセスの到着点であり、その結果、ひとは自分自身の存在の意味を外部に求めることをやめ、自分自身の中にそれをみいだそうとする。他律性から自律性へ、自分自身のなかに「本来的な自分」をみいだすこと、そして本当の自分にもどること——これが現代人をモノマニアックに駆り立てる欲求となるのである。しかし実は、ゴーシェにとって人間の内部にみいだされるべき「本来的な自分」など存在しない。つまりゴーシェの「宗教からの脱出」はフォイエルバッハ風の自己疎外からの脱却、真の自分の回復などとはほど遠いものなのだ。

では外部に自分の存在の根拠を求めることをやめた個人は自分自身の中に何をみいだすのか？　それは「アイデンティティ」、つまり民族であるとか、性、宗教など市民社会のなかで展開することが許された多様な個別主義的集団性である。

　ゴーシェはフランスにおけるイスラームの問題について直接言及しないが、フランスのイスラーム系住民が個別主義的集団性のなかにとじこもり、普遍的な公共性への回路を切断しているという批判が頻繁になされる。これについてはまったく正反対の評価をする人もいるし、そもそもフランスにおけるイスラーム系住民自体が決して一様な存在ではないということも指摘しておかなければいけない。名ばかりの「イスラーム教徒」で信仰実践をほとんどおこなわない人もいるし、信仰に凝り固まり、フランス社会と一切かかわろうとしないサラフィストと呼ばれる人々もいる。また信仰をバネにして「イスラーム系フランス人」として社会的・政治的主張をおこなっている人々もいる。だからイスラーム教徒であるという自己意識やアイデンティティ主張が必ずしもフランス社会にたいする拒絶を意味すると断言することはできない。とはいえ公的空間が弱体化した結果、個人は個別主義的アイデンティティ──社会的空間の中に展開する個別主義的集団性──に依拠するようになるというシェーマ自体は現代社会のすべての個人について妥当な見解であると思われるし、その限りにおいてフランスのイスラーム系住民についてもあてはまる。

　しかしフランスにおけるイスラームそれ自体よりも、それにたいするフランスの反応に関心をもつわれわれとしては、むしろライシテの厳格化により公共空間を再活性化すると称する人々の間にも（おそらくは一部の）イスラーム系住民にみられるのと同様な反応がみられないかという疑問を提示したい。そもそも個別的な信仰・信条から解放されて普遍的な理性にのみ依拠するというライシテの理念に、ゴーシェの議論との親近性を感じられないだろうか？　つまりそうしたライシテの理念自体、「本当の自分」という存在しえないものへの希求ではないか？　もちろん理念としてそのような理想をかかげることに異論があるわけではない。しかし危惧されることは、「本当の自分」への回帰と思い込まれているものが実は単なる「アイデンティティ」、つまり個別主義的集団性の意識にすぎないかもしれないということである。とりわけテロが多発するようになって以後、フランスの危機はライシテを徹底することによってしか克服することができないと語る人々が同時に、フランスの「ユダヤ＝キリスト教的伝統」を主張したりするとき、そのような懸念は深まらざるをえないのである。

結び

　永遠不変の「フランス的政教分離(ライシテ)」が存在してきたわけではない。1989年の国務院見解以来、フランスがさまざまな新しい法律を作ってライシテの（理念を、とは言わないまでも）運用に変更を加えてきたことをもう一度確認しておこう。それは単に権力を拘束する規則であることをやめて、国民の行動を規制し、内面を律する倫理となる。そして国民（イスラーム系住民）にたいして公共空間における宗教的中立性を要求するようになるのだが、この「公共空間」の範囲がたえず拡大される。それにもかかわらず三十年もたっていまだに「スカーフ」が議論になりつづけているという事実を考えれば、それが政治的にも正しい方向性であったかどうか、今一度自問する必要があるのではないだろうか。

　フランス的政教分離(ライシテ)は国民に精神的自律性を要求し、公共空間において個別主義的信条を放棄して理性を「公的に使用」するよう促す原理である——国家がこのような理念を高く掲げること自体にたいして、誰がそれに異論をとなえるだろう。しかしそれはあくまでも理念、追求されるべき目標なのであって、そうした精神を現実に「体現」している人は誰もいないことを忘れてはならないし、ましてやそれが国民を「ライシテ精神体現者」と「非体現者」に分類し、後者を公共空間から排除する基準となるなど論外であろう。公共空間の再活性化が望まれるとしても、それはすべての人々を奮い立たせる「共通の目標」を提示する力を公共空間が回復することによってであるはずであり、「まつろわぬ」人々を排除することによってではないだろう。

注

★1　Observatoire de la laïcité, *La gestion du fait religieux dans l'entreprise privée*, juillet 2015（http://www.gouvernement.fr/sites/default/files/contenu/piece-jointe/2015/07/gestion_religieux_entreprise_prive-juillet2015.pdf）（本論文で引用したインターネット資料はすべて2016年8月28日に閲覧・確認）

★2　ライシテの法律的な問題にかんしては小泉洋一『政教分離と宗教的自由』（法律文化社、1998年）から大きな示唆をうけた。なお本論では「ライシテ」に日本語をあてる場合には主として「政教分離」という訳語を用いるが、場合に応じて「非宗教的」、「世俗的」という訳語をあてる場合がある。

★3　Sénat, Service des Affaires européennes, Division des Etudes de législation comparée, *Le Financement des communautés religieuses*, Sénat, le 10 septembre

2001. 上院のサイト http://www.senat.fr/lc/lc93/lc93.html でダウンロード可能。
★4　国家による直接的資金提供の他に、宗教団体は宗教団体として、あるいは公益性を帯びた団体として各種の税制優遇をうける可能性はあり、そして実際、ここに分析された八カ国においても、またフランスにおいても宗教団体は税制上優遇をうけている。
★5　ワイマール憲法 137 条 5 項。ドイツではワイマール憲法の宗教条項は現在でも有効。Sénat 前掲レポート p.11 に引用。
★6　Code pénal, Partie législative, Article 226-19 したがって、たとえばフランスにイスラム教徒が 400 万人程度いると言われることが多いが、それは単なる推計にすぎない。
★7　それが「宗教的義務」であるのかどうかという点については議論があるが、ここではそれには触れない。本論での筆者の関心はイスラームそのものではなく、それにたいするフランスの反応である。フランスで「イスラームのスカーフ」と呼ばれているものはかなり様式化されていて一定のスタイルがある。すなわち髪の毛、耳、のど元などをすべて覆い、顔の前面だけを卵形に露出させる形でスカーフを着用する。
★8　Avis du Conseil d'Etat, Assemblée générale (Section de l'intérieur) – N 346.893 – 27 nov. 1989 (http://www.conseil-etat.fr/content/download/635/1933/version/1/file/346893.pdf)
★9　国務院見解は単なる見解で法的拘束力はないが、国務院はこうした諮問機関としての役割のほか、行政裁判の最終審として判例をだして法的解釈を決定することができる。スカーフ事件にかんする最初の国務院判決はこの見解の 3 年後、1992 年 11 月 2 日にだされる。これは 1990 年にある公立中学の女生徒がスカーフ着用を禁止した校則に違反したために放校処分となり、パリ行政裁判所に処分取り消しを求めたが却下されたために国務院に上訴したものである。これにたいして国務院は処分の根拠となった校則が「公教育の中立性と政教分離（ライシテ）の原則によって保証された表現の自由の原則を無視して一般的絶対的禁止を定めている」が故に、処分取消しを命じる (https://www.legifrance.gouv.fr/affichJuriAdmin.do?oldAction=rechJuriAdmin&idTexte=CETATEXT000007834413&fastReqId=1469491921&fastPos=1)。
★10　フランスにおけるイスラム系住民は主として北アフリカ出身の移民および移民二世・三世であるが、フランスの国籍法の「生地主義」の原則によりその多くはフランス国籍を取得している。そうした事情を考慮して「移民系」という表現をもちいた。
★11　Legifrance のサイトで国務院判決について foulard（スカーフ）という単語で検索すると 1992 年から 2002 年について 52 件が検索にかかってくる。そのうち、1992 年、1993 年、1995 年がそれぞれ 1 件、1996 年が 28 件、1997 年が 18 件、1999 年、2001 年、2002 年がそれぞれ 1 件である。1996 年、1997 年に集中しているのはバイルー通達の影響である。生徒側が過激な抗議活動をおこなったり、宗教上の理由で特定の授業への出席を拒否するなどの行為があったいくつかのケースについては処分が追認されている。
★12　https://www.legifrance.gouv.fr/affichTexte.do?cidTexte=JORFTEXT000000417977&fastPos=1&fastReqId=1134831969&categorieLien=id&oldAction=rech

Texte

★13　le monde.fr の記事 «L'Assemblée nationale vote l'interdiction du port du voile intégral», le 13 juillet 2010, http://abonnes.lemonde.fr/politique/article/2010/07/13/l-assemblee-nationale-vote-l-interdiction-du-port-du-voile-integral_1387570_823448.html?xtmc=burqa&xtcr=218

★14　2014 年からオランド大統領社会党政権の首相（2016 年 12 月、大統領選出馬準備のため辞職）。

★15　https://www.legifrance.gouv.fr/affichTexte.do?cidTexte=JORFTEXT000022911670

★16　Conseil Constitutionel, *Les Cahiers du Conseil constitutionel*, Cahier Nº 30, http://www.conseil-constitutionnel.fr/conseil-constitutionnel/root/bank/download/2010613DCccc_613dc.pdf

★17　*Le Monde*, le 6 août 2013, p.7 «Le droit de porter le voile à la fac remis en question»

★18　*Le Monde*, le 8 jan. 2011, p.10 «Secrétariat d'État ou commission ad hoc, des pistes pour garantir la laïcité» 高等統合委員会にライシテ部会を創設するという決定は移民（移民出身者）の国民統合という社会問題を宗教問題化するという方針を示していると考えてもいいだろう。つまりイスラーム系住民が国民統合されないのは、彼らがライシテ原則にたいして無理解であったり、反抗的であったりするからである——このような前提がライシテ部会創設の必要性を帰結する。

★19　たとえば大学総長協議会議長 Jean-Loup Salzmann のエクスプレス誌でのインタビュー。(http://www.lexpress.fr/education/voile-a-l-universite-cette-question-ne-merite-pas-une-approche-teintee-d-islamophobie_1271672.html)

★20　*Le Monde*, le 30 avril 2015, p.8 «Crispation à l'école sur les jupes longues»

★21　クロード・アンベール、ミシェル・ウエルベック、ミシェル・オンフレ等、枚挙に暇がない。

★22　Alain Finkielkraut, *La défaite de la pensée*, Gallimard, 1987

★23　近年のフランスでは、とりわけマイノリティー集団（特にイスラーム）が自分たちの存在を集団として主張するとき、「共同体主義」として批判されることが多い。

★24　邦訳『自然主義と宗教の間』所収、庄司信他訳、法政大学出版局、2014 年。

★25　John Rawls "The Idea of Public Reason" (1990) および "The Idea of Public Reason Revisited" (1997)。ともに*Political Liberalism*, expanded edition, Colombia University Press, 2005 所収

★26　チャールズ・テイラー「なぜ世俗主義を根本的に再定義すべきなのか」（ユルゲン・ハーバーマス他『公共圏に挑戦する宗教』箱田徹・金城美幸訳、岩波書店、2014 年、33 〜 62 頁）

★27　Joan Stavo-Debauge, *Le Loup dans la bergerie*, Labor et Fides, 2012. 特に第三章 «Le Postsécularisme habermassien en question»

★28　Charles Taylor, *A Secular Age*, Harvard University Press, 2007

★29 *Le Monde*, le 28 nov. 2010, p.11, «Ilham Moussaïd, candidate voilée du Vaucluse aux régionales, quitte le NPA»
★30 cf. Abdellali Hojjat et Marwan Mohammed, *Islamopobie – Comment les élites françaises fabriquent le «problème musulman»*, La Découverte, 2013
★31 *Le Monde*, le 21 juillet 2016, p.11, «La neutralité religieuse au travail : un principe adopté mais contesté» 本論執筆中（2016年8月）にも「ブルキニ」事件がおこった。ブルキニというのはブルカとビキニを合成した新造語である。これは肌を露出しない水着とスカーフをあわせたような水着で、街中でのスカーフ着用に相当し、したがってブルカ法によって禁止された（顔を露出させない）ブルカとは異なる。しかしニースのテロ直後にブルキニを着用してイスラーム信仰を明示することが挑発的であると考えた（あるいはそのように感じる市民に配慮した）南仏のいくつかの市当局が海水浴場で「風紀を乱したり、ライシテ原則に違反する」水着を禁止するという条例を制定し、ブルキニがその対象となった。マニュエル・ヴァルス首相は条例を支持したが、8月26日、人権団体の訴えで国務院は条例が「基本的人権への侵害」であるとして条例の停止を命令した（*Le Monde*, le 28 août 2016, p.6, «Le Conseil d'Etat recadre les anti-burkini»）。保守政党党首で元大統領サルコジは海水浴場でのブルキニ着用、大学・私企業でのスカーフ着用等々を一括して禁止する法律の制定を要求している。
★32 『民主主義と宗教』伊達聖伸・藤田尚志訳、トランスビュー、2010年。
★33 人権宣言第2条で「結社」に言及されているが、ここで想定されている結社は政治的結社である。革命期、宗教や互助、教育、文化等を目的とした団体は抑圧の対象となっていた。

参考文献
小泉洋一『政教分離と宗教的自由』法律文化社、1998年。
ゴーシェ、マルセル『民主主義と宗教』伊達聖伸・藤田尚志訳、トランスビュー、2010年。
ハーバーマス、ユルゲン「公共圏における宗教」『自然主義と宗教の間』庄司信他訳、法政大学出版局、2014年。
Calhoun, Craig, et al. (edited by), *Harbermas and Religion*, Polity, 2013, p.27-48.
Casanova, José, *Public Religions in the Modern World*, The University of Chicago Press, 1994.
Finkielkraut, Alain, *La défaite de la pensée*, Gallimard, 1987.
Hojjat, Abdellali et Mohammed, Marwan, *Islamopobie – Comment les élites françaises fabriquent le «problème musulman»*, La Découverte, 2013.
Kaltenbach, Jeanne-Hélène et Tribalat, Michèle, *La République et l'Islam. Entre crainte et aveuglement*, Gallimard, 2002.
Pena-Ruiz, Henri, *La laïcité*, Flammarion, 2003a.
―――, *Qu'est-ce que la laïcité?*, Gallimard, 2003b.
Rawls, John "The Idea of Public Reason" (1990); "The Idea of Public Reason, Revisited" (1997), in *Political Liberalisme*, expanded edition, Colombia

University Press, 2005.
Stavo-Debauge, Joan, *Le Loup dans la bergerie*, Labor et Fides, 2012.
Taylor, Charles, *A Secular Age*, Harvard University Press, 2007.
Tévanian, Pierre, *La Haine de la religion*, La Découverte, 2013.

インターネット
フランス上院 http://www.senat.fr
フランス国務院 http://www.conseil-etat.fr
フランス憲法院 http://www.conseil-constitutionnel.fr
フランスの法律検索サイト https://www.legifrance.gouv.fr
ル・モンド http://abonnes.lemonde.fr
エクスプレス http://www.lexpress.fr
政教分離監視委員会 http://www.gouvernement.fr/sites/default/files/contenu/
　　　piece-jointe/2015/07/gestion_religieux_entreprise_prive-juillet2015.pdf

キリスト教民主主義をめぐって

第3章
フランスにおける
カトリシズムとデモクラシーの間

土倉 莞爾

はじめに

　アメリカの政治思想学者ヤン・ベルナー・ミューラーは次のように述べたことがある。「ここに来て、キリスト教民主主義は力を失ったようだ。その理由はヨーロッパ社会の世俗化が進んでいるからだけではない。イデオロギー的にキリスト教民主主義の最大の敵の一つであるナショナリズムが台頭し、その中核的な支持基盤である中間層と農村部の有権者が縮小していることも衰退を説明する要因だろう」（ミューラー、2014：63）。まことに、現代世界の縮図を見事に捉えている。

　ただし、「ここに来て、キリスト教民主主義は力を失ったようだ」というテーゼについて、「そう簡単に言えない」という思いがキリスト教民主主義研究者にはあるかもしれない。断片的には、拙論もそのように論じたことがある。ここでは二点だけ言及する。第一に、1993年から1997年までエドゥアール・バラデュール、アラン・ジュペの両内閣で教育相を務め、1998年から中道右翼の「フランス民主連合」（UDF）議長に就任した、EU議会議員でもあったフランソワ・バイルは、2007年4月のフランス大統領選挙で、大善戦をした。すなわち、「フランス民衆運動連合」（UMP）、社会党の二大政党の候補者（ニコラ・サルコジとセゴレーヌ・ロワイヤル）に食傷した選挙民から第三の候補者として好感を抱かれ、選挙期間中の世論調査では20％前後の支持を集め、一時は決選投票進出まで取り沙汰されたのである（中山、2008：46‐7；土倉、2013：44）。

第二に、イギリスの現代ヨーロッパ史研究者ウォルフラム・カイザーによれば、第二次大戦後初期のヨーロッパ・キリスト教民主主義は、超国家的なネットワークをとおして政治指導を発揮したと言う（Kaiser, 2010: 103；土倉、2011：9）。このネットワークの存在は現在でもユニークな意味を持っていると考えられる。
　さて、ミューラーによれば、バチカンは19世紀のほとんどの時期を通じて、自由民主主義などの近代政治思想は、カトリック教会の中核的な信条と役割を直接脅かすものと考えていた。しかし、カトリックの思想家の中にも、「近代世界においては民主主義の勝利は避けられない」としたフランスの政治思想家アレクシ・ド・トクヴィルの見解に同意する者もいた（ミューラー、2014：63）。
　政治思想史学者松本礼二によれば、啓蒙哲学から1820年代におけるヴォルテール精神の復活に至るまで、フランスにおける宗教批判や反宗教感情は、キリスト教の本質それ自体に向けられたものと解すべきではなく、教会が政治権力と結んで、世俗の特権を享受し、異なる宗派や意見を迫害したことへの反動にすぎない。このような歴史的条件さえ排除されるならば、人間本来の宗教感情は蘇り、キリスト教は民主主義の時代になお存続しうるであろう。これが、トクヴィルがアメリカの宗教事情から引き出した第一の結論であった。とりわけ、トクヴィルが注目したのは、アメリカのカトリック教徒が民主主義の信条に敵対するどころか、その下でいっそう繁栄し、信者を殖やしている事実であった。いうまでもなく、彼はこの点に、フランスにおける自由主義ないし共和主義との対立が、カトリック信仰の本質に根ざすものではないことの証明を見出したからである。アメリカのカトリック教徒の観察からさらに進んで、「キリスト教の諸教義の中でも、カトリシズムこそ、境遇の平等に、もっとも好意的なもののひとつと思われる」とまでもトクヴィルは述べている（松本、1991：96-7）。
　ヨーロッパのカトリック教会内のリベラル派は、大衆をキリスト教化して「宗教にとって安全な民主主義体制」を形成しようと試みた。「市民が、世俗的ではなく、神に畏れを抱いているほうが、民主体制が成功する可能性が高い」というのが、彼らが示した理屈だった。カトリックの知識人の一部は、教会の構造、とりわけ教皇制度によって信徒は繋ぎとめられると考えた。フランスの思想家ジョゼフ・ド・メーストルは、教皇制度はヨーロッパの「均衡と抑制」として機能するだろうと予測した（ミューラー、2014：63）。

何より重要だったのは、バチカンが19世紀末から20世紀初頭にかけて「民主主義に参加して、教会の利益を守る政党を支援することの利点」を理解するようになったことだろう。当初は不誠実な意図もあった。というのも、キリスト教民主主義政党は、実質的に、教会の利益団体として機能していたからである。党名に「民主主義」という言葉を使ったのは、教会が代議制民主主義を認めたからではない。市民と協力して行くという意図をアピールするためだった。この意図は、今日に至るまで、キリスト教民主主義の政党の正式名称に「人民」や「市民」といった言葉が使われていることからも明らかだろう（ミューラー、2014：63）。ともあれ、カトリシズムを広い意味での社会思想と捉え、それが、自由主義や民主主義とどうせめぎ合ってゆくのか、そのような視点から、フランスの19世紀から20世紀にかけての「問題」を摘出してみたい。

1　カトリシズムとライシテの対抗

　フランスの政治史を考える時、教権主義と反教権主義の対立、すなわちカトリシズムに対抗する「国家の世俗性＝ライシテ」の問題を忘れてはならない。この対抗関係は、教育制度をめぐる昨今の紛争にも見られるように、これまでのフランス政治史における基本的問題であった。例えば、1984年、公教育の一元化を目指したサヴァリ法案が、カトリックを中心とする激しい抗議行動によって廃案となり、時の社会党モロワ内閣は崩壊した。私学はほぼカトリック系の経営であったため、教会は死活問題と捉え、大デモンストレーションを組織した。100万人を超える規模のデモ隊が二次にわたってヴェルサイユからパリに攻め上がった。1994年1月、今度は、右翼のバラデュール政権の下で私学助成制限撤廃を盛り込んだバイル法が、左翼＝世俗派系の大デモによって廃案に追い込まれている。1994年1月16日、ファルー法擁護のために、「公教育の世俗性擁護」を叫ぶ大デモ隊がナシオン広場へ到着した。ことの直接的な発端は、1993年12月、バラデュール内閣が「私学への公的助成制限を撤廃する法案」を強行採決したことへの抗議であった。従来、この制限を定めていたのが1850年のファルー法の条項であったため、撤廃反対が「ファルー法を守れ！」と誤読された。左翼＝世俗派の抗議行動は、現在の公立校体制を規定するフェリー法の精神に沿った「反ファルー、親フェリー」の基本ラインで行なわれ、スローガンは「世俗性・平等・連帯」であった。マスコミもこのことに気づき、数日後には「ファルー法修正反対デモ」ではなく、文相の名をとっ

て「反バイル法デモ」と表現するようになった（谷川、2015：2-12）。
　このようにして、教権主義と反教権主義の対立は、現代のフランスにおいて、決して忘れ去られた問題でないことが明らかになったと思われるが、最近、さらに問題は複雑になり、重層化してきたと言えるだろう。もう少し具体的に考えてみよう。フランスはたしかに「ライシテ」の共和国である。1905年の「政教分離法」制定から1世紀あまりの苦闘の末に、ようやく生み出された政教分離の共和国、それは確固とした世俗的国民国家の完成を意味するものであった。だが、それはあくまでも法制史的な意味においてであり、カトリック教会の社会的潜勢力は、下降気味とはいえ、しっかりと保持されている。1959年には私学への国庫補助も一定の条件下で法制化された（後述）。私学の99％はカトリック系である。学校教育における公立校の優位こそ動かないが、今日では、私学との社会階層的な棲み分けが行なわれているというのが実情である。フランスの国民概念は開放的で普遍主義的な性格を持っている。ドイツの国民概念が、ドイツ民族を中心とした人種や民族という多分に血統主義的なものであるのに対して、フランスのそれは、フランス共和国の掲げる諸原理の遵守を市民が誓約することを基本とする、市民契約的なものである。だが、一方、その徹底した個人主義は、特定の民族や文化をエスニック集団・エスニック文化として特別扱いすることを断固として拒否するのである（谷川、2015：240-2）。したがって、「ライシテ」はフランス共和国の独自のものであるとしても、それは開放的で普遍主義的な性格を持っているから、エスニックなものから遠く、多文化主義ではない。
　と同時に、1905年に採択された「政教分離法」は、はるかに長いライシテの歴史の中に位置づけられる（レモン、2010：51；Rémond, 2005: 33）ことも銘記しておきたい。
　1989年、パリ市郊外クレイユの公立学校でムスリムの女生徒が「ヘジャブ（イスラム教徒の女性が人前で髪を隠すのに用いるスカーフ）」を着けて登校した。校長は校内ではスカーフを外すように注意したが、女生徒は拒否したため停学処分を受けた。教育のライシテという国家の大原則に抵触するというわけである。生徒の親や在仏イスラム組織がこの措置に抗議し、マスコミも大々的にとりあげた。いわゆる「スカーフ事件」★1の発端だった。ミッテラン政権は当初、文化的マイノリティに対して寛容な態度をとっていたし、文化的多元主義をいちおうの建前とした。1989年当時、社会党内閣の公教育相であったリオネル・ジョスパン（Lionel Jospin）は歯切れの悪い対応を行なった。彼は、とりあ

えず女生徒にライシテの原則を守るように説得し、それに応じない場合でも、教育を受ける権利は奪えないとして、スカーフ着用での登校を認める方針を示した★2。しかし、1994 年、中道右翼バイル教育相のもとで、スカーフ着用での登校は認められないことになり、1994 年末までに、スカーフ着用を理由に学校を追われたムスリム系女生徒は 80 人近くに上った（谷川、2015：242-5）。

　昨今の情勢を省みると、たしかに、フランスのオランド現大統領は、2015 年 11 月 16 日、過激派組織「イスラム国」（IS）打倒の決意を表明した。また非常事態宣言の 3 カ月延長を提案する一方で、憲法の一部改正が必要との考えを示した。11 月 13 日のパリ連続襲撃事件を受け、上下両院議員の前で演説したオランド大統領は、「非常事態宣言に頼る必要がない、適切な手段が必要だ」と述べ、憲法を一部改めるべきと主張するだけでなく、さらに、シリアとイラクでの対 IS 攻撃を強化するとも述べた（http://www.bbc.com/japanese/ 2015 年 11 月 17 日）。考え方によれば、オランド大統領は IS 打倒に踏み切ったわけだから、三色旗は、一部の三日月旗制圧のためにせよ、忌まわしい十字軍旗に変身しつつあると言えるかもしれない。ただし、私見によれば、フランスが直面している IS の問題は、ライシテとイスラムの対抗の問題ではなく、もっと別の要因が働いていると思われる。例えば、アメリカの国際政治学者スティーブン・ウォルトは「極端な暴力路線をとり、性奴隷を正当化しているとはいえ、革命運動として見れば IS に目新しい要素はほとんどない」と言い切っている（ウォルト、2015：6）。

　谷川によれば、2015 年という年は、パリの風刺紙シャルリ・エブド社襲撃事件で幕を開けた。これに対抗して、2015 年 1 月 11 日、レピュブリク広場からナシオン広場にかけて 120 万人による「反テロ」抗議デモが行なわれた。1994 年 1 月の「反バイル法デモ」と 2015 年 1 月のパリのデモ、二つの大デモを根底で支えているのは、つまるところ「神に依存しない市民の主権」、すなわちライシテ原理であろう、と谷川は言う。共和制フランスが対峙した 1980 年代までのカトリックと 1990 年代以降のイスラム、原理的にはともに「聖俗一致」を求める二つの宗教共同体との確執を共和国はどう乗り越えたか、あるいは今後どう乗り越えようとしているのか（谷川、2015：254-6）というのである。ここで、私見をはさめば、フランスのカトリックは共和国との確執を乗り越えることに成功したように思われるが、イスラムに、共和国となり、脱「聖俗一致」に向かう発想があるのだろうか疑問である。もっと言えば、IS が

「聖俗一致」を貫徹するために共和国フランスを攻撃したのか、よく分からないのではないだろうか。

　さて、1905 年の政教分離法に話を戻せば、政教分離法は大革命以後の「二つのフランス」のヘゲモニー闘争の帰結であったが、それはエミール・コンブの強硬な反教権主義ではなく、自由主義的な修正提案によって妥結したものである。主導したのは、アリスティード・ブリアンであった。それは、反宗教的なものというよりは、脱宗教的なものであった。いわば共和派とカトリック教会の妥協の産物である。その後も、両者の対立点は時間をかけて徐々に緩和され、より柔軟に適用されるようになっていった。すなわち、1907 年、政府が公的礼拝の自由を認め、教会施設の無償使用権を容認したことによって、教会は激しい実力阻止行動を止めた。やがて、第一次世界大戦による挙国一致体制で両派は手を組むことになる。修道会抑圧法（1904 年法）も停止され、1915 年のブリアン内閣には反教権派のコンブと並んでカトリック王党派のオーギュスタン・コシャンも入閣した。第一次世界大戦後、フランス領に戻ったアルザス・ロレーヌではコンコルダートが継続された。海外植民地などでも例外措置がとられたため、「単一にして不可分の共和国」は貫徹していないことになる。1921 年にはバチカンとも国交回復して、ローマ教皇ピウス 11 世の下で、1923～24 年の交渉を通じて暫定協約「ライシテ協約」が成立した。第二次大戦下では事情が一変した。ヴィシー政権はカトリック教会に親和的であった。ナチに協力したヴィシー政権との蜜月は、カトリックとのイメージダウンをもたらしたが、ヴィシー政権下の政教融和政策の多くは戦後にも引き継がれていく（谷川、2015：256-9）。

　第二次世界大戦後、国家レベルでのライシテはゆるぎないものとなる。1946 年、フランス第四共和制憲法第一条で、ライシテは憲法原則とされた。1958 年のフランス第五共和制憲法でも同様であった。しかし、教育分野では対立がまだ残っていた。「ライシテ紛争」は私立学校助成金問題としてくすぶり続けていた。その意味で、1959 年 12 月 31 日の「私学助成法」（ドブレ法）[3]が重要である。ドブレ法は、公立校と同じ教育プログラムを教える「契約」を結んだ私立校に対しては、国から補助金を出すこと、学校が（カトリック教会に）固有の性格を維持することを認める一方で、私立学校も生徒の信条の自由を尊重し、いかなる宗教を信仰しているかを問うことなく、子供たちを受け入れるように定めている。1960 年代前半は、第二バチカン公会議[4]によるカトリックの近代化路線も和解を後押しした。公教育の一元化を目論んだ 1984 年

のサヴァリ法案は、ライシテ派の反転攻勢と言えるが、リュスティジェ枢機卿の呼びかけで、100万人のデモがヴェルサイユからパリに攻め上り、廃案に追い込まれた。とはいえ、1994年のバイル法は、ライシテ派の100万人のデモでやはり廃案になった。こうしてカトリックとの一連の「学校戦争」は沈静化していく。カトリックと共和制フランスは、200年近くの歳月をかけ、ようやく「穏和なライシテ」に共存のための妥協点を見出した。カトリックは、公的地位をすべて失ったわけではなく、政治への介入を希釈することによって、人々の心の安寧に貢献する「救しと隣人愛の宗教」というイメージを確立した。谷川は、フランスの歴史家クロード・ラングロワは「カトリック教会と世俗国家の共犯関係」と表現したが、十字架と三色旗の和解は長い時間をかけてほぼ安定的な平衡状態を得たと言えるだろうと述べている（谷川、2015：259-61；ラングロワ、2002）。

　換言すれば、ライシテの原則は、第三共和制の中で、共和制政府が反共和主義的態度をあらわにしたカトリック教会と対立しながら実現されたものだから、その葛藤の歴史の中で、複雑で多義的な、感情的負荷の高い概念となったが、しかし、現在では、法理的には、極めて明快なものとなった。このような実定法に表れた国家の非宗教的中立性というライシテの法的概念を決定的なものにしたのは、国務院の判例である。国務院は、宗教集団による宗教活動の制限をめぐって生じたさまざまな事件において、ライシテに関する法律を宗教的自由の保障に重点を置いて適用した中で、国家の宗教的中立性としてのライシテの概念を強化した（丸岡、2004：19；小泉、1998：71）。

　谷川によれば、1989年の「イスラム・スカーフ事件」をきっかけに、ライシテの主たるライバルがカトリックからイスラムに取って代わられた。とりわけ、2010年代の衝突には、これまでにない質的に異なる性格が読み取れる、と言う。ホスト国の住民が「イスラム化される西欧」という幻影に脅えはじめたことである。近未来においてムスリムが多数派を占める時がやって来るという極端なプロパガンダが対立を煽っている（谷川、2015：262-8）。シャルリ・エブド社襲撃事件当日に発売された近未来思考実験小説ミシェル・ウエルベックの『服従』（ウエルベック、2015）もその一環かもしれない。

　私見によれば、プロパガンダはしょせんプロパガンダだと思われる。問題は二つに集約されると思われる。一つは、難民の流入の増加[★5]である。もう一つはISの暴力性である。これらが絡み合って、フランスを社会不安に陥らせているのではないだろうか。

同時に、「1989年の『イスラム・スカーフ事件』をきっかけに、ライシテの主たるライバルがカトリックからイスラムに取って代わられた」問題について以下のように再考してみたい。すなわち、フランス文学者工藤庸子が述べるように、スカーフ事件が、移民系のムスリムの若い女性という二重三重にマージナルな存在のマニフェストであることにも注目しなければならない。15歳の少女たちがスカーフを身に着けているのは、イスラムが政教分離を許さないからではない。そうではなく、ライシテという原則に立つ今日のフランス共和国の中で、生まれながらに周縁化された者として、もっとも劇的でシンボリックな効果を持つ異議申し立てが何であるかを、少女たちは知っており、その上で彼女たちは主体的に行動している（工藤、2007：198-9）。なぜ少女たちなのか？
　ここには、フランス研究者で社会学者の森千香子の言うように、「スカーフはもはや『ライシテに問題を提起するもの』としての象徴というより、『民主主義』への障害である『女性抑圧』の象徴として扱われた。『スカーフ禁止』に反対することは、男女平等に反対すること、すなわち『反民主的』であるかのようにみなされていった。この文脈の中、自分の意思でスカーフを被る女性の声はまったく無視されていったのである」（森、2007：168）。
　以上のような問題意識を持ちながら、あらためて「ライシテ」について考えてみたい。フランスの歴史学の碩学ルネ・レモンによれば、1905年に採択された「政教分離法」について、この法律にもっとも深い関わりを持つカトリック教会は、それが制定された当時は、発想においても具体的な規定においても著しく不当な法律だと断罪したのだが、制定100年後のコメモラシオンcommémorationとしての、2005年の澎湃たる啓発運動に大挙して合流したのだった。こうした集団的な努力により、この法律をめぐる通り一遍の、あるいは偏った判断を乗り越えて、論理に裏付けられた評価を打ちたてようと人々は試みたのだが、そのこと自体が、この法律の特性によると認めることにしよう、とレモンは述べる（レモン、2010：25；Rémond, 2005: 7-11）。
　レモンによれば、2005年は、諸教会を国家から分離する法律である「政教分離法」が制定されて百周年に当たっていた。法律のテキストの歴史的な意味は、それが定める規範の影響力や斬新さのみによって評価されるものではない。その法律が個人の運命や社会にもたらした結果の重大さだけから量られるものではない。そのコメモラシオンに向けられた関心の度合いも、歴史的な意味の指標となるのである（レモン、2010：21；Rémond, 2005: 7）。
　1905年法は、100年ほどの間、実効性を持っていた制度に終止符を打った

のであり、その主たる目標は制度の清算だった。2005年における問題は、1905年における問題をほぼ反転させたような具合になっている。かつて求められたのは、ネイションと同じくらい古くから存在する宗教に、お役目は済んだと申し渡すこと、ネイションと宗教とをつないでいた最後の絆を断ち切ることだった。これに対して2005年に問われていることは、新米の宗教をいかに社会に統合するかという問題である。1905年に人々は、フランスのカトリック教会の残滓を一掃しようと考えた。ところが2005年のわれわれは、フランスのイスラムを育成することはできぬものかと四苦八苦している（レモン、2010：34-6；Rémond, 2005: 17-20）。

　レモンは、1905年法は、当初において、フランス国民を融和させ情熱を鎮めるどころか、対立を激化させてしまった、とすれば、われわれは、2005年に何を祝ったのだろう？と問う。ところで、ライシテを如何に定義するかについて、まず明白な事実を受け入れよう、ライシテについての定義など、どこにも存在しない。社会と宗教の関係を調整する原則が「ライシテ」にあると定めたのは、1905年法だということになっているのだが、そこには肝心の語彙さえ登場していないのである、と述べる（レモン、2010：40-6；Rémond, 2005: 22-8）。

　レモンによれば、実は、1905年に採択された「政教分離法」は、はるかに長い歴史の中に、すなわちライシテの歴史の中に位置づけられるのだ、と言う。すなわち、「政教分離法」はその歴史の出発点でもなく、第一幕でもない。同時代の人間にとって、それはむしろある種の終着点のように見えていた。1世紀以上にわたり、大革命から生じた社会にカトリック教会を対決させてきた確執に終止符が打たれ、さらにはフランスをカトリック教会に結びつけてきた千年来の同盟がついに決裂したかのように感じられたのである（レモン、2010：51；Rémond, 2005: 33）。

　しかし、原則の解釈は、思想的な起源の異なる政治体制が交替するなかで、さまざまなヴァリエーションを生むことになり、原則の適用となれば、その傾向はいっそう顕著だった。1879年に共和主義者たちによって開始され、着々と推し進められたライシテ推進政策は、ある程度は、君主と教皇の間の往時の抗争が再燃したものといえる。共和主義者たちはここで「ウルトラモンタニスム」に対し、法律家ならではの父祖伝来の反応を見せている（レモン、2010：63-4；Rémond, 2005: 44-5）。

　ライシテ推進政策は、権力をめぐる闘いであると同様に、哲学的な葛藤の結

果でもあった。ライシテは法制度であるだけでなく、イデオロギー的であるもの、あるいはむしろ、とりわけイデオロギー的なものになっていた。権力は中立的なものではない。共和国は実証主義なのである。その共和国の前に、新しい思想や近代社会の原則を断罪する教会が立ちはだかっている。こうして、ライシテは闘争的で使命感に燃えるものになってしまった。ライシテが中立性という立場に留まり、諸宗教が社会の中で自由に影響力を行使することは、もはや不可能だった。このライシテはまず学校制度に適用された。教育の現場は、ライックな思考の発想源であるリベラルな哲学とカトリック教会が真っ先に対立し、われこそが知性の涵養を一手に引き受けると主張して譲らぬ場だったからである（レモン、2010：65-7；Rémond, 2005: 45-7）。

　長年の経緯があって、歴史的な展望のなかで、1904 年に議論が始まり、翌年に「政教分離法」の採決に至った。採択された法律は力関係のなかで生み出されたものだった。つまり、多数派が少数派に強制したものであり、当初はむしろ対立抗争を激化させた。政府がこれに取り組んだやり方は、法律が平和的な性格のものだとカトリックを納得させるようなものではなかった。先見の明があった者もいなかったわけではない。たとえば、左翼では、ジャン・ジョレス（Jean Jaurès）やアリスティード・ブリアン（Aristide Briand）がそうである（レモン、2010：75-7；Rémond, 2005: 55-7）。

2　『シャルリ・エブド』襲撃テロ事件について

　しかしながら、風刺画紙『シャルリ・エブド』襲撃テロ事件は、熟考する必要がある。テロ事件として質的に異なるからである。すなわち、このテロ事件がなぜ起きたかと考えていかなければならない。フランスのイラン系社会学者ファラド・コスロカバールによれば、1995 年、パリ・サンミッシェル駅で多くの死傷者を出す爆弾テロ事件が起きているが、犯人にとって、あの事件では、標的は誰でもよかった。ところが、2012 年 3 月、モハメド・メラが、トゥルーズで、ユダヤ人と軍人を狙って起こしたテロ事件から、これまでと違う変化が現われた。イスラム教徒のフランス軍人で、アフガニスタンに従軍した者を標的とし、殺害を図った。イスラムの地でイスラム教徒を殺す作戦に従事した裏切り者を処罰しようとしたわけである。同様の事件がブリュッセルでも起き、テロの性格が従来と一変してきた。シャルリ・エブド事件も、風刺画家（ジャーナリスト）、イスラム教徒のフランスの警察官、ユダヤ人が狙われ、犠牲に

なった。それは「イスラムへの裏切り」に対する報復であり、国益党利ではない「標的」を明確にしたテロといえた（コスロカバール、2015：25）。

　なぜ、400万人ものデモのような強い反応がフランス国民の間に起きたのか、という問題に対しては、コスロカバールによれば、背景として、ⅰ）フランス人は、革命以来、学校教育で、宗教の介入を許さないという観念を刷り込まれている、ⅱ）イスラムという異質なものへの反応、ⅲ）犯人は大都市郊外育ちの移民子弟のフランス人イスラム教徒の若者である。移民子弟の犯人に、教育を与え、一定の生活保障したのはフランスである。育ててくれた国に対し、何たる恩知らず行為か、と怒りに駆られた、ⅳ）フランス人が、われわれの社会は大丈夫か、という不安に襲われた（コスロカバール、2015：26）、と分析する。私見によれば、ポイントはⅰ）にある。一般論として、自分たちの宗教を侮辱されたと殺人に走ることを宗教のふつうのフランス国民への介入とするか、宗教を嘲笑の対象とすることで、フランス国民の心情の根底にある反イスラム感情に迎合する商業雑誌のほうが、宗教へ介入したことになるのか、微妙な問題になると思われる。

　フランスはどんな処方箋を持つべきかについて、コスロカバールは次のように答える。すなわち、イスラム系住民の若い世代に起きる急進化という問題の解決に努力したとしても、最低20年はかかるだろう。彼らが生きている大都市郊外のゲットー化を破壊し、イスラム教徒家族が集中して住むような現在のシステムを変える必要がある。イスラム教徒子弟が90％で、いわゆる白人フランス人子弟が数えるほどしかいない初中等教育の現場で、革命以来の共和主義を教えるだけで、イスラム教徒子弟への教育としてリアリティーがあるだろうか。新任教員は、そんな環境下で、生徒が攻撃的な上に、秩序もなく、権威を信用しない中で、とまどい、絶望している。教育現場に矛盾が噴出している（コスロカバール、2015：29）。このような背景の中で『シャルリ・エブド』襲撃テロ事件は起きたのである。

　フランスの哲学者エティエンヌ・バリバールは、『シャルリ・エブド』襲撃テロ事件に際して、フランスの新聞『リベラシオン』（2015年1月9日）の求めに応じて「死者たちのための、そして生者たちのための三つの話」という小論を寄せた。そのメッセージは三つのキーワードから成る。第一のキーワードは「共同体」である。バリバールによれば、われわれは、追悼のため、連帯のため、保護のために、反省のために、共同体を必要としていると言う。この共同体は排他的ではない。この共同体は国境で留まらない。現在進行中の「世

界内戦」には、感情と責任、イニシアティブの共有が必要であるが、この共有を、できれば、世界市民国家の枠組みで、共同で作り出さなければならない。したがって、ここがバリバールの強調するところであるが、この共同体は「国民的団結」と混同されてはならない。この「国民的団結」という概念は、実際、邪魔な質問を黙らせ、例外措置の必然性を信じ込ませるといった後ろ暗い目的のためにしか役立ってこなかった。レジスタンスもこの語を引き合いに出さなかった。それは正しかった。そして、われわれは、すでに、国民的哀悼を呼びかけつつ、軍事介入の特権を持つ大統領が、軍事介入の正当化を滑り込ませるために、国民的哀悼をどのように利用したか見たばかりであると言う（バリバール、2015：9）。

　第二のキーワードは、「軽率さ」である。バリバールは『シャルリ・エブド』紙の風刺画家たちは軽率だったのか、と問い、そうだったとして、第一に、危険の軽視、ヒロイズムへの嗜好があり、健全な挑発であっても起こりうる悲惨な結果に無関心であること。と同時に、第二に、彼らにとって表現の自由が命にかかわるほど危険なものであることが明らかになったことである、と言う★6。バリバールによれば、今日は、この第一の面だけ考えたい。しかし、明日や明後日には、第二の面をうまく運用する一番賢い方法と、それが第一の面と矛盾していることについて考えたい。それは臆病さから来るものではないだろうと言う（バリバール、2015：9）。

　第三のキーワードは、「ジハード」★7である。バリバールは、大胆にも、「われわれの運命はイスラム教徒の手の内にある」と言う。もちろん、ひとまとめにするのを警戒することは正しいし、コーランや口伝のなかに殺人への呼びかけが存在すると主張するイスラム嫌いの人々に反対することは正しい。しかし、それだけでは不十分だろうと、バリバールは言う。すなわち、ジハーディストのネットワークによるイスラム教の悪用に対応できるのは、信者の目から見てジハーディズムが事実の歪曲であるとする神学上の批判、宗教上の「常識」の改革だけである。それについては、イスラム教徒にも課せられた役割があるが、それはわれわれの責任でもある。イスラム教徒が、その宗教や文化とともに、広く標的にされ、孤立させられている言説を、これ以上われわれが甘受し続けるならば、すでに始まっているこのような批判や改革のチャンスがほとんどなくなってしまうからである、と言う（バリバール、2015：10）。バリバールの思いつめた、かなり深刻なメッセージだと思われる。

　バリバールは、2015年11月13日のパリ同時多発テロ事件に際しても、『リ

ベラシオン』紙（2015 年 11 月 16 日）を通じて次のようなメッセージを発信している。すなわち、世俗文化あるいはキリスト教文化を持つヨーロッパの市民たちは、イスラム教徒が、全体主義的計画やテロ行為を正当化するためにジハードを使うことについて、どう考えているか、彼らが「内側から」それに抵抗する手段についてどう考えているか、知っておかなければならない。同様に、地中海の南のイスラム教徒（および非イスラム教徒）もまた、かつての支配者である「北」の諸国が、人種差別、イスラム嫌悪、新植民地主義に関して、どのような地点に達したかを知っておかなければならない。とくに、「西洋人」と「東洋人」があえて互いの立場に立って、新たな普遍主義の言語を共同で作り上げなければならない。地域全体にある複数の社会の多文化主義を犠牲にした、国境閉鎖とその強制は、すでに内戦である（バリバール、2016：10-1）。

　私見であるが、「シャルリ・エブド事件は宗教テロではない！」と断言はしない。しかし、宗教テロにしては、あまりにも「軽率さ」（バリバール）が目立つ事件ではなかったかと思う。バリバールは『シャルリ・エブド』紙側の「軽率さ」を言っているのだが、テロ側にも「宗教」をあまりにも軽々しく大義にしてはいないかと思われるのである★8。

　とはいえ、国民的一体感高揚の瞬間をもたらした「1 月 11 日の精神」に関連して、フランスの歴史人口学者のエマニュエル・トッドは次のように言う。2015 年 1 月 11 日当時のフランスにおいて、テレビ局と新聞が果てしもなく、われわれは国民一体化の「歴史的な」瞬間を生きていると繰り返していた。「われわれは一つの国民である。フランスは自由によって、自由のために再建され、逆境の中で一つになった」というのだった。もちろん、イスラムという固定観念がいたるところに表れていた。政治記者たちは、イスラム教の指導者や一般のフランス人イスラム教徒が皆と同じように、暴力は受け容れがたい、テロリストたちは卑劣だ、自分たちの宗教を裏切っている、と言うのを聞くだけでは満足しなかった。彼らはイスラム教の人々がわれわれ皆と同じように、「私はシャルリ」という決まり文句、すでに「私はフランス人」の同意語のようになった決まり文句を口にするように要求した。イスラム教徒も、申し分なく国民共同体の一部分となるために、諷刺によるムハンマドの冒瀆がフランス的アイデンティティの一部分であると認めなければならなかった（トッド、2016：25）。若干批判精神過剰なような気がしないでもないが、一つの側面を突いていると思われる。

　フランス現代史学者である平野千果子は、2015 年 1 月 11 日、パリにいて、

オランド大統領主宰のデモに参加したという。パリで 150 万人が参加したこのデモに、平野は「亀裂」を見る。まず、参加者の大半がヨーロッパ系の人たちだった。次に 50 代以上の裕福な層が多かった。そして、国民が一体となった日として語られているが、一体感が強調される背後に、漠然とながら反／嫌イスラム感情があるのではないかと言う（平野、2015：38）フランス研究者で社会学者の森千香子は次のように言う。2015 年 1 月 11 日には、全国で「追悼デモ」が開催され、首都パリだけで 170 万、全国で 370 万人が集まり、「表現の自由」の擁護を謳った。「私はシャルリ」というスローガンがクローズアップされたが、実際には参加者全員が統一した見解を持っていたわけではなく、スローガンに込められた意味は多様であり、またこのスローガンには賛同しない人も含め、さまざまな主張を持った人々が参加した。このような参加者の「多様性」は強調され、差異や多様性を超えた「国民の団結」が賛美された。しかし、このような「多様性」や「団結」の陰で、デモに「郊外の住民」たちの姿が見られなかったことは、少なくともデモの直後にはほとんど、言及されることがなかった（森、2016：235）。

　小括的な結論として、少し飛躍するかもしれないが、アメリカのコラムニストであるケナン・マルクにしたがって、次のように言えばよいのであろうか。すなわち、移民であろうが先住民族であろうが、真の統合が国家の行動や政策によって実現することはほとんどない。それは、主に、市民社会、個人の絆、そして政治的・社会的な共通利益を推進するために作られた組織によって形成される。こうした絆や組織の衰えこそが、問題を引き起こしてきた。この綻びゆえに、同化主義政策の欠陥が多文化主義の欠陥に結びつけられ、移民コミュニティだけでなく、幅広い社会で、疎外感が蔓延している。疎外感が引き起こしたダメージを修復し、進歩的な普遍主義を復活させるには、ヨーロッパは、新しい国家政策だけでなく、市民社会の再生を必要としている（マルク、2015：34）★9。

3　19 世紀末におけるフランス政治史とカトリシズム

　1875 年 1 月 30 日、ヴァロン修正案★10 がわずか一票差で可決され、政体が共和制であることが法的にも明記された。続いて一連の「憲法的法律」が成立し、第三共和制は制度化される。王政復古の脅威を遠ざけ、農村部からも支持を調達できるようになった共和制は盤石の体制であったわけではなく、1880

年代以降も深刻な危機に何度となくさらされる。その最初のものはブーランジスムだった。1861年1月、ジョルジュ・ブーランジェ（Georges Boulanger）将軍が陸相に任命された。軍上層部では珍しく民衆層出身の共和主義者だった彼は、陸相として、王族の軍籍剥奪、兵営生活改善などの措置を講じ、また炭鉱争議に際しては、スト参加者に共感を示した。さらに、ドイツとの国境紛争★[11]では強行姿勢をとり、それがビスマルクを屈服させたと信じられて、いちはやく国民的英雄となった。大不況による社会不安に有効な手立てを打てないオポルチュニスト政権★[12]に対しては議会の内外で不満が高まっていたが、その一部がブーランジェ人気に流れ込んだのである。ブーランジスムは、特定の政治潮流や社会階層に依拠する代わりに、具体性はなくともきわめて明快なスローガンを掲げ、広範な支持を得ようとするものだった（長井、2006：151-6）。

1890年代前半のフランスは、植民地獲得競争が過熱する国際情勢の中で、軍備増強に取り組んでいた。列強もフランスの動きに関心を払っており、諜報合戦が盛んに繰り広げられていた。1894年9月、砲兵隊に関する情報がドイツ側に流れている事実が発覚する。諜報部は調査に乗り出し、参謀本部のアルフレッド・ドレフュス大尉を逮捕した。完全な冤罪だったが、ドレフュスがアルザス出身だったため、確たる証拠もないまま予断で逮捕したのである。事件をめぐる議論は、「ドレフュス派 対 反ドレフュス派」という形をとり、両陣営は政界の内部で激しく対立した（長井、2006：162-3）★[13]。

1902年の総選挙では、急進党、民主共和同盟、社会主義者らの「左翼ブロック」が圧勝し、急進党のエミール・コンブが首相の座に就いた。コンブは反強権的政策に力を注ぎ、就任後まもなく多数の無認可学校と無認可修道会を閉鎖し、1904年7月には、修道会教育禁止法を成立させている。同年、フランスとバチカンとの外交関係も断絶した（長井、2006：164）。

以上、粗雑に政治史的事実を略記したが、ここでその時期のフランスにおけるカトリック教会の位置について二点だけ指摘しておきたい。第一に、19世紀前半は、フランス革命によって甚大な打撃を被った教会が体制を立て直す時期だったという点である。革命勃発時に約5万5000だった教区聖職者の人数は、ナポレオンが去った1815年には3万にまで落ち込んだが、1870年頃には革命前夜の水準をほぼ取り戻した（長井、2014：205）という背景があることである。第二に指摘しておきたいのは、洗礼とイースターの聖体拝領を基準に測ってみると、フランス・カトリックの歴史の中で、信仰の実践のレベルが

最高潮に達する時期は、1870年頃にやって来たと推定される、とカナダの政治哲学者チャールズ・テイラーが主張している点である。すなわち、この年代は、フランス革命を用意した反聖職者主義とその脱キリスト教化の試みが現れたかなり後であり、教養のある階級の間で無信仰への明確な運動が起こった後のことになる。この当初の喪失にもかかわらず、信仰の実践の頂点がその後に来たのは、この頂点がある長い過程の最後に位置していたからであり、その過程の中で、普通の信者たちは説き伏せられ、組織化され、時には脅されて、より個人のコミットメントを反映するような信仰実践の型へ固められたのである（テイラー、2009：9；工藤、2010：259）。以上の二点はカトリシズムとライシテの相克の考察の重要な前提であるだろう。

追記 本稿は、拙稿「フランスにおけるカトリシズムとデモクラシーの間——ライシテとキリスト教民主主義の相克」『関西大学 法学論集』第66巻第2号、1-32頁を一部改稿したものである。

注
- ★1 ヴィヴィオルカは次のように述べた。「フランスでは、1989年、最初の『スカーフ事件』（90年代にはこれに続いて複数の事件が起きる）を経験し、これは激しい議論を生んだが、そこでは無知、イスラムのヴェール着用の事実についてはともかく、ヴェール着用の意味についての無知は明らかだった。パッションの堰が切って落とされ、公立学校は寛容の名のもとにスカーフを認めるべきだという声が上がり、しかし、より多くの場合、反対に、共和国ライシテの名において、これを禁止すべきだと要求された」（ヴィヴィオルカ、2009：8-9）。
- ★2 当時は、ミッテラン大統領の下、ミシェル・ロカール（Michel Rocard）が首相として社会党政権を担っていたが、文部大臣であったジョスパンはこの問題について国務院に判断を求め、それに応じて国務院は「見解」を発表する。その結論は「スカーフ着用自体は政教分離原則に反しないが、顕示的であったり、学校の秩序に混乱をもたらす場合には処分可能である」というものであった。ジョスパン文部大臣は、それにしたがって通達を出し、スカーフ着用者に対して、排除ではなく指導によって対応するように学校に要請する（丸岡、2004：17）。
- ★3 1959年12月31日に制定された、国と契約を結んだ私立の学校に助成金を出すことを定めた法律である。当時の首相ミシェル・ドブレの名に由来する。国庫からの私学助成を唱えるカトリック側の立場と、教育の公立校への一本化を望むライシテ側の立場との間に一つの調停をもたらした法律で、持続的な効力を持っている（伊達、2010：222）。この立法過程の特色を憲法学者中村睦男は次のように要約した。1958年11月、第五共和制憲法下最初の国民議会選挙において、ドゴール派新党である「新共和国連合」（Union pour la Nouvelle République=UNR）が大幅に進出して、私立学校助成に賛成する

政党が多数派を形成した。また、フランスの初等および中等教育における私立学校の占める割合の重要性とその財政状態の悪化も大きな理由であった。総じて、私立学校の教育の自由の観念が、国家からの自由という側面だけではなく、国家に経済的保証を要求する側面を加えて理解されるようになった。ドブレ首相は、国民議会で、「教育の自由の表現を保証するために、私立学校への助成が必要である」と説明したが、これが一般に受け入れられたということになる（中村、1981：292-4）。

★4　1958年ピウス12世の死去とともに新たに教皇に選出されたヨハネ23世は、教会の現代化を目標に掲げて公会議を招集した。1962-65年に開催されたバチカン公会議こそは、戦後社会の巨大な変化に即した教会自身の大きな自己革新を告げるものだった（三島、2007：82）。

★5　アメリカの人口統計学者マイケル・テイテルバーム（Michael Teitelbaum）によれば、現在進行している危険な悲劇は、ヨーロッパに限ったことではない。ロシア、トルコ、アメリカ、そして中東の富裕国は、シリアその他の国の現実に絶望して難を逃れてくる人々が作り出す大きな流れへの対策を早急に考えなければならない。少なくとも、シリアとイラクに、内戦から逃れようとする人々のための安全地帯を作る一方で、長期的な安定化を目指したよりパワフルな外交を模索する必要があるとする（テイテルバーム、2015：14）。

★6　ここで、2005年9月、デンマークの日刊紙に掲載されたムハンマドの風刺漫画をめぐり、イスラム諸国の政府および国民の間で非難の声が上がり、外交問題に発展した事件のことを想起したい。フランスの宗教歴史社会学者ジャン・ボベロ（Jean Baubérot）がいみじくも指摘するとおり（ボベロ、2009）、「表現の自由」とは、「信仰の自由」とまったく同様、表現（信仰）「する」自由と、表現（信仰）「しない」自由の両者抱き合わせで初めて成立するものである。たしかに、風刺画家には、一部の人々において表象が禁じられている対象を描き出す自由がある。しかし、描き出されたものに対して当事者から抗議の声が発せられた場合、その種の抗議そのものを「表現の自由」に対する脅威、挑戦とみなし、「ムハンマドがテロリストであったわけではない」という自明の理にもかかわらず、自由と権利の名の下に、ことさら表現を続け、転載を断行しなければならないと考える人々（『シャルリ・エブド』の発行責任者たち）は、もう一方の「表現しない自由」を自ら進んで放棄していることに気づいていない。事実、『ル・ヌーヴェル・オプセルヴァトワール』誌のジャン・ダニエル（Jean Daniel）のように、自誌に風刺画を転載「しない」ことによって「表現の自由」を健全に保とうとする姿勢を選択した人々もいる（菅野、2007：336-7）。

★7　ジハードという概念は、イスラムが部族間の争いをイデオロギーの問題として捉えたことが発端となり、アラビア半島で生まれた。アラビア半島では、イスラムのほかに、ユダヤ教徒、キリスト教徒、異教徒など、宗教を異にする共同体の間の考え方の食い違いや利益の衝突が原因となり、部族間の紛争が絶えなかった。これに対して、イスラムは、紛争の宗教的な側面に焦点を合わせ、この種の紛争を「ジハード」と呼び始めた。この単語の意味も、最初のうちは多かれ少なかれ揺れ動いたが、次第に「アラーの道で……」という表現とともに使われて、規範的な意味を持つようになった。その結果、単

なる部族間の対抗意識や経済的な利害の衝突という枠を超えて、異なる宗教間の対立を意味する普遍的な表現に発展していった（ホスロハヴァル、2010：29）。

★8 『朝日新聞』（オピニオン＆フォーラム）「過激派のイスラム化」というインタビュー記事のなかで、イスラム世界専門家のオリビエ・ロワ（Olivier Roy）は、次のように述べている。昨年から本年にかけてのヨーロッパで起きたイスラム過激派の大規模テロの容疑者の若者たちは、過激になる前から敬虔なイスラム教徒だった者は全くいない。布教にいそしんだ者、イスラム団体の慈善活動に従事した者も皆無に近い。イスラム教徒への差別に抗議の声を上げもしなければ、学校での女生徒のスカーフ着用をめぐる議論にも関心を持たなかった。彼らは礼拝もせず、逆に酒や麻薬に溺れ、イスラム教が禁じる食材も平気で口にしていた。彼らの多くはまた自動車盗や喧嘩や麻薬密売といった犯罪に手を染め、刑務所生活を経験した「荒ぶる若者」に過ぎなかった。データによるとこうした若者の6割以上が移民二世である。移民一世や移民三世はほとんどいない。残りはキリスト教家庭からの改宗者が多く、全体の約25％に達する。フランスを例にとると、移民一世が信じるイスラム教は、彼らの出身地である北アフリカの農村部に根づいた共同体の文化である。しかし、一世はそれを二世に引き継がせられない。フランスで育った二世たちは親たちの言語を話せず、フランス文化を吸収しているからである。親の宗教文化が伝わらないのは、改宗者も同じである。改宗という行為そのものが、引継ぎを拒否する姿勢であるからである。若者たちは、親のイスラム教文化とは異なるISの世界と出会う。その一員となることによって、荒れた人生をリセットできると考える。彼らが魅せられるのは、ISが振りまく英雄のイメージである。イスラム教社会の代表かのように戦うことで、英雄として殉教できる。自爆を伴うジハードやテロは、このようなヒロイズムやニヒリズムに負っている。テロには、兄弟揃って関わるケースが非常に多い。『シャルリ・エブド』襲撃事件のクアシ兄弟、パリ同時多発テロのアブデスラム兄弟から、2013年にアメリカのボストン・マラソンの会場で爆弾テロを起こしたツァルナエフ兄弟まで、イスラム過激派テロの容疑者の約三分の一が兄弟である。これは、親世代に対抗するために力を合わせる子世代の意識の表れと分析できる。冷戦が崩壊し、共産主義はもはや若者を魅了しなくなった。左翼思想は辛うじて生き残っているが、インテリやブルジョワの嗜みに過ぎない。移民街の貧しい若者を魅了しない。彼らの反抗の拠りどころとして、現代に唯一残ったのが、イスラム教のジハード主義である。イスラム教徒やイスラム社会の過激化について言えば、現在起きているのは、若者たちの個人的な意識に端を発する現象である。ヨーロッパに「イスラム社会」などというものが存在するとは思えない。フランスにもベルギーにも「イスラム社会の指導者」などいないし、「イスラム票」、「イスラムロビー」も見当たらない。実際には、シリアの紛争は「テロとの戦い」でも何でもない。地元の事情に基づく地域紛争である。「イスラムのテロリスト」のレッテルを相手に貼るばかりでは物事の本質を見失うことになる（『朝日新聞』、2016年6月11日）。ただし、イラン問題とフランスにおけるイスラム問題の権威者であるイラン生まれのフランス人学者ファラド・ホスロハヴァル（Farhad Khosrokhavar）の見解も紹介しておきたい。ホスロハヴァルによれば、テロ活動にかかわった容疑でフランスの刑務所に収容されているアルカイダのメンバー十数人にイン

タビューした結果わかったことは、少なくとも古い時代のイスラム思想をそのまま受け継いでいるとか、近代化に立ち遅れたための犯行だとかといった見方とはまったく異なる印象を受けたという。1 時間以上を費やしたインタビューの結果、彼らのなかには、文化的な素養に欠けているために、あるいは欧米型近代社会の複雑な機構を理解できないために、進むべき道を見失った者は一人もいなかった。彼らの大多数は「ごく普通の市民」と同じように社会に溶け込み、平均的なヨーロッパ人よりも奥行きのある人物像を感じさせると報告している（ホスロハヴァル、2010：171-2）。

★9 　反対に過激派ネットワークについて少しだけ言及しておきたい。
　　1995 年 9 月末、24 歳のテロリストが警察との銃撃戦の末、夕闇のリヨン近郊で死亡した。テロリストの名前はハリド・ケルカル、アルジェリア生まれで、2 歳の時に母親と共にフランスに移住した。フランス人として育てられた若者が、フランスを憎悪し、無差別テロ攻撃を行なったということで、移民社会に生まれた「内なる敵」に、フランス国中が衝撃を受けた（三井、2015：50-1）。ケルカルたちがパリで暴れていた頃、ロンドンは各国からイスラム過激派が集まるテロ組織の温床となりつつあった。フランスでケルカルと同じ「武装イスラム集団」の一味だったラシッド・ラムダは警察の追跡を逃れ、ロンドンに逃亡した。フランスの情報当局は、過激派を集めるイギリスを「ロンドニスタン」と皮肉った。ロンドンは、1990 年代以降、過激派の「発信地」となった（三井、2015：55-6）。

★10 　普仏戦争後のフランスが 1875 年の憲法で共和制政体に帰着したのはなぜだろうか。それは、王党派の分裂にある。議会保守派は共和制に傾いたティエールを罷免したあと、ブルボン正統派のマクマオンを大統領に選んで王政復古をめざしたが、同じ王政でも立憲王政を良しとするオルレアン家が対立していた。1875 年 1 月、国家元首の選出に関するヴァロン修正案が提案されたとき、共和派とオルレアン派が共同歩調をとったため、「共和国大統領」を国家元首とする法案が、353 対 352 の票差で可決された。これに他に成立した公権力に関する法律と合わせた三法が第三共和制成立の「1875 年憲法」と呼ばれるものである（柴田、2006：166　http://www.y-history.net）。

★11 　独仏国境間の緊張をもたらしたシュネブレ事件（1887 年 4 月）のこと。ブーランジェは、対ドイツ強硬姿勢をとったため、プロイセン・フランス戦争の敗北以後報復熱に燃えていた国民に迎えられ、「復讐将軍」ともてはやされた（http://ameblo.jp/tank-2012/entry-11928071266.html）。

★12 　王党派に勝利した共和派内でも諸派分立・集合離散が日常的で、政権はめまぐるしく交代した。第三共和制の統治システムはたしかに定着した。この政権は、急進派からはオポルチュニスト（日和見主義者）と揶揄されたにもかかわらず、時宜にかなった政策を着実に遂行した（http://homepage2.nifty.com/ekondo/rekisi2)。

★13 　ドレフュス事件とは、スパイ容疑をかけられ、軍事法廷で終身流刑に処せられたユダヤ系のドレフュス大尉をめぐって、冤罪を主張するドレフュス擁護派と反ドレフュス派に分かれて国論が二分した事件である。ドレフュス派は人権と共和国の擁護を掲げたのに対して、反ドレフュス派はナショナリズムと反ユダヤ主義を煽り、共和制を攻撃したので、事件は体制の正統性をも問うことになった。この事件でドレフュス擁護の側に立

って「知識人」と称される一群の大学教授、学者、文学者、哲学者など有識者が新聞等で意見表明をしたり、マニフェストに署名するなどして積極的に政治参加を行なった。フランスでは第二次大戦後のサルトルなど政治参加する知識人の伝統が存在するが、最初に「知識人」という言葉が使われたのは、このドレフュス事件の時であった（上垣、2016：113-4）。

参考文献
上垣豊『規律と教養のフランス近代――教育史から読み直す』ミネルヴァ書房、2016年。
工藤庸子『宗教 vs. 国家：フランス「政教分離」と市民の誕生』講談社新書、2007年。
―――「さまざまの政教分離――カトリック／プロテスタント／ムスリム」ルネ・レモン『政教分離を問いなおす――EUとムスリムのはざまで』2010年、249-331頁。
小泉洋一『政教分離と宗教的自由――フランスのライシテ』法律文化社、1998年。
柴田三千雄『フランス史10講』岩波新書、2006年。
菅野賢治「表現する自由と表現しない自由――ショアー、反ユダヤ主義とのねじれた関係」森孝一編著『EUとイスラームの宗教伝統は共存できるか――「ムハンマドの風刺画」事件の本質』明石書店、2007年、311-40頁。
伊達聖伸「フランスのライシテの歴史を読み解くためのキーワード」、ルネ・レモン、前掲書、2010年、191-239頁。
谷川 稔「『記憶の場』の彼方に――日本語版序文にかえて」ピエール・ノラ編（谷川稔監訳）『記憶の場――フランス国民意識の文化＝社会史』第1巻、岩波書店、2002年、1-13頁。
―――『十字架と三色旗――近代フランスにおける政教分離』岩波現代文庫、2015年。
土倉莞爾「キリスト教民主主義の全盛と衰退――第2次大戦以降の比較政治史的考察―」『関西大学 法学論集』61巻4号、2011年、1-35頁。
―――「冷戦から冷戦後へのフランス・キリスト教民主主義――MRPからUDFへ」『関西大学 法学論集』第62巻第6号、2013年、2201-52頁。
長井伸仁「対独敗戦から急進共和国へ」谷川稔・渡辺和行編著『近代フランスの歴史』ミネルヴァ書房、2006年、145-68頁。
―――「カトリシズムとデモクラシーのはざまで――世紀転換期フランスにおける聖職者の市民意識と自分史」槇原茂編著『個人の語りがひらく歴史――ナラティヴ／エゴ・ドキュメント／シティズンシップ』ミネルヴァ書房、2014年、203-36頁。
中村睦男「フランス1959年私学助成法の制定」『北大法学論集』第31巻第3・4合併号（下巻）、1981年、257-94頁。
中山洋平「MRP（人民共和運動）の青年・学生グループの軌跡――フランスにおけるキリスト教民主主義勢力解体に関する一考察」田口晃・土倉莞爾編著『キリスト教民主主義とヨーロッパ政治』木鐸社、2008年、45-77頁。
平野千果子「シャルル・エブド事件とフランス――報道から考える現代社会」『歴史学研究』936号、2015年、36-44頁。
松本礼二『トクヴィル研究 家族・宗教・国家とデモクラシー』東京大学出版会、1991年。
丸岡高弘「スカーフ事件とフランス的政教分離」『ヨーロッパ研究センター報』第10号、

2014年、13-37頁。
三島憲一「変貌するカトリック教会とディスクルス倫理」ユルゲン・ハーバーマス／ヨーゼフ・ラッツィンガー『ポスト世俗化時代の哲学と宗教』三島憲一訳、岩波書店、2007年、53-125頁。
三井美奈『イスラム化するヨーロッパ』新潮社、2015年。
森千香子「フランスの『スカーフ禁止法』論争が提起する問い：『ムスリム女性抑圧』批判をめぐって」内藤正典・阪口正二郎編著『神の法 vs. 人の法：スカーフ論争からみる西欧とイスラームの断層』日本評論社、2007年、156-80頁。
─────『排除と抵抗の郊外──フランス「移民」集住地域の形成と変容』東京大学出版会、2016年。
ヴィヴィオルカ、ミシェル『差異──アイデンティティと文化の政治学』宮島喬・森千香子訳）法政大学出版局、2009年。
ウエルベック、ミシエル『服従』大塚桃訳、河出書房新社、2015年。
ウォルト、スティーブン「革命国家の歴史とイスラム国──さらなる拡大と膨張はあり得ない」『フォーリン・アフェアーズリポート』11月号、2015年、6-18頁。
コスロカバール、ファラド（インタビュー 聞き手＝池村俊郎）「風刺画誌『シャルリ・エブド』襲撃テロ事件は、なぜ起きたか」『環』vol.61、2015年、24-9頁。
テイテルバーム、マイケル「欧州移民危機の真実──悲劇的選択とモラルハザード」『フォーリン・アフェアーズリポート』10月号、2015年、6-14頁。
テイラー、チャールズ『今日の宗教の諸相』伊藤邦武ほか訳、岩波書店、2009年。
トッド、エマニュエル『シャルリとは誰か？──人種差別と没落する西欧』堀茂樹訳、文春新書、2016年。
ハーバーマス、ユルゲン＆ヨーゼフ・ラッツィンガー『ポスト世俗化時代の哲学と宗教』三島憲一訳、岩波書店、2007年。
バリバール、エティエンヌ「死者たちのための、そして生者たちのための三つの話」（松葉祥一訳）『現代思想』3月臨時増刊号、2015年、8-10頁。
─────「戦争のなかで」（松葉祥一訳）『現代思想』1月臨時増刊号、2016年、8-11頁。
ホスロハヴァル、ファルハド『なぜ自爆攻撃なのか──イスラムの新しい殉教者たち』早良哲夫訳、青灯社、2010年。
ボベロ、ジャン『フランスにおける脱宗教性（ライシテ）の歴史』三浦信孝・伊達聖伸訳、白水社、2009年。
マルク、ケナン「解体したヨーロッパ市民社会─多文化主義と同化政策はなぜ失敗したか」『フォーリン・アフェアーズ・レポート』10月号、2015年、21-34頁。
ミューラー、ヤン・ベルナー「キリスト教民主主義の衰退とヨーロッパ統合の未来」、『フォーリン・アフェアーズ・レポート』9月号、2014年、62-6頁。
ラングロワ、クロード「カトリック教会と反教権＝世俗派」（谷川稔訳）、ピエール・ノラ編（谷川稔監訳）、前掲書、2002年、169-202頁。
レモン、ルネ『政教分離を問いなおす──EUとムスリムのはざまで』工藤庸子・伊達聖伸訳、青土社、2010年。

Kaiser, Wolfram, "Informal Politics and the Creation of the European Community: Christian Democratic Networks in the Economic Integration of Europe", in edited by Wolfram Kaiser, Brigitte Leucht and Michael Gehler, *Transnational Networks in Regional Integration: Governing Europe 1945-83*, Basingstoke, Palgrave Macmillan, 2010, pp.85-107.

Langlois, Claude, "Institutions et modeles", sous la direction de Jacques Le Goff et René Rémond, *Histoire de la France religieuse*, tome 3, Paris, Seuil, 1991, pp.388-406.

Mayeur, Jean-Marie, *Les débuts de la Troisième République, 1871-1898* (Nouvelle histoire de la France contemporaine; 10), Paris, Seuil, 1973.

Rémond, René, *L'invention de la laïcité francaise: de 1789 à demain*, Paris, Bayard, 2005.

第 4 章

キリスト教民主主義と
ジャーナリズムに関する一考察

『ウエスト・フランス』の創刊過程に着目して

中村 督

はじめに

　2013 年 2 月、フランソワ・オランド政権の下、同性婚および同性カップルによる養子縁組を認める法律が下院で採択された。しかし、直前の 1 月、「万人のための結婚」（Mariage pour tous）法と呼ばれるこの法律の是非をめぐって世論は二分していた。同法の可決を民主主義の一つの帰結として賛成派が支援した一方、それによって子どもの権利が無視されると主張する反対派の声も大きかった。とくに 1 月 13 日の反対派デモで集まった人数は、主催者発表で 80 万人、警察発表で 34 万人であったとされる。反対派を導いたのは何だったのだろうか。この問いに正確な解答は与えられないにせよ、メディアによる世論形成という観点から、どの新聞が「万人のための結婚」法に反対であったかをいうことはできる。実をいうと全国紙は全体として同性婚に賛意を示していた。たしかに公然とカトリック色を打ち出す『ラ・クロワ』（La Croix）は反対を唱えたが、この新聞は少部数であり世論を動かすほどではない[1]。同性婚に難色を示した新聞のなかで着目すべきは『ウエスト・フランス』（Ouest-France）という地方紙である。
　『ウエスト・フランス』とはレンヌに本社を置く新聞社が発行する日刊紙で、文字どおりフランス西部を中心に売られている。当時、代表取締役であったフランソワ＝レジス・ユタン（François-Régis Hutin）は反対派デモの前日

に同性婚の法制化に明確な異議を唱えた（*Ouest-France*, 12 janvier 2013）。翌日、娘ジャンヌ＝エマニュエル・ユタン（Jeanne-Emmanuelle Hutin）もまた同性婚を国民投票で問うべきであると述べた。「そうすることで、他者、とくに子どもの権利を侵すことなく、同性愛者の要求に応じた他の解決策を検討することも可能である」（*Ouest-France*, 13 janvier 2013）として、同性婚の法制化を牽制した。

　ここで二つのことを確認しておきたい。一つは『ウエスト・フランス』の影響力である。もっとも、フランス以外ではほとんど知られていないこの地方紙が世論形成にいかほどの影響を与え得るのか疑問に思う向きもあるだろう。しかしながら、同紙は 1975 年以来、国内最大販売部数を誇っており、量の点では他紙を圧倒しているのである。全国紙には高級紙の『ル・モンド』、『ル・フィガロ』、『リベラシオン』などを挙げることができるが、『ウエスト・フランス』はそのいずれよりもよく売れており、毎日、70 万〜 80 万部の販売部数を記録している。いま一つは同紙の特徴である。同性婚に反対という点だけをとれば、いかにも保守的で、見方によっては国民戦線のごとき極右勢力と親和的にさえみえるが、それはまったくの見当違いである。「正義と自由」（justice et liberté）を社是とする『ウエスト・フランス』の編集方針は端的にいって「カトリック的、ヨーロッパ的、社会的」という言葉に集約される。たしかにカトリック的、ヨーロッパ的、社会的というのをいかに理解するかは難しい。ただ、公教育の一元化を目指したサヴァリ法に対する反対（1984 年）、マーストリヒト条約に対する賛成（1990 年代初頭）★2、あるいは刑務所の環境改善への一貫した働きかけは同紙の編集方針をよく示す結果であり、それを左右の図式で捉えることはできない。いずれにせよ、留意すべきは、同紙が多数の読者に対して「万人のための結婚」法に反対の姿勢を示し、そのことが反対派デモの成功に貢献した可能性は否定できないということである（*Le Nouvel Observateur*, 22 janvier 2013）★3。

　このような『ウエスト・フランス』の社会的影響力を考慮すれば、同紙が創刊から今日に至るまでいかなる変容を遂げてきたのかが問われるべきである。本稿はその足がかりを築くためにも同紙が創刊された過程を考察することを目的とする。この新聞は 1944 年 8 月 7 日に創刊されたので、すでに 70 年以上の歳月が経ったことになる。その歴史を紐解くと、他の新聞・雑誌と同様、社会変容や技術進歩といった外的要因をはじめ組織内部の問題も含めて何度も変化を迫られる局面があり、今日に至る道程が単線的でないことがわかる★4。そ

の一方で『ウエスト・フランス』の歴史は多くの断絶を含むというよりは、むしろ連続こそが強調されてよい。というのも、同紙は、戦後に創刊された新聞で今日も存続し、さらには経済的な意味で自立を保持する数少ない新聞であるからである（Hutin, 2005: 453-456）。また、ここにこそ一度、創刊時に遡って同紙の変遷を規定した歴史的背景を考察する意義も認められるだろう。

　『ウエスト・フランス』の連続性という観点は、学問的な射程においても正当化されるものである。一つは政治史的な文脈、とりわけ同紙とキリスト教民主主義との関連である。同紙の創刊に携わった者の多くは、キリスト教民主主義政党の MRP（Mouvement républicain populaire：人民共和運動）の党員あるいは関係者である。第二次世界大戦後、MRP は大躍進を遂げるが、第四共和政の終焉時には衰退し、今日、フランスには有力なキリスト教民主主義政党がない。フランスにおけるキリスト教民主主義政党の不在についてはその原因を含めてすでに説明的な理由が示されている。なかでも本稿の目的に鑑みるなら「カトリック信徒独自の大衆組織の発達」が遂げられなかったことが重要であろう（中山、2001、2008）。このことは、『ウエスト・フランス』はフランス西部で読者を拡大し、読者たちは「想像の共同体」を形成したにもかかわらず、政党の支持者として動員されるまでには至らなかったことを意味する。つまり、『ウエスト・フランス』の伸長と MRP（あるいはキリスト教民主主義政党）の衰退は新聞が有する影響力の限界、あるいは影響力を及ぼし得る領域を示す事例としても貴重である★5。

　もう一つは宗教史的な文脈である。フランスのカトリックは「近代」の課題に対して抵抗と適応を示してきたことを考慮すれば（伊達、2013）★6、『ウエスト・フランス』の歴史はまさにその典型であるように思われる。とくに『ウエスト・フランス』の関係者らは「社会的カトリシズム」を主導し、運動組織シヨン（Sillon）を主宰したマルク・サンニエ（Marc Sangnier）の影響を受けた者が多い。つまり、同紙の創刊をフランス・カトリックの戦後と戦前の結節点の一つとして捉えることもできるのではないだろうか。

　以上が『ウエスト・フランス』の歴史を理解する意義であるが、先行研究について一言述べておきたい。同紙の研究でもっとも重要なのはギー・ドロルムの一連の業績である（Delormes, 2004, 2009）。ドロルムはそれまでに存在していた『ウエスト・フランス』の断片的な情報を集め、同紙の歴史の全体像を明らかにした。また、ドロルムは同紙のジャーナリストでもあり、関係者へのインタヴューを多く行い、貴重な情報を提供している。しかしながら、ドロル

ムは同紙のジャーナリズム史的背景や政治史的背景との関係などにはあまり踏み込んでおらず、より仔細な歴史研究を進めることが可能であるように思われる[7]。その一環として、本稿は先行研究に寄り添いながらも、とくにジャーナリズム史的な観点から『ウエスト・フランス』が創刊された過程を整理することを課題とする。まずは同紙の創刊者ポール・ユタンに焦点を当て、前身の『ルエスト・エクレール』(*L'Ouest-Eclair*)について考察し、そのうえで『ウエスト・フランス』の創刊について分析する。最後は 1944 年 9 月 22 日に『ウエスト・フランス』社が設立された状況を株式分配に着目することで明らかにしたい。

1 『ルエスト・エクレール』の時代

1・1 ポール・ユタンの生い立ち

　解放直後に創刊された新聞にはよくあることだが、『ウエスト・フランス』にはその前身といえる新聞があった。その新聞を『ルエスト・エクレール』という[8]。論点を先取りすれば、この新聞はナチスの占領下でも発行しつづけたため、解放後に発行停止処分を受ける。他方、『ルエスト・エクレール』のジャーナリストのなかには占領下での発行に反対して新聞社を離れた者もいた。それを代表する人物にポール・ユタン（Paul Hutin, 1888-1975）がいた。ポール・ユタンこそ『ウエスト・フランス』の創刊者であり、まずは彼の軌跡を簡潔に辿ることで『ルエスト・エクレール』の特徴を把握しておきたい。

　ポール・ユタンは 1888 年 10 月 21 日、ムーズ県ヴォークルールから 15 キロほど離れたボヴェ・シュル・バルブールという小村に生まれた。ユタン家には 13 人の子どもがいたが、ポールはその 3 番目であった。農民であった父親アンリ・ユタンはチーズ屋を始め、教会を後ろ盾に成功した。ポール・ユタンは 1907 年に高校を卒業する。高校時代は地元のジュール・フェリスという神父のおかげで信仰心を深めていく。高校卒業後、ヴェルダンの大神学校に入学する。そこで哲学を 2 年間、神学を 3 年間、それぞれ専攻した。その後、大神学校を離れ、他の兄弟と同様、実家のチーズ屋で働く。第一次世界大戦前には再び学問に励むべくソルボンヌと自由政治科学学院に登録している。そして第一次世界大戦が勃発するとヴェルダンの戦いに参加する（Delorme, 2004: 10-11）。

　戦後、1922 年、ポール・ユタンに転機が訪れる。廃刊の危機にあった共和

第 4 章　キリスト教民主主義とジャーナリズムに関する一考察

派の週刊紙『レコー・ド・レスト』（L'Écho de l'Est）を買収し、10 月 15 日から本格的に経営に着手する。たった 4 ページ（そのうち 1 ページは広告）で、3 スー（年間 8 フラン）の雑誌であったが、ユタンの手によって刷新される。より大きい文字でタイトルが書かれ、スペースにゆとりが生まれ、写真も掲載された。ユタンの記事も掲載される。「私たちの死に対して、ヴォークルールでレイモン・ポワンカレが語る」。ユタンは週刊紙を売り出すためのシンプルなスローガンを掲げる。「日刊紙なら 21 スーかかるところが、『レコー・ド・レスト』なら地元の情報を毎週日曜、3 スーでお届けします」。新しい編集方針は明確だった。「われわれの帽章は三色である。それ以外ない」。これは同紙の共和主義的な方針を端的に示したものである。1922 年末には分量が 6 ページになり、売上部数は 2 万 5000 部に到達した（Delorme, 2004: 11-12）。この辺から分かるのは、ユタンがカトリックを信仰する共和主義の信奉者であり、ジャーナリズムを通じて二つの理念の普及に努めようとした点である。

1・2　ポール・ユタンと『ルエスト・エクレール』

1926 年にポール・ユタンのジャーナリストとしての人生を決定づける出来事が起こる。レンヌの名家デグレ・デュ・ルー家のマグドレーヌ（Magdeleine Desgrées du Loû）との結婚である[9]。これを機にレンヌへと移り住む。マグドレーヌの父親はエマニュエル・デグレ・デュ・ルー（Emmanuel Desgrées du Loû）という人物で『ルエスト・エクレール』の創刊者であった。エマニュエルは危機に瀕したこの新聞の再建に向けてユタンに入社を懇願した。ユタンはそれを引き受け、1930 年には編集次長に任命される。ただ、ユタンは『ルエスト・エクレール』に記事を書くことはほとんどなく、経営面での仕事に従事することになった（Delorme, 2009: 18）。

第二次世界大戦が開始するとユタンは選択を迫られる。『ルエスト・エクレール』の代表取締役ピエール・アルチュール（Pierre Artur）との対立が直接の原因である。とくに 1940 年 6 月 18 日（停戦協定の 4 日前）、ドイツ軍がレンヌに到着し、『ルエスト・エクレール』が発行を一時停止したときに二人の間に問題が生じた。争点はドイツの占領に対していかなる対応をとるかであった。アルチュールは新聞の発行停止を望まなかった。ドイツ軍が押しつけてくるであろう情報については自分たちで適当に組み替えて阻止できるという考えがあった。さらにいうと、『ルエスト・エクレール』社がレンヌを中心に多くの雇用を生み出していたことも関係している。実際、この新聞社は約 600

家族の生計を支えており、アルチュールはそれを反故にすることはできないと考えていた（Delormes, 2004: 13）。他方、ユタンの意見は、ドイツのプロパガンダの道具として利用されるのを阻止すべく直ちに発行停止すべきであるというものであった。

1940年7月4日、ドイツ軍当局の指令の下、『ルエスト・エクレール』は再び発行される。この日から、同紙のタイトルの下にある「共和派の朝刊紙」（journal républicain du matin）という言葉は、「地方紙」（journal quotidien régional）に替えられた。創刊者であるエマニュエル・デグレ・デュ・ルーの名前は妻の意向にしたがって削除される。ユタンは対独協力を避けるために社を去る。義理の兄弟のフランソワも同様に新聞社を去っている。ただ、また別の義理の兄弟ポールは社に残るという選択をした（Hisard, 1955: 280）。

ユタンはレジスタンス運動に参加したのか。何しろこのときすでに51歳であり、いわゆるレジスタンス組織で活動することはなかった。しかし、いたるところで反独的な態度を示し、公共の場でヒトラーやドイツ軍に対して批判の言葉を吐いた。これがユタンの抵抗の姿勢であった。1942年に占領地域にゲシュタポが配置されると、状況は変わり、上記義理の兄弟フランソワが所有するモルビアンの城に身を潜めた。

その一方で、ユタンは1942年末、ナンシーに住むアンリ・ティジャン（Henri Teitgen）の妻を何度も訪ねている。アンリ・ティジャンは、若き日にシヨンに加わり、ロレーヌ支部の秘書を務め、そこでエマニュエル・デグレ・デュ・ルーと出会い、『ルエスト・エクレール』のジャーナリストとなった。第一次世界大戦の後はロレーヌに戻り、弁護士業を営むが、1924年のPDP（Parti démocrate populaire：人民民主党）の創設に参加し、副代表に就いた。第二次世界大戦が開始すると、フランソワ・ド・マントンと息子のピエール・アンリとともに「リベルテ」（Liberté）を組織し、南部の自由地域でレジスタンス活動を起こした。リベルテは組織名であると同時に地下出版物の名前を指す。リベルテは後に「コンバ」と合流し、レジスタンス運動の地下出版物として名高い『コンバ』（Combat）を生み出すことになる★10。アンリ・ティジャンはこのレジスタンス活動が理由で逮捕され、ナンシーの監獄に収容された。残された妻を支援するためにユタンはナンシーを訪れていたのである（Delormes, 2004: 19）。

1943年5月、ポール・ユタンはサン＝パビュで逮捕され、レンヌにある監

獄の独房に入れられる。6月には釈放され、それ以降ドイツ軍の監視下に置かれるもののナチス批判を止めない。11月、こうしたユタンの態度が告発され、ドイツ警察に追われる身となる。ユタンは危機一髪で逃げ出し、ピレネー山脈経由でスペインに逃亡する。数日後にはフランス国内のコート・デュ・ノール県（現在のコート＝ダルモール県）に戻るが、12月6日、ゲシュタポから逃れるためにこの街を離れる。次はショーモン近くの自らの邸宅に短期で滞在する。12月半ばにディジョンに行き、コート・ドール県知事のジャン・クネット（Jean Quenette）を訪ねる。クネットは元ブルターニュ地域圏元知事（1942年5月12日〜1943年7月6日）で、ユタンは彼と1930年代に知り合った。クネットは1935年にムルト＝エ＝モーゼル県選出の国民議会議員となり、1936年に再選を果たしている。ユタンとクネットはともにロレーヌ地方の出身でもあった。ユタンがクネットを訪ねた理由は一つ、レジスタンス運動に参加するためである。それからしばらくマティニョンの農場や司祭館で身を隠しながら生活することになった（Delormes, 2004: 20）。とはいえ、レンヌは結果的にすぐに解放を迎えるので、実質的にユタンはレジスタンス闘士として何かしらの功績を残したわけではない。この点は『ウエスト・フランス』の創刊を考えるときに留意すべき論点である。というのも、解放直後の新聞発行に際しては、発行者がレジスタンス運動にどの程度関係していたのかが重要視されたからである。

1・3　『ウエスト・フランス』創刊に向けての準備

1944年8月1日、アメリカ軍がレンヌに向かっているという情報がラジオで流れると、ポール・ユタンはマティニョンを離れる。レンヌに戻って新たに新聞を発刊するためである。その途中、ユタンはアメリカ軍に遭遇し、戦車から降りてきたジャン・マラン（Jean Marin）と会っている。ジャン・マランとは、自由フランス軍の一員としてイギリスからラジオ放送で「フランス人の声」を届けたレジスタンス運動の伝説的な人物である。マランの方もユタンと出会ったことを覚えている（Marin, 1994: 392）。8月4日午前、ユタンはレンヌに到着する。

　ユタンはすぐにアンリ・フレヴィル（Henri Fréville）と連絡をとろうとする。フレヴィルは1944年2月に当時情報臨時事務官であったピエール＝アンリ・ティジャンから地方情報調査官（délégué régional à l'Information）に任命されていた。このことが意味するのは、解放前からすでにドゴールは解

放後の新聞発行に関する取り決めをまとめていたということである。事実、1944年5月6日にはその関連オルドナンスが発行されていた★11。ドゴールは回想録のなかで次のように証言している。

> アルジェにいたときすでに、政府は解放時の新聞事情を前もって取り決めておいた。つまり、1944年5月6日オルドナンスは次のことを命じていた。フランスの南北地帯ともに、敵が命令権を有していたときに刊行されていた新聞は、もはや発行を許可されない。これらの新聞の財産は寄託処分に付され、レジスタンス系の機関紙はそれらの設備を借り受けることができる。独占が作りだされるのは問題外であるので、新旧を問わず、他の新聞を創刊あるいは復刊することができる。
> 　　　　　　　　（de Gaulle, 1959: 113〔村上・山崎訳、1996：108-109〕）

つまり、解放された地域からすぐさま新聞が発行できるように法整備されていたのである。そして一連のオルドナンスにしたがって新聞の発行を指揮するのに、地方情報調査官が決定的な役割を果たしていた。ユタンがフレヴィルといち早く接触することを望んだのはこうした理由からである。

> 拝啓
> 　私はあなたが、敵の敗北後、新聞創刊の責任を負っていると伺いました。ご存じのように、『ルエスト・エクレール』の編集次長であった私は占領軍の支配下にあってこの職を続けるのを拒否しました。この意味において、私は、謹んでこの新聞を再始動する明白な権利を有しているものと思われます。貴殿の感情としても同様であると確信しております。
> 　敬愛の意を込めて
> 　ポール・ユタン　　　　　　　　　　　　　　　　（Fréville, 1979: 89）

フレヴィルはユタンが名乗り出てくることを予想していた。それどころか、『ルエスト・エクレール』の継承に値するのはユタンだけだと考えていた（Fréville, 1979: 89）。というのも、実際、ユタンには創刊者の家系に属するという正当性のみならず株主という財政的正当性もあったからである★12。また、ユタンの新聞創刊が一連のオルドナンスと矛盾をきたさないという条件も揃っていた。こうした意味では8月4日の時点でユタンによる『ルエスト・レクレール』

の継承が決定したと考えてよい。

　最初の会議にはジャン・マラン、ポール・ユタン、エミール・コシェ（Émile Cochet）、ポール・ベギエ（Paul Béguier）が出席した。戦前、『ルエスト・エクレール』の取締役会が開催されていた場所である。コシェは、かつてマルク・サンニエの青年共和国（Jeune République）のメンバーで、『ルエスト・レクレール』では地方情報部長を務めていた。ドイツ占領下ではレジスタンス運動に参加し、とくにフレヴィルの信頼を得ていた（Fréville, 1979: 82-84）。またベギエは、『ルエスト・エクレール』の編集次長で、占領下ではまずレジスタンス組織リベラシオンの一員となり、次いで FFI（Forces Françaises de l'Intérieur：フランス国内軍）レンヌ支部の代表に就いていた。解放後、レジスタンス運動のメンバーであることが重要視されるなかで『ウエスト・フランス』にコシェやベギエがいたことは非常に大きな意味をもった。

2　『ウエスト・フランス』の創刊

2・1　『ルエスト・エクレール』との連続性（1）――人員と設備

　1944 年 8 月 6 日、地方プレス委員会（Comité régional consultatif de presse）が開催され、そこで『ウエスト・フランス』の発刊許可が決定される。同委員会の議長はアンリ・フレヴィルが務め、そこにイル＝エ＝ヴィレーヌ県の CDL（Comités départementaux de libération：各県解放委員会）から二人、労組から二人、フィニステール県、コート＝デュ＝ノール県、モルビアン県の解放委員会から一人ずつが参加した。この委員会で『ウエスト・フランス』の『ルエスト・エクレール』の建物および設備の利用も許可された。販売地域は『ルエスト・エクレール』と同様、ブルターニュ、ノルマンディ、メーヌ、ポワトゥに定められた（Fréville, 1979: 99）。

　翌日、8 月 7 日、『ウエスト・フランス』が発行される。全体で 4 ページ、値段は 1.5 フラン、印刷部数は 2 万 6600 部であった。一面の見出しは「レンヌは熱狂とともに解放者を迎え入れる」、副題には「侵略者から解放されたブルターニュ」とある。見出しの左横にはドゴールの写真、紙面の真ん中にはアメリカ軍のトラックに駆け寄る群衆の写真が掲載されている。また、この日の夕方に発刊される新聞の告知もみられる。『デファンス・ド・ラ・フランス』（Défense de la France, 後の『フランス・ソワール』（France-Soir））である。後述するがこの新聞は創刊当初は『ウエスト・フランス』の施設で印刷された。

また、一面には「ついに解放された」(Enfin libres) と題する論説が掲載されている。「ようやく私たちは自由の身となった！ 4年の抑圧と束縛を経て、新たにフランス人である権利を、そう要求する権利をもつ」(Ouest-France, 7 août 1944)。これについては署名がないがポール・ユタンの筆によるものだろう (Delorme, 2004: 20; Benssousan, 2014: 167)。

『ウエスト・フランス』は占領下の『ルエスト・エクレール』とはまったく異なる新聞であった。1944年7月28日まで発行した『ルエスト・エクレール』は占領下では対独協力新聞そのものであった (Delbreil, 1982: 119)。ピエール・アルチュールはペタンを崇拝しており、ジャン・デ・コニェ (Jean des Cognets) もペタンに好意的であった。アンドレ・コシナル (André Cochinal) はジャック・ファヴィエール (Jacques Favières) という筆名で対独協力を打ち出す記事を書いた。ちなみにコシナルはかつてシヨンのメンバーで、『ローブ』(L'Aube) の編集長でもあった。解放後、ピエール・アルチュールとアンリ・ジャン (Henry Jan) の二人が逮捕された。アンリ・ジャンはドイツ軍による圧力の下、否応なく編集長を継続したこと、さらにフランス人兵士に様々な便宜を図ったことが示され放免となった。ピエール・アルチュールについていえば、国家安全侵害罪は免れたものの対独協力罪という判決が下された。ジャン・デ・コニェもジャック・コシナルも同様の罪に問われた。しかし、こうして対独協力に加担したと判断された幾人かを除けば、『ルエスト・エクレール』のジャーナリストたちはそのまま『ウエスト・フランス』で働くことになる。ユタンは彼らは「ナチスの圧政の下、最悪の精神状況で闘った」と判断した (Ouest-France, 18 septembre 1944) ★[13]。つまり、人員の観点からすれば、『ウエスト・フランス』と『ルエスト・エクレール』のメンバーは大部分が重なっており、ここに明白な連続性がある点は強調されなければならない。

　以上のように解放後、速やかに発行に至った『ウエスト・フランス』ではあるが、当初はさまざまな困難に直面する。それがいかなる困難であったのかを整理していきたい。

2・2　ライバル紙の存在（1）——国内レジスタンス組織との闘い

　『ウエスト・フランス』にとって第一の困難はライバル紙の存在であった。通常、ライバル紙があることは大した現象ではない。重要なのはこの困難が解放期に特有の事態から生じたことである。ポール・ユタンは「私が最初に到着

して、新聞を管理しなかったなら、他の者がそこに入っただろう」(*Ouest France*, 28 décembre 1959) という。ユタンがいわんとしているのは、解放直後は誰がどの新聞社を占拠するかが重要な問題であったということである。

　ギー・ドロルムの研究にしたがえば、FFI のメンバーで、共産党が指揮する FTP (Francs-Tireurs et Partisans：義勇遊撃隊) 西部の責任者であったミシュラン大佐は脅威を与える存在であった。FTP はブルターニュでレジスタンス運動を組織し、コート゠デュ゠ノール県だけで 1 万 3000 人もの隊員がいた。レンヌのあるイル゠エ゠ヴィレーヌ県はそれほどの数ではなかったとはいえ、FTP の運動は活発であった。しかし、共産党は地方における新聞社占拠について計画を立てていなかった。FTP で活動したメンバーの一人は次のように述べている。「私たちが犯した許しがたい過ちは、それが私たちの権利であり義務でさえあるかのごとく『ルエスト・エクレール』を占拠しなかったことである。何しろこの新聞は 4 年間、占領軍とペタンに熱烈に追随していたのだから」(Delorme, 2004: 38)。これは、レジスタンス組織にとって、対独協力新聞の社屋を占拠することが重要な活動の一つであったことを意味する。実際、各組織間で新聞社の占拠を競い合うことになった。その点で共産党は失敗したのである。

　『ルエスト・レクレール』は対独協力新聞であり、同時にブルターニュ地方の主要紙であったため、その社屋を狙うレジスタンス組織があることは、ポール・ユタンをはじめ多くのジャーナリストが理解していた。上記のように、『ウエスト・フランス』創刊号に発行の宣伝が掲載された『デファンス・ド・ラ・フランス』に対してさえ彼らは脅威を感じていた。1941 年 7 月 14 日に組織された「デファンス・ド・ラ・フランス」は、地下出版を行っており、1944 年 4 月の段階でブルターニュ地方での新聞発行を構想していた。「デファンス・ド・ラ・フランス」はパリよりも早くブルターニュが解放されるという予想を立てていたからである。「レンヌでは 1944 年 5 月、「デファンス・ド・ラ・フランス」の集団が『ルエスト・エクレール』の威厳ある建物の前を通る。「私たちがここに入ることになると思うか?」とメンバーの一人が尋ねる。すると他の一人は答える。「それ以外にあるか?」と」(Aron, 1975: 112)。

　事実、8 月 6 日に『デファンス・ド・ラ・フランス』はパリで発行されるまでの間、『ルエスト・エクレール』の設備と人員の利用許可を獲得する。これは 3 週間前に開かれた会議でアンリ・フレヴィルによって与えられたものである。会議は『ルエスト・エクレール』の編集次長であるウジェーヌ・パスキ

エ（Eugène Pasquier）の住居で行われた。そこにエミール・コシェも参加していた。ここで想起すべきは、フレヴィルが地方情報調査官という役職にあったということである。フレヴィルが出席し、『デファンス・ド・ラ・フランス』の調整を行う以上、『ウエスト・フランス』が擁護されるのは当然であった。もっとも、『デファンス・ド・ラ・フランス』を恐れたのは『ウエスト・フランス』のジャーナリストだけではない。たとえば、MRPの将来の指導者であるピエール・ド・シェヴィニェはその発刊を妨げ、『ウエスト・フランス』の地位を保持しようとした（Wieviorka, 1995: 357）。

　しかし、こうした『ウエスト・フランス』陣営の心配は杞憂に終わる。8月8日、『デファンス・ド・ラ・フランス』の創刊号に次のように記される。「苦痛と同様、名誉のなかで連帯をみせたレジスタンスの偉大なる声が上がるのはレンヌからである。数日後には私たちは、ついぞ解放される私たちが愛するパリに入るべくして、ここを離れることになるだろう」（*Défense de la France*, 8 août 1944）。9月15日、レンヌを離れる告知をし、同時に『ウエスト・フランス』に謝辞を送る。「私たちは同業者たる『ウエスト・フランス』の勇敢な幹部、編集部、従業員に礼を述べたい。彼らにはすばらしい技術と熟練した人員を自由に利用させていただくことになった。そのおかげであらゆる物質的な困難を乗り越えることができた」（*Défense de la France*, 15 septembre 1944）。

2・3　ライバル紙の存在（2）――『ラ・ヴォワ・ド・ルエスト』

　『デファンス・ド・ラ・フランス』がレンヌを去った直後、1944年9月19日、今度はカトリックのレジスタンス組織によって『ラ・ヴォワ・ド・ルエスト』（*La Voix de l'Ouest*）が創刊される。編集長には創刊者のジュール・シェリュエル神父（Jules Chéruel）が就く。彼はとりわけコート・デュ・ノール県でのレジスタンス運動を牽引した。とくにブルターニュ地方におけるCDLの設置に尽力し、解放後は特にブルターニュ地方の県知事や市長の任命という人事権に強い影響力をもった。

　『ラ・ヴォワ・ド・ルエスト』という名前からも察することができるように、この新聞は『ウエスト・フランス』をライバル紙として捉えていた。創刊号の論説に方針が語られる。

　　私たちは急進社会党的なわけではない。共産主義でもない。左翼的な共和

主義でも、右翼的な民主主義でもない。私たちはこうした最近までの不和に基づいて時代遅れのレッテルを貼られることを恐れている。〔…〕私たちの教義は、今日、同国人の大多数を団結させられるようなものである。ブルターニュ、ノルマンディ、アンジュー、メーヌ、赴くままに精神が息づくフランス西部のすべての地域において、文字どおりキリスト教の声が欠けている。私たちが聞かせて差し上げたいのはまさにその声である。

(*La Voix de l'Ouest*, 19 septembre 1944)

『ラ・ヴォワ・ド・ルエスト』は創刊年に3万2000部、1945年中頃には8万部に達し、『ウエスト・フランス』を脅かす新聞になった。

とはいえ『ラ・ヴォワ・ド・ルエスト』は衰退していく。その理由の一つはシェリュエル神父がレジスタンスの栄光があるとはいえ新聞経営に関しては素人で、財政的な困窮に追い込まれたことにある。彼は「当時、こうした冒険全体を通じて私はジャーナリストになるものだと思い込んでいた」（Lozac'h, 2013: 299-301）と回想している。もう一つは情報網の整備という点で『ウエスト・フランス』に敵わなかったことである。同紙は『ルエスト・エクレール』時代の特派員をそのままブルターニュ地方各地に配置することができた。1947年4月15日、『ラ・ヴォワ・ド・ルエスト』は廃刊を決定する。

こうしたカトリック系の新聞だけでなく、共産党による新聞もあった。1945年1月17日、共産党の週刊誌『ローブ・ヌーヴェル』（*L'Aube nouvelle*）のなかで、『ラヴニール・ド・ルエスト』（*L'Avenir de l'Ouest*）という名の新聞発行を情報省に申請したと発表する。『ウエスト・フランス』の関係者は、それが接収財産を利用して発行されることを憂慮した。つまり、対独協力新聞は、解放後に発行停止されると同時に、施設や設備などが接収されたのである。そして、その接収財産は新聞の創刊を目指す者に分配された。ブルターニュで発行停止処分を受けたのは、『ルエスト・エクレール』と『ヌーヴェリスト・ド・ブルターニュ』（*Nouvelliste de Bretagne*）であった。つまり、すでに『ウエスト・フランス』は『ルエスト・エクレール』の施設で発行しており、新たな組織の参入を嫌がった。

こうした状況で『ウエスト・フランス』の設立に大きく貢献したのは情報相である。当時、情報相の地位にあったのはピエール＝アンリ・ティジャンであった。1944年9月から1945年11月までの情報省を導いた彼とジャック・スーステル、そのいずれもが共産党の新聞発行を渋った。前者はMRP、後者

はドゴール派であり、共産党勢力を牽制する狙いがあった。1948年10月31日にようやく『ウエスト・マタン』(*Ouest-Matin*)という名の新聞が発行されるが、着想から創刊まで実に3年の月日を要したことになる。この出来事は、新聞の創刊には情報相が誰であるかが決定的に重要であったということを示す事例である。この点は『ウエスト・フランス』に有利な条件として働いた。

3 『ウエスト・フランス』社の設立

3・1 FNPCとの交渉――断絶の強調

　上述のように『ウエスト・フランス』は存続をかけて他紙と競う必要があった。しかし、創刊当初、ユタンらが直面した最大の困難は会社の設立であった。共和国監査官ヴィクトール・ル・ゴルジュー(Victor Le Gorgeu)、地方情報調査官アンリ・フレヴィル、プレス・ラジオ・映画に関する軍事使節団長ジャン＝フィリップ・ルペートル(Jean-Philippe Lepêtre)の許可はすでに下りていた。ただ、これはブルターニュでの話で、パリで交渉すべき相手がいたのである (Delorme, 2004: 44)。

　8月末、ポール・ユタンは解放されたパリに向かう。まずはエミリアン・アモリー(Émilien Amaury)に出会い、会社設立のための支持を取りつけようとする。ユタンが求めていたのは、FNPC (Fédération nationale de la presse clandestine：全国レジスタンス新聞連盟) の許可である。FNPCは比較的規模の大きいレジスタンス組織の代表者で構成されており、その一人がアモリーであった。FNPCは発行許可、建物や設備の利用許可を与える役割を果たしていた。しかし、会長アルベール・ベイエ (Albert Bayet) はユタンに対して激しい怒りを持っていた。ユタンが許可なく『ウエスト・フランス』を創刊したことが理由である。実をいうと、FNPC自体が『ルエスト・エクレール』の建物に入って新聞を創刊することを計画していたのである (Fréville, 1979: 124)。

　ユタンはベイエとは相容れなかったが、アモリーの支持を得ることはできた。アモリーは、若き日にはマルク・サンニエの秘書を務め、その後、キリスト教民主主義系の出版物 (『ラ・ジュヌ・レピュブリック』(*La Jeune république*)、『ル・プティ・デモクラット』(*Le Petit démocrate*)、『ラ・ヴィ・カトリック』(*La Vie catholique*)、『ローブ』(*L'Aube*)) の広告部門で働き、占領下ではOCM (Organisation civile et militaire：軍民統一戦線) の一

員としてレジスタンス運動に参加した。FNPC の創設メンバーでもあったアモリーは、ジャーナリズム界で影響力をもつクロード・ベランジェ（Claude Bellanger）を紹介するなどして、ユタンを支援した。その後、アモリーは『ウエスト・フランス』社の設立そのものにも貢献し、顧問としての任務を果たす。

　結論からいうと、ポール・ユタンは新聞社設立の許可を得てパリを後にする。ここでもアンリ・フレヴィルが調整役として巧く立ち回った。しかし、難しい問題が残った。問題とは、『ウエスト・フランス』に対して、同紙は結局のところ『ルエスト・エクレール』をデグレ・デュ・ルー家内で引き継いだのではないかという疑念が向けられたことである。とくに義理の兄弟の一人ポールが占領下で『ルエスト・エクレール』に残ったことで、親族に当たるユタンの責任が問われ兼ねない状況であった（Delorme, 2004: 44）。上述のように、実質的には『ウエスト・フランス』は『ルエスト・エクレール』を引き継いだも同然であるが、そのように見做されては新聞社の設立に支障が出る。フレヴィルの次の言葉はこうした背景を考慮して理解すべきであろう。

　　何よりも世間で次のような伝説が信憑性を得るのは避けるべきである。すなわち、新たな新聞はかつての新聞の焼き直しに過ぎないという伝説である。これは誤りである。〔…〕。ポール・ユタンは新しい新聞『ウエスト・フランス』を経営するのに適任であった。ドゴールの指令にも合致していた。〔…〕。ポール・ユタンは『ウエスト・フランス』を指揮した。1940年 6 月以来レジスタンス精神をみせ、レジスタンス組織の一員であったフランソワ・デグレ・デュ・ルー、レジスタンス運動のなかでフレヴィルと緊密な連携をとったエミール・コシェ、レジスタンスを担ったジャーナリスト集団、こうした者たちに恵まれた新聞である。
　　　　　　　　　　　　　　　　　（*Ouest-France*, 6 et 7 janvier 1945）

『ウエスト・フランス』はあくまで解放後に創刊された新聞であることを強調する必要があった。したがって同紙は過去と断絶していることを示し、レジスタンス神話のなかに自らを位置づけることが求められたのである。

3・2　『ルエスト・エクレール』との連続性（2）――理念の継承と伝統の保持
　こうして『ウエスト・フランス』の正当性が疑われることを思えば、その創刊を許可した 1944 年 8 月 6 日の地方プレス委員会がいかにして判断を下した

のかが問題になるはずである。フレヴィルによれば「人的要素の考慮」(intuitu personae) が大きく、ポール・ユタンが『ルエスト・エクレール』を継承するのに適任であるかを会議で検討することはしなかったという。より現実的な問題もあった。

> 国益の観点からして、新聞が遅れることなく創刊されることは不可欠であったし、ポール・ユタンを責任者とすることで、創刊を容易く進められるだけなく、人物としての保証があったし、本当の意味での民主主義的、社会的、キリスト教的伝統の永続性が約束されていたからである。
> （Fréville, 1979: 124）

このフレヴィルの言葉は、つまるところ、新聞の発行が許可されるか否かはきわめて彼自身の主観的な判断が入っていたことを意味する。また、ユタンは占領下で地下出版に携わったことはない。ユタンのレジスタンス運動の欠如は問われなかったのか。情報相ティジャンは 1945 年 3 月 9 日に次のように述べている。

> 多くの地域、多くの県に、発行停止処分を受けた新聞にとってかわるレジスタンス系の新聞はなかった。つまり、やむなくして、この種の地域や県――それがほとんどなのだが――ではレジスタンスの新聞に該当しない新聞に発行許可を与えた。すなわちレジスタンス活動を行うなかで獲得すべき資格をもたない集団にもその地域や県で新聞創刊の権利を与えざるをえなかった。
> （*Journal officiel*, 10 mars 1945）

つまり、情報相からすれば、レジスタンス組織の機関紙だけでは数が少なく、比較的柔軟なかたちで発行許可を与えるしかなかったのである。ここに発行許可が情報相や FNPC といったアクターの裁量に委ねられることになった所以があり、『ウエスト・フランス』は明らかにその恩恵に浴する立場にあった。とはいえ、同紙は、レジスタンス組織や FNPC との関係、『ルエスト・エクレール』の対独協力など解決すべき問題も抱えていた。そのために「断絶」が強調されたわけだが、それと同時に伝統に回帰していく姿もみられる。この点について簡潔に論じておきたい。

1944 年 9 月 18 日、ユタンは、論説を書き、創刊後初めて署名を入れる。

しかし「ポール・ユタン゠デグレ」と記した。これは『ルエスト・エクレール』の創刊者を意識した名前である。論説のなかで編集理念を語る。

> 私たちは『ウエスト・フランス』で挑む。〔…〕。私たちは、大げさになることなく、怯むことなく、夢想からも偏見からも、無分別からも因習からも等しく距離をとり、政治的なるもの、社会的なるもの、精神的なるものに共通する大文字の善をもつ共同体のなかで、人々の秩序の維持に尽くす。全体に利する部分と部分をけっして抑圧しない全体とを調和させることを望む。　　　　　　　　　　（*Ouest France*, 19 septembre 1944）

　編集理念の提示としては実に曖昧で抽象的な文章である。しかし、意味するところは難解ではない。端的にいって『ウエスト・フランス』をフランス再建の一助となる新聞にするということである。問題はこれがかなりの程度、キリスト教的な意味合いを帯びた言い回しになっていることであろう。ギー・ドロルムの指摘によれば、とくに最後の文章は、1891 年にレオ 13 世が出した回勅『レールム・ノヴァルム』（*Rerum novarum*）★14 を下敷きにしているという（Delorme, 2004: 47-48）★15。ここで刮目すべきは、1899 年にトロシュ神父とエマニュエル・デグレ・デュ・ルーが『ルエスト・エクレール』を創刊したとき、その目的として、ほかならぬレオ 13 世の教義、とくに社会正義に関する教義の普及を掲げたことである。すなわち、約半世紀を経て、今度はユタンが創刊者の姓を名乗りながら、レオ 13 世の回勅を引き合いに出していることになる。表向きには過去との断絶を強調しつつも、密かにカトリック的な社会正義を編集理念のなかに滑り込ませたのである。こうしてユタンは「伝統」を前景化させ、キリスト教民主主義の連続性をつくり出すことで、『ウエスト・フランス』の集合的アイデンティティを築こうとした。

3・3　困難の解決方法──株の分配と企業の組織化

　最後に『ウエスト・フランス』がいかにして創刊直後の困難を乗り越えようとしたのかについて述べておきたい。ここでいう困難は以下のように整理することができる。第一はレジスタンス運動への参加を事後的に作り出すことである。換言すれば『ウエスト・フランス』の創設（創刊）の物語のなかにいかにしてレジスタンス神話を挿入するかである。第二は国内レジスタンスの諸派との関係性の改善である。とくにベイエのようなジャーナリズム界の重鎮に対し

て組織的に対抗する必要があった。第三に『ルエスト・エクレール』との断絶を明言しながら、その伝統を継承することである。この点は『ウエスト・フランス』がカトリック民主主義という路線をとる以上、不可避の問題であった。

　1944年9月22日、ユタンはウエスト・フランス社（Société d'éditions Ouest-France）を設立する。資本金10万フランの有限会社である。資本金は1000フラン100株で構成された。問題は株式保有者の選択であるが、ユタンの妙はここにあった。まず、彼はレジスタンス運動で奮闘したキリスト教民主主義の諸集団を集結させた。マルク・サンニエの青年共和国、PDP、CFTC（Confédération française des travailleurs chrétiens：フランス・キリスト教労働者同盟）、ACJF（Association catholique de la jeunesse française：フランス・青年カトリック協会）、『スメーヌ・ソシアル』（Semaines sociales）の古参者で、かつレジスタンス運動に参加した者たちを集めた。

　一人目はジョルジュ・ビドーである。全国レジスタンス評議会の代表であったビドーは、かつてACJFの副代表、PDPの指導者を務め、1936年からはフランシスク・ゲイの主催するキリスト教民主主義系の新聞『ローブ』に寄稿していた。ビドーは、解放直後、シャンゼリゼ通りを凱旋するドゴールの脇にいた一人であり、臨時政府で外相を務めることになる。ユタンは9月3日、リヴォリ通り186番地でビドーと面会し、ウエスト・フランス社の株式所有を依頼する。そこは対独協力新聞の一つ『ジュ・スィ・パルトゥ』（Je suis partout）の本社があった場所で、MRPの創設もここで準備されていた。二人目は全国レジスタンス評議会の別のメンバー、ガストン・テッシエ Gaston Tessierである。1919年のCFTC創設に参加し、キリスト教系労組を代表する人物であった。また、シオンに近く、『ローブ』をゲイと共同創刊したことでも知られている。早い時期にレジスタンス運動に参加し、リベラシオン・ノール（レジスタンス組織）の創設者でもあった。3人目はキリスト教民主主義の指導的立場にあったフランシスク・ゲイ（Francisque Gay）である★16。ゲイもまたマルク・サンニエの弟子であり、とくにカトリック左翼の立場にあった。1924年に『ラ・ヴィ・カトリック』を、1932年に『ローブ』を創刊するなどジャーナリズムの世界でキリスト教民主主義を牽引していた。ドイツ占領下でも地下出版に特化してレジスタンス運動に参加した。上述のように解放後はFNPCで重要な役割を担った人物でもある。また、ゲイの紹介を経てアンリ・ボワッサール（Henri Boissard）、シャルル・フロリー（Charles Flory）、アルベール・ブランショワン（Albert Blanchoin）らも株主となった。

第 4 章　キリスト教民主主義とジャーナリズムに関する一考察

　次にユタンが重要視したのは地下出版の関係者である。既出のクロード・ベランジェにくわえて、『リベラシオン・ソワール』（Libération-Soir）の創刊者ポール・ヴェルネイラ（Paul Verneyras）、『カルフール』（Carrefour）の編集次長で、マルク・サンニエの息子、ジャン・サンニエがいた。こうした面々はアモリー（もちろんアモリーも株式保有者であった）に近いメンバーでもあり、FNPC の関係者であった。
　さらに臨時政府に近い者にも株式保有の提案があった。まずはピエール＝アンリ・ティジャンである。父親のアンリが『ルエスト・エクレール』の編集長を務めていた縁もあって、ピエール＝アンリの出生届にはエマニュエル・デグレ・デュ・ルーが連署している。さらにアンリが収容されている間、残された妻の面倒もみた。ピエール＝アンリからすればユタンには深い恩義を感じており、株式の保有を断るはずがなかった。その他、政治家のモーリス・シューマンも挙げることができる。シューマンもかつてから『ラ・ヴィ・カトリック』、『ローブ』、『ジューヌ・レピュブリック』に協力しており、他の株主保有者と多くの共通点があった。
　また、レジスタンス運動の参加者と関連して、フランス西部の CDL のメンバーも集結させた。CFTC ブルターニュ支部の創設者であったレオン・グリモー（Léon Grimault）、レンヌの印刷業者ピエール・ベクドリエーヴル（Pierre-Becdelièvre）、カンペールの書店員アドルフ・ル・ゴアジウー（Adolphe Le Goaziou）らがいた。その他、『ルエスト・エクレール』の労働者で 1940 年 6 月の休戦協定時から自由フランス軍に従軍した者も株式保有者となった。なお、エミール・コシェやポール・ベギエなどジャーナリストは除外された（Delorme, 2004: 48-53）★17。
　株主保有者の面々は基本的にレジスタンス運動の関係者であり、『ウエスト・フランス』にリストを掲載したのは、レジスタンス運動への賛辞であった（Delorme, 2004: 53）。ユタンはこうした構成員を揃えることで、同紙をレジスタンス運動と関わりの深い新聞へと変えることを試みた。しかし、ユタンの狙いはそれだけではなかった。同時に『ルエスト・エクレール』時代のキリスト教民主主義的な伝統を呼び戻し、さらには地下出版の関係者をも取り込み、ジャーナリズム界で『ウエスト・フランス』が優遇措置を受けられるような条件を整えることを目指したのである。つまり、ユタンは上記の困難を一挙に解決させる一つの方法として株式分配を利用したのであった。

おわりに

　以上、『ウエスト・フランス』が創刊された過程について考察してきた。その意義は「はじめに」で述べたとおりである。一言でいえば、フランスの世論形成に大きな影響を与えている同紙が、いかなる変容を遂げて今日のような姿になったのかを考察できるだけの基盤を整備することである。つまりこうした作業を重ねて同紙の歴史を分析すれば、有力なキリスト教民主主義政党がないフランスにおいてカトリック系の新聞が読まれることの意味を部分的には理解し得るかもしれない（Gauchet, 1998）★18。同紙の研究はこうした可能性を持つものとして、一先ずはその創刊過程に立ち返ることを課題とした。

　とくに重要な論点は『ウエスト・フランス』が『ルエスト・エクレール』から何を継承し、何を切り離そうとしたのかという問題、すなわち連続と断絶の問題で、次の三点に要約することができる。第一に両者は人員や設備といった観点からすれば重なっており、そこに連続性を見出すことができるということである。これは単なる物理的な問題にとどまらない。『ルエスト・エクレール』が対独協力新聞であった以上、本来なら人員も大きく変えるのが望ましかったはずである。なかでもレジスタンス運動の英雄たちで構成された組織による新聞が理想的であっただろう。つまり、第二は『ウエスト・フランス』がこうしたレジスタンスの関係者を取り込むことで、過去との断絶をつくり出したことである。そして第三は同紙が『ルエスト・エクレール』時代からのキリスト教民主主義の伝統を取り込んだことで、過去との連続性が暗示されたことである。その重要な根拠は『ウエスト・フランス』の創刊者であるポール・ユタンが、『ルエスト・エクレール』の創刊者の姓を名乗りながら、『レールム・ノヴァルム』に着想を得た論説を発表したことにあった。

　こうした『ウエスト・フランス』の連続と断絶の問題は、新聞社設置に際する株式保有者の選択のうちにその解決策が見出されたと考えられる。同紙の研究に先鞭をつけたドロルムは、株式保有者の最たる特徴は何よりも彼らがレジスタンス関係者であったことを強調している。たしかに本格的にレジスタンス運動を行なったわけではないユタンにとって、『ウエスト・フランス』の歴史にいかにしてレジスタンス神話を挿入させるかは喫緊の課題であった。しかし、株式保有者の構成はユタンが他の目論見も持っていたことを示しているのではないだろうか。

第 4 章　キリスト教民主主義とジャーナリズムに関する一考察

　ジャーナリズム史的観点からすると、解放期、とりわけ『ウエスト・フランス』の創刊時に問題となったのは『ルエスト・エクレール』の処遇のはずである。処遇というのは一言でいえば「粛清」（épuration）である（Fréville, 1979: 127-173）。つまり、先に言及したように、対独協力に加担した新聞社の財産を接収し、分配するという政策がこの時期にしてすでに実行に移されつつあった。『ルエスト・エクレール』の財産が接収されるのは当然だとして、分配に当たってそれが『ウエスト・フランス』に充てられるかは未確定であった。それゆえ、政府、FNPC、国内レジスタンス勢力の主要人物と関係を深めておく必要性が生じたのである。この文脈で株式保有者全体の性質を理解すべきであろう。さらにいうと、株式保有者の多くがキリスト教民主主義の信奉者で、MRP の関係者であることに留意したい。というのも、そうである以上、ジャーナリズム界の重要人物には多くの MRP 関係者を含んでいることになるからである。これを敷衍すれば MRP は解放後の新聞改革に大きな影響を及ぼしたという仮説を立てることもできるだろう。こうした問いについてはまた改めて考察することにしたい。

付記　本稿は、科学研究費補助金若手研究（B）（課題番号：15K21482）および 2016 年度南山大学パッヘ奨励金 I-A-2 の助成による研究成果の一部である。

注

★1　「万人のための結婚」法に対する各種メディアの反応については浅野（2014）を参照。

★2　マーストリヒト条約批准については『ウエスト・フランス』の貢献が大きいとフランソワ＝レジス・ユタンが述べている（Hutin, 1999: 15）。

★3　http://leplus.nouvelobs.com/contribution/765145-mariage-homo-et-pqr-comment-ouest-france-et-les-autres-influencent-l-opinion.html　この記事の筆者オリヴィエ・モーレザン（Olivier Mauraisin）は次のように指摘する。『ウエスト・フランス』を統括する SIPA-Ouest-France 社の株は 1990 年に創設されたアソシアシオン（Association pour le soutien des principes de la démocratie humaniste）が所有しており、そのため編集方針にはこのアソシアシオンの意向が色濃く反映されることになる。

★4　地方紙の歴史全般については Martin（2002）を参照。

★5　MRP およびキリスト教民主主義政党の衰退については土倉（2013）を参照。

★6　その他、近代ヨーロッパとカトリックの関係については中野・前田・渡邊・尾崎（2016）を参照。

★7　この点、かならずしも『ウエスト・フランス』を対象とした研究ではないが、同紙も含めてブルターニュ地方のジャーナリズム史の研究を進めているイヴ・ギヨーマの先行

研究（Guillauma, 2003, 2005）が参考になる。
★8 『ルエスト・エクレール』については Lagrée, Harismendy et Denis（2000）を参照。
★9 二人の結婚については『ルエスト・エクレール』にも掲載されている（*L'Ouest-Eclair*, 25 novembre 1926）。
★10 こうしたレジスタンス運動の組織化については、渡辺（1994）および Muracciole（2004）を参照。
★11 解放期における新聞の法整備については中村（2014）を参照。
★12 1931年の春、ピエール・アルチュールは、特別多数決阻止比率の維持のために、ユタンに『ルエスト・エクレール』の発行元の株を購入することを提案し、ユタンは他の兄弟と購入した。『ルエスト・エクレール』の創刊者の一人であるフェリックス・トロシュ神父からの攻撃に備えるためであった（Delormes, 2000: 251）。
★13 フレヴィルも『ルエスト・エクレール』の対独協力者の処遇に関して詳細を伝えている（Fréville, 1979: 127-173）。
★14 『レールム・ノヴァルム』の全文についてはレオ13世教皇回勅（1991）を参照。
★15 ドロルムは、ユタンの論説と『レールム・ノヴァルム』の類似について最後の文章のみを指摘するにとどめているが、論説全体にその傾向があるように思われる。この点は詳細な検討が必要である。
★16 フランシスク・ゲイはジャーナリズム界とキリスト教民主主義をつなぐ役割を果たした重要な人物であるように思われる。この点については Mayeur（1966）および Cadiot（2006）を参照。
★17 創刊時の株主に関するリストは『ウエスト・フランス』に掲載された（*Ouest-France*, 14 et 15 octobre 1944）。
★18 とくにここで念頭に置いているのはマルセル・ゴーシェのいう「宗教の私事化」あるいは「宗教からの脱出」という観点である。これについては同書訳者による「訳者解説I──ライシテとは何か」を参照。さらに、ゴーシェのライシテ論については丸岡（2012）を参照。。

参考文献
浅野素女『同性婚、あなたは賛成？反対？──フランスのメディアから考える』パド・ウィメンズ・オフィス、2014年。
伊達聖伸「「2つのフランスの争い」のなかの社会的カトリシズム──マルク・サンニエ「シヨン」の軌跡1894～1910」『上智ヨーロッパ研究』、2013年、24-42頁。
土倉莞爾「冷戦から冷戦後へのフランス・キリスト民主主義」『関西大学法学論集』第62巻、第6号、2013年、2201-2252頁。
中野智世・前田更子・渡邊千秋・尾崎修治『近代ヨーロッパとキリスト教──カトリシズムの社会史』勁草書房、2016年。
中村督「戦後フランスにおける情報秩序の再構築に関する予備考察（1）──「カイエ・ブルー」に着目して」『南山大学ヨーロッパ研究センター報』南山大学ヨーロッパ研究センター、第20号、2014年、35-50頁。

中山洋平「例外としてのフランス：なぜキリスト教民主主義政党は根付かなかったのか――世紀末の組織化の挫折と媒体構造の形成」『年報政治学』日本政治学会、2001 年、33-51 頁。

─────「MRP（人民共和運動）の青年・学生グループの軌跡」田口晃・土倉莞爾編『キリスト教民主主義と西ヨーロッパ政治』木鐸社、2008 年、45-77 頁。

丸岡高弘「マルセル・ゴーシェの《ライシテ》論」『南山大学ヨーロッパ研究センター報』南山大学ヨーロッパ研究センター、第 19 号、2012 年、39-61 頁。

レオ 13 世教皇回勅「レールム・ノヴァルム」（岳野慶作訳）、中央出版社編『教会の社会教書』中央出版社、1991 年。

渡辺和行『ナチ占領下のフランス――沈黙・抵抗・協力』講談社選書メチエ、1994 年。

Aron, Robert, *Histoire de l'épuration, volume II. Le monde de la presse, des arts, des lettres. 1944-1953*, Paris, Fayard, 1975.

Benssousan, David, « La naissance d'*Ouest-France* », *Parlement [s]*, 2014/2, n° HS 10, pp. 165-170.

Cadiot, Jean-Michel, *Francisque Gay, 1885-1963*, Paris, Éditions Salvator, 2006.

de Gaulle, Charles, *Mémoire de guerre III. Le salut 1944-1946*, Paris, Plon, 1959（ドゴール、シャルル『ドゴール大戦回想録 5』村上光彦・山崎庸一郎訳、みすず書房、1996 年）.

Delbreil, Jean-Claude, « Les démocrates populaires. Vichy et la Résistance. 1940-1942 », *Églises et chrétiens dans la 2e guerre mondiale*, Presses universitaires de Lyon, 1982.

Delorme, Guy, *L'abbé Félix Trochu*, Rennes, Éditions Apogée, 2000.

─────, *Ouest France. Histoire du premier quotidien français*, Rennes, Éditions Apogée, 2004.

─────, *François-Régis Hutin. Le dernier empereur d'*Ouest France, Rennes, Éditions Apogée, 2009.

Fréville, Henri, *La presse bretonne dans la tourmente 1940-1946*, Paris, Plon, 1979.

Gauchet, Marcel, *La religion dans la démocratie. Parcours de la laïcité*, Paris, Gallimard, 1998（ゴーシェ、マルセル『民主主義と宗教』伊達聖伸・藤田尚志訳、トランスビュー、2010 年）.

Guillauma, Yves, « Un projet de quotidien communiste en Bretagne à la Libération », *Mémoires de la Société d'histoire et d'archéologie de Bretagne*, tome LXXXI, 2003, pp. 97-120.

─────, « La presse catholique au XXe siècle », Bruno Duriez et al. (dir.), *Les catholiques dans la République. 1905-2005*, Paris, Éditions de l'Atelier, 2005, pp. 177-185.

Hisard, Claude, *Histoire de la spoliation de la presse française*, Paris, La Librairie française, 1955.

Hutin, François-Régis, « La ligne éditoriale d'*Ouest-France* : information et engagement éthique », *Les cahiers du journalisme*, n° 6, 1999, pp. 14-16.

————, « Le journal *Ouest-France* ou les voies de l'indépendance », *Commentaire*, n° 10, 2005, pp. 453-456.

Lagrée, Michel, Patrick Harismendy et Michel Denis, L'Ouest-Éclaire. *Naissance et essor d'un grand quotidien régional. 1899-1933*, Rennes, Presses universitaires de Rennes, 2000.

Lozac'h, Alain, *Visages de la Résistance bretonne*, Spézet, Coop Breizh, 2013.

Marin, Jean, *Petit Bois pur un grand feu. Mémoires*, Paris, Fayard, 1994.

Martin, Marc, *La presse régionale. Des affiches aux grands quotidiens*, Paris, Fayard, 2002.

Mayeur, Françoise, L'Aube. *Étude d'un journal d'opinion (1932-1940)*, Paris, Armand Colin, 1966.

Muracciole, Jean-François, *Histoire de la résistance en France*, Paris, Presses universitaires de France, 2004.

Wieviorka, Olivier, *Une certaine idée de la Résistance. Défense de la France*, Paris, Seuil, 1995.

ライシテと学校

第5章
公立学校の日常と「学校におけるライシテ」

小林 純子

はじめに

　フランスの公立学校が抱える問題の一つに、子どもの学業離脱がある。離脱の形式はさまざまで、学校に来なくなるケースや、学校に来ても教育活動には参加しないなどのケースがあり、その多くは経済的な困窮や生活環境の悪化といった家庭の困難から、学校生活のリズムについていけなくなる学業上の困難へと連なるプロセスを経る(園山、2016)。公立学校と私立学校の間のみならず、公立学校の間でも各学校が競争関係におかれるような制度が形成され、そこに教育市場が成立し、学校間の格差はますます広がっている（園山、2012）。社会的、民族的不平等に関連した空間的な分離が都市部で進んでいると同時に、学区制を回避して経済的、社会的背景の類似した子どもの集団を選ぶ親の実践によって、公立学校に通う子どもの集団の社会的特徴は学校の位置する地理的空間に応じて均質化している（Poupeau, François, 2008）。優先教育地区(ZEP)[1]に代表される困難が集中する地域と、パリ市内の富裕層居住区域とでは、公立学校に通う子どもの集団は社会的にも文化的にも同じではない。郊外の困難校に配属されるのは、まずもって経験の乏しい若い教師である(Truong, 2015)。だが、こうした公立学校の日常に存在するさまざまな困難がかすむほどに、「学校におけるライシテ」の議論は近年勢いを増している。

　学校のライシテをめぐる議論は、1980年代前半は私立学校への公的財政援助の正当性を争点としていたが、1980年代後半からは宗教的標章の問題にとってかわられるようになった。そこではとりわけ「スカーフ」がターゲットにされた。ライシテの運用は次第に変容し、「ライシテ原則の適用にともなう公立小学校、公立中学校、公立高校における宗教的帰属を明示する標章ならびに

服装の着用に関する 2004 年 3 月 15 日の法律」(以下、「2004 年法」)では、ライシテは「公立の小学校、中学校、高等学校で生徒がこれ見よがしに宗教的な帰属を示すような標章や服装を身につけること」を禁ずる、いわば命令や禁止の「審級」となった (Baubérot et al., 2016：117)。このようなライシテの運用の変化をライシテの厳格化ととらえるならば、厳格化したライシテの下でのライックな (非宗教的な) 学校とは、共同体や宗教に譲歩しない、すべての生徒に同じ規則や規律を課す不寛容な機関と理解されるであろう。

　2004 年法は、スカーフを着用して教室に入ることを認めなかった中学校の対応に始まる論争に、「法的決着をつけようとするものであった」(内藤・阪口、2007：32、108-121)。しかし 2004 年法によって学校は問題のない環境を取り戻し、教師は生徒に教えやすくなっただろうか。否、多くの学校は困惑しているといった方が正確であろう。後述するように、2004 年法はむしろ教師や教育関係者を難しい状況に追いやっている。だが、ライシテの厳格化による混乱や困惑を、フランスの学校が「スカーフの拒否」によって自ら招いた罪であり、自業自得の報いであるとして学校を糾弾しても、さまざまな文化的、社会的出自の子どもが通うフランスの公立学校のおかれた状況や、困難校に配属される経験の浅い若い教師の直面する困難、子どもが直面する困難に向き合うことにはつながらない。学校は「教育共同体」としてさまざまな個別の教師や教育スタッフから成り立っており、学校に通う生徒もまた、教師や学校と個別にさまざまな関係を築いている。こうした公立学校の日常は一般には見えにくく、その日常に関与している人や日常を経験している人でなければ分からないことも多い。だとすれば、「ライシテ」や「共和国」のあり方の見直しは、これらの「価値」に問いを投げかける生徒、親、教師のおかれた環境を理解することから始まるはずである。では、「学校におけるライシテ」をどのように論じることが、こうした環境を理解することにつながるだろうか。

　本論ではフランスの公立学校が学校の外部から、あるいは教育行政上のヒエラルキーの中で「ライシテ」をめぐってどのような影響を受けるのか、「2004 年法」や「スカーフ論争」が学校の内部でいかに経験されたのかに注目しつつ、2015 年のシャルリ・エブド襲撃事件以降のフランスの学校教育政策を概観し、今日的な文脈における「学校におけるライシテ」を考察する。

第 5 章　公立学校の日常と「学校におけるライシテ」

1　「2004 年法」は学校に何をもたらしたか

　歴史学者、社会学者のジャン・ボベロによれば、フランスにおける脱宗教性の原理「ライシテ」の実現は、いくつかの段階を経てきた（ボベロ、2009）。聖職者の公務員化や公認宗教制が整備されたフランス革命期は脱宗教化の第一段階とされ、ここにはまだ「宗教の『社会的有用性』」が認められる（ボベロ、2009：45）。19 世紀初頭から 20 世紀初頭にかけては、さまざまな領域におけるカトリック教会の勢力の復活を望む勢力と、近代的な「革命の娘」としてのフランスを求めて教会の影響力を排除しようとする勢力とが拮抗する「二つのフランス」の時代であったが、公教育の脱宗教化から 1905 年に政教分離法が成立するまでの脱宗教化の第二段階において、宗教と公権力は制度上の分離を果たし、宗教が制度的に社会的正当性を持たなくなる。また公認宗教はなくなり、宗教は私的な権利として認められるようになった。ここにライシテは確立したとされるが、それ以降の第三段階では、さまざまな宗教の要求や多元主義が出現し、ライシテは再定義を迫られているという。

　本書第 2 章で見たとおり、本来「公的な空間を脱宗教化することで私的な領域での信仰の自由を保証する」原理であるはずのライシテは、20 世紀の終わり頃から「国民の行動を規制し、内面を律する倫理」となっていく。「学校におけるライシテ」の枠組みは、服装やアクセサリーの「これ見よがしな」性格に関する議論を開いた 1980 年代後半以降、学校や公務員に対する中立性の義務ではなく、次第に生徒やその親に対して中立性の義務を課すようになり、「2004 年法」によってさらに変容した（Baubérot et al., 2016: 115）。そこでは生徒が身につけている服装や標章そのものがこれ見よがしであるかどうかというよりも、服装や標章によって宗教的帰属をこれ見よがしに表明しようとする生徒の意図が問題視されているためである。

　このように 2004 年法は、公立の学校における生徒の服装や標章に関する命令あるいは禁止を規定していることから、一見すると学校の運営を円滑にしたように見える。だが、ボベロと学校教師のグループは、2004 年法は、学校におけるさまざまな衝突を和らげるどころか、むしろ新たな対立や緊張を生み、学校の教師を極めて難しい状況に追いやっているとしている（Baubérot et al., 2016）★2。例えば、国民教育省による 2004 年法の施行通達では、スカーフやキッパ、サイズの大きすぎる十字架を身につけることは、直ちにその行為

者の宗教的帰属を認識することにつながるという理由で禁止されている[★3]。同時に、控えめな宗教的標章は許可されているが、むろんどの範囲までが「控えめ」で、どのような大きさが「これ見よがし」なのかは定義されていない。また法は、「法の回避を図る新しい標章や試みにも対応している」としており、このことは標章の種類や大きさについてさまざまな解釈を生むことにつながっている。これに関連してボベロと学校教師のグループは、学校によってはヘアバンドやバンダナ、ボネ（縁なし帽）を疑問視したり、長さをチェックしたりするような実践があらわれていることを挙げつつ「すべての公立の小学校、中学校、高等学校に適用される」はずの法が、実際にはそれぞれの学校ごとに、あるいは同じ学校の内部でも不均質に適用されており、法の目的が損なわれているというパラドックスを指摘している（Baubérot et al., 2016: 121）。

　ボベロと教師らのグループは、ライシテが対立や緊張を生む原因となったいくつかのケースを紹介している。その中に、パリ郊外の普通・技術教育高校に、ある女子生徒が大きな黒いドレスを着用して登校したところ、教室に入ることを許可されなかったという例がある。頭には何もかぶっておらずそれは宗教的な標章というよりは彼女が父親の死に際して着用することを望んだ喪服であった。このケースでは、校長、生徒指導主任（CPE）[★4]が生徒と面談を重ね、同じ服に花の模様を入れるという提案がなされたが、生徒にとって喪服は黒でなければ意味がなかった。教師らのグループが生徒のためにとりなしを試みたが、生徒の黒いドレスが2004年法に抵触するおそれがあるとみなす校長の立場は変わらず、生徒は高校を去ることを決めた。高校の教師らが授業の内容を送付し準備に付き添うことで支援を行い、生徒は通信教育でバカロレアに備えることになった。同校ではのちにこのような服装が、ベストや上着を加えることで受け入れられるようになった（Baubérot et al., 2016：25-26）。

　ボベロと教師らのグループが取り上げている二つ目の事例は、サン・ドニの優先教育地区の中学校で13年間教えてきたある教師が一度だけ出会ったというライシテをめぐる問題である。それは聖書の一節を学びコーランと比較し、「宗教を超えてこれらのテキストに影響を与えたものを考える」というフランス語の授業で起きた。中学1年生の無神論者の男子生徒が、ライックな中学校で聖書を教えられることを問題視して授業を免除してほしいと申し出る。教師はその場で、最初の授業で説明した「なぜこのようなテーマがライックな中学校で取り上げられるか」を喚起し、クラスメイトとともに議論を試みるが、男子生徒は排除された方がまだマシだとして授業を去ってしまう。その夜、父

親との面談で、父親もまた授業を問題視していたことが判明するが、説明を試みた結果、公立中学校では宗教教育の授業はなく文化的観点からの宗教的テキストの分析はありうるということを納得してもらうことができた（Baubérot et al., 2016: 23-25）。

　2004年法の施行通達は、生徒が宗教的信条を理由に教育内容に反対する権利がないことを明記しており、自らの信仰に属さないものが歴史的、宗教的事実を紹介する権利に生徒が抵抗することを許容していない。このことから、教師にとって授業運営は容易になったかに見える。だが実際には上述の例に見られる通り、「学校におけるライシテ」が生徒や親、教師に引き起こすものは、宗教と教育の関係、学校教育とライシテの関係を意識化することであり、それはさまざまな解釈や、時には誤解によって、教師の実践をむしろ難しいものにしている。このことは、ボベロと教師らのグループが取り上げる三つ目の事例からもうかがい知ることができる。

　このケースでは、地理歴史の教師と美術の教師が企画した、歴史建造物を訪問する中学校2年生のための授業において、2名の生徒が中世のイコノグラフィーに関する講演が行われるバジリカの中に入ることを拒んだ。かれらの親から課外活動の許可を得ていた教師が生徒に話を聞いてみると、その理由は自分たちの宗教的信条は教会に入ることを禁じており、両親もバジリカが宗教的な施設であるということを知らなかったために許可を出したというものであった。ところが偶然バジリカから出てきたスカーフをかぶった「おばあさん」が内部の美しさを語り興味を引いたことで二人の生徒は中に入ってみることに決めた。その夜、二人の親に連絡を取った教師は、かれらがバジリカを一種の教会と理解していなかったが、子どもがそのプロジェクトに参加することにはまったく反対していなかったことを確かめた（Baubérot et al., 2016: 26-28 ）。

　以上の三つの事例は、2004年法が必ずしも学校現場の対立や緊張をしずめたとは言えないことを示している。それと同時に、学校におけるライシテをめぐる対立や緊張は、日常的には宗教的な標章に関わるものに限らないことに気がつく。このように、ライシテと公立学校をめぐる問題は「スカーフ」着用の是非に還元されるものではない。だが、論争の的となってきたのはとりわけスカーフであった。2004年法成立の経緯を明らかにした山元によれば、法の成立前までは、スカーフを着用して公立学校に通う生徒は1500人ほどで、その数に著しい増加はなかった。にもかかわらず、2003年にスカーフ論争が再燃した政治的社会的背景として、山元は2001年アメリカにおける同時多発テロ

と 2002 年フランス大統領選挙を挙げている（内藤・阪口、2007：114-115）。またスカーフ論争の背景を女性抑圧言説の分析から考察した森によれば、スカーフ論争が再燃した 2003 年に、スカーフ着用をめぐる生徒と教師のトラブルは減少していたにもかかわらず、スカーフやバンダナを取ることを拒否した生徒と、それに教師が抗議するという構図の幾つかのトラブルをメディアが大々的に扱い、その報道は加熱していった（内藤・阪口、2007：158-159）。

　論争の広がりにおいてメディア空間の果たす役割の大きさについては、ボベロと教師らのグループも指摘している。かれらによると、2004 年法を批判する多くのアソシエーション★5 や知識人らは、法の施行による「中等教育機関の 100 名近い女子たちの排除ないし自己排除について口を閉ざしていることを強調している」（Baubérot et al., 2016: 120）。しかし学校離脱は正確にはそれほど多くなく、そのことについて「真面目に検証している調査」がないため、このような言説はメディア空間をまたぐと信憑性の低いものになってしまうという。こうした指摘を振り返るとき、論争がどのように形成されていくのかを明らかにする視点が重要性を帯びてくる。そこで次節では、スカーフが問題化されたクレイユの中学校での出来事を振り返って考察を試みる。

2　クレイユの中学校と1989年の論争

　2004 年法の成立に至るまでのスカーフ論争や、それ以降も続いているスカーフ論争が、1989 年のクレイユの 3 名の女子中学生をめぐる学校の対応が問題視されたことに端を発することはよく知られている。

　当該中学校の地理歴史の教師カルドソ氏は、1989 年の夏休みが明けた新学期、二人の女子生徒が授業への出席を拒むようになり（これは授業中のスカーフ着用の要求が認められないためと考えられる）、うち一人を 10 月 9 日まで見かけなかったと述べている（Cardoso, 1990）。いっぽう当該中学校の元教師で、クレイユの別の中学校の地理歴史の教師モネ氏によると、3 人の女子中学生がスカーフ着用を主張するようになったのは 1989 年の春で、教室でスカーフを取ることを拒むようになった（Monnet, 1990）★6。そこで校長が廊下や校庭、図書室など学校でスカーフを着用することは認め、授業中はスカーフを取るという妥協案を提示した。

　ロシュフォールによれば、生徒からの授業時間中のスカーフ着用の要求は決して新しいものではないが、これまで教師や学校管理者にとっての問題が学校

の領域を出ることはなかった（Rochefort, 2002）。だがクレイユの中学校での出来事は次第にメディア化されていった。その過程において、これまで「経験的に可視化されていたが社会的に見えなかった」（Baubérot, 1996）★7スカーフは「イスラムのスカーフ」となり、象徴的な意味を帯びて社会的に可視化されるようになる。当時スカーフの着用を主張した中学生とその親、当該中学校の校長を取材したテレビ局「アンテンヌ2」（現在のFrance 2）による10月5日の午後8時のニュースは、二人の中学生は「中学校から排除されてはいないが、スカーフを着用している限り授業への出席は認められない」と報じている★8。いっぽう地方紙『ル・クリエ・ドゥ・ロワーズ』（*Le Courrier de l'Oise*）は、1989年10月3日の記事で「3人は教室でスカーフを着用したために9月18日から懲罰の対象となっている」と報じている。当時の校長へのインタビューが引用され、その対応が批判されている★9。

クレイユの中学校ではその後10月7日に3人の女子生徒の親を交えた対話の機会がもたれ、教室の外ではスカーフを着用できるが、教室内ではスカーフを肩に落とすという妥協案に達した。だが、10月10日には3人の女子生徒は教室でスカーフを取ることを再び拒む。カルドソ氏はこの妥協案に戸惑いを隠さない。それは、これまで特に注意も引かず「気にされてこなかった」スカーフが、スカーフそのものに宗教的な要素がないにもかかわらず、ここにきて学校で「やっかいなもの」として扱われるようになっているためである（Cardoso, 1990）。授業に出られないため、3人は図書室で過ごしていたが（Rochefort, 2002）、カルドソ氏によれば、12月2日に二人の生徒が妥協案を受け入れた。また3人目の生徒は年明け1月26日に授業への出席を再開した★10。

公立学校での宗教的、政治的帰属の表明を禁ずる校長の決定を最初に非難したのは、アソシエーションや保護者団体、人権団体、反人種主義団体などであったとされる（Rochefort, 2002）。だがボベロは、人権団体の「人権同盟」（la Ligue des Droits de l'homme）、反人種差別団体「SOSラシスム」や「反人種差別運動」（MRAP）はいずれもライシテに好意的な団体であり、かれらの批判はライシテに向けられたものではなく、「スカーフを着用する限り授業への参加を認めないという決定が、すべての子どもを受け入れるはずの公立学校の任務に反している」ことに向けられたものであったと述べている（Baubérot, 1996）。かれらの主張は、人種差別に反対し、移民たちを守るということにあった。スカーフ論争ではライックな学校を守るため、その規則に異議を申し立てるものに対しては禁止も許容されるという「厳格な」ライシテ

の立場と、生徒の排除にあくまで反対し、時間をかけてかれらを統合するためには、スカーフの許容も必要であるとする「寛容な」ライシテの立場の二つが対立しているように見えるが、ボベロによれば、この二つの立場は、「スカーフなき学校」を理想とし、いずれもライシテの価値を認めている点で一致している。したがって、クレイユの中学校の対応から始まった論争の帰結は、ライシテを再び正当化したということであった。ボベロはこの論争が、「ライシテや共和国の価値と言われるものの社会的適合性」に対する問いを覆い隠してしまっているとする。

これ以降、学校におけるスカーフ問題は、2004年法が成立するまで、「生徒の宗教の自由を尊重する見地からいって、学校内において宗教シンボルを着用することはライシテ原則と両立することができる」としたコンセイユ・デタの見解に沿って解決されてきた（内藤・阪口、2007：113）。それでもコンセイユ・デタの見解を守らず生徒を排除しようとする学校があることから、ライシテの原則が守られず対立や緊張を生じさせていた（Baubérot et al., 2016: 113）。例えば、1996年に体育の授業でスカーフを取ることを拒み授業を欠席していた高校生に対し、判事は学校による懲罰を無効としている（Baubérot et al., 2016: 113）。それゆえ、こうしたケースにおいては学校側の対応にも大きな課題が残されていたはずである。しかし同時に、コンセイユ・デタの見解そのものは法律ではなく、結局は学校の校長に解決を委ねていることから、「統一的処理を不可能にするもの」、「重い負担を校長に課すもの」として批判もあった（内藤・阪口、2007：113）。その後スタジ委員会★[11]を経て2004年法が成立した経緯は周知の通りである。

それにしても、学校におけるライシテをめぐってスカーフだけが繰り返し論争の対象となるのは何故か。うわさの社会学的研究に、エドガール・モランの『オルレアンのうわさ』がある（モラン、1980）。1969年5月、試着室に入った若い女性が薬物を打たれて誘拐グループにさらわれるという話がオルレアンに広まった。だが実際に行方不明者になったものはいなかった。うわさを通じてこのような神話がオルレアンの多くの人々に信じ込まれるようになった現象がモランらの調査対象となった。うわさの対象となった店はすべてユダヤ人に経営されており、新聞やビラで報じられたこともないことが口から口へと広まった。モランと調査グループは、うわさの最初の段階では、神話は政治的な意図を込めた反ユダヤ主義のための作り話という性格はもっておらず、思春期の少女や若い女性の間で試着室での誘拐という妄想めいた想像で、反ユダヤ的性

格は潜在的なものにとどまっていたこと、うわさの広がりの過程で反ユダヤ的性格をあらわにしていき、この段階において新聞やさまざまな公式文書が人種差別に抗議し、今度はそこに「陰謀」の考えが付け加わり、いわば「対抗神話」としての性格を帯びたことから、逆に対抗神話こそが神話であるという反応を生み、うわさと闘う組織を疑わしいものにしてしまうことを明らかにした。無論、スカーフ論争はうわさで広まる神話などではない。しかしモランたちが、発生と伝播を経て一旦収束し、完全には消えず断片化されてくすぶり続け、再び生まれるうわさを「ある社会的思考の表明」とみなしたように（モラン、1980：382）★12、スカーフ論争の広まりとそれが繰り返しぶり返す現象にも、うわさの広まりに見られるような、ひとつの「社会的思考」を見出すことはできないだろうか。

3　2015年以降の「学校におけるライシテ」

　2015年1月7日のシャルリ・エブド襲撃事件以降、フランスの教育政策において「学校におけるライシテ」が再び喧しい。ナジャ・ヴァロー＝ベルカセム教育相（2014年から現職）は、シャルリ・エブド襲撃事件の直後に「共和国の価値のための学校動員令」（La Grande mobilisation de l'école pour les valeurs de la République）を発し、「共和国の価値の伝達の強化」、「教師の権威と共和国の典礼の立て直し」、「小学校から高校までの教育課程『市民課程』（parcours citoyen）の新設」など、11の措置を提示している★13。そこでは、差し当たり1000人の教師や職員に対し道徳市民教育とライシテに関する研修が行われること、教員養成機関において国立高等研究院（EPHE）宗教学ヨーロッパ研究所（Institut Européen en Sciences des Religions）と開発した「宗教的事実のライックな教育」を行うこと、教員採用試験において「共和国の価値を共有する能力」が評価されること、学期始まりに市民性や礼儀に関する規則とともに「ライシテ憲章」★14を子どもや親に説明すること、共和国の価値や教師の権威を問題にする行為は校長に通知され、場合によっては懲罰の対象となること、国歌や国旗などの共和国のシンボルや共和国の典礼を通じて教師の権威を立て直すこと、2011年に「ライシテの日」と定められた12月9日をすべての学校で記念して祝うことなど対策が列挙され、さながら「共和国の価値」と「ライシテ」のオンパレードである★15。

　教育相はまた、同じ年の2月9日にマニュエル・ヴァルス首相（2014年か

表1

大学区	会議数	参加人数	大学区	会議数	参加人数
マイヨット（準大学区）	1	110	ヴェルサイユ	77	7839
レユニオン	5	570	パリ	47	1080
コルシカ	6	600	オルレアン・トゥール	23	2800
グァドループ	377	6920	ディジョン	40	2070
マルチニーク	4	340	ブザンソン	16	1415
ギュイヤンヌ	35	823	ポワチエ	31	2400
リール	17	1700	リモージュ	5	794
アミアン	8	1410	クレルモン・フェラン	20	1360
ルーアン	8	860	リヨン	32	4295
カーン	13	819	グルノーブル	32	4295
レンヌ	18	2075	ボルドー	26	2480
ナント	31	4860	トゥールーズ	32	2500
ランス	174	3120	モンペリエ	20	1350
ナンシー・メッツ	20	1570	エックス・マルセイユ	114	5450
ストラスブール	12	674	ニース	14	1260
クレテイユ	82	16100			

Ministère de l'éducation nationale « Cartographie des assises » より筆者作成。
http://www.education.gouv.fr/cid88749/l-ecole-ses-partenaires-mobilises-pour-les-valeurs-republique-synthese-des-assises.html

ら現職）とともに「共和国の価値のための学校会議」（Assises de l'école pour les valeurs de la République）を開始する[16]。この会議は先に発動された「学校動員令」を実施する措置として、2015年4月末までの間に地方レベル、県レベルで組織され、最終的に5月に全国レベルで総括を行い、学校がすべての生徒の成功を保証し、共和国の価値を伝達、共有させるための方法を、生徒、親、地方自治体、アソシエーション、経済関係者、議員らと考えることを目的としていた[17]。こうしてフランス各地で1325の会議が実施され、最終的に8万人以上の参加者を集めたのち（表1）、2015年5月に閉会した。総括では、第一に生徒の親と密接な関係を築き、規則やライシテ憲章を共有すること、第二に若者が教育を受けて成功するために地方自治体と国民教育行政が協力して任務に当たること、第三に社会的、地理的、人種的差別に立ち向かうためにアソシエーションや経済界、市民社会と協力して学校を支援していくことが確認されている[18]。

　学校会議は、自治体やアソシエーション、経済界をも巻き込んだ「市民の」

話し合いを成立させ、これらのアクターを教育省や学校のパートナーとみなし協力関係に置いた。しかしそこで議論の対象となったのは、共和国の価値そのものではなく、あらかじめ設定された共和国の価値を「市民と」いかに共有するかという点であった。

3・1 「市民課程」の設置

共和国の価値とライシテの伝達の任務を強調する学校教育政策はとどまるところを知らないかのようである。国民教育省は 2015 年 9 月の新学期から「市民課程」（parcours citoyen）の構想を実施し、学校教育活動、学校外活動にかかわらず、小学校から高校までの就学期間に行われる新しい道徳市民教育やメディア教育を定めている[19]。その目的は、批判的精神を持ち、社会参加の文化を共有し、道徳的な判断のできる市民を形成するためのさまざまな活動に一貫性を持たせることであるとされる。市民課程で扱われる内容は、広く「市民性教育」の分野に関連したもので、ライシテの原理、男女平等、反差別、ハラスメントの防止、持続可能な発展と環境のための教育、メディア情報教育、安全保障教育などに関わるものである[20]。

カリキュラムとしての「道徳市民教育」は、「共和国の学校の再建のための方針と計画に関する 2013 年 7 月 8 日の法律」で定められており、それまでの「市民教育のための教育」（l'enseignement d'éducation civique）という表現に代わり、「道徳市民教育」（l'enseignement moral et civique）によって「学校は生徒に人、出自や差異、男女平等とライシテに対する尊厳を身につけさせる」ということが明記されている[21]。その具体的内容と運用については、「小学校並びに中学校のための道徳市民教育のカリキュラムを定める 2015 年 7 月 12 日の政令」と「普通高校ならびに技術高校第一学年と普通教育課程第二学年並びに第三学年のための道徳市民教育のカリキュラムを定める 2015 年 7 月 12 日の政令」に見ることができる[22]。そこでは、道徳市民教育の目的は個人的・社会的生活において自らの責任を意識できるよう生徒を養成していくこととされる。伝達し共有されるべきものとしての共和国の価値とは、自由、平等、友愛、ライシテ、連帯、公正な精神、尊厳、差別の放棄を指す。道徳市民教育は特別な時間を割いて行われなければならず、全ての教科教育や学校生活は道徳市民教育につながるものでなければならない。小学校や中学校のカリキュラムでは、感情表現のための演劇や歌、クラスでの規則づくり、生徒の権利と義務に関するディスカッション、集団でのゲームやスポーツ、メディア教育

などにおいて、どのような「共和国の価値」を教えることができるのか、その事例が並んでいる。高校のカリキュラムでは、裁判所を通じた司法関係者との出会い、多様な差別表現の分析と解決方法の模索、2004年法が形成された環境やスタジ委員会の議論の分析などが実践の事例として取り上げられている。

3・2 「市民リソース」の設置

上述の通り、「共和国の価値」と「ライシテ」は、教育関連のさまざまな施策に浸透している。だが、国民教育省は今日学校だけが共和国の価値の伝達や共有の任務を担うことは難しいと判断している。シャルリ・エブド襲撃事件の後、ヴァロー＝ベルカセム教育相は、2015年の「学校会議」の総括に際し、「学校は不平等、差別、社会的・地理的環境の及ぼす影響の大きさ、共和国の共同体から排除されているという感情によって、多くの市民から、価値の伝達や価値の活用の能力を問われている」と述べている★23。では、学校以外に誰がこの役割を引き受けるべきなのか。

教育省は2015年2月9日から「市民リソース」(La réserve citoyenne de l'Education nationale) を設置している★24。この構想では、職業人、退職者、アソシエーションのボランティア、議員、会社員、公務員、軍予備兵や学生などから、市民性とライシテに関する教育、男女平等に関する教育、差別の諸形式との闘い、人種差別と反ユダヤ主義との闘い、学校と職業界へのアプローチ、メディア教育、権利、時事情報、環境、歴史と記憶、健康衛生などのさまざまな領域における教育を行うことのできる市民を募集し、各大学区本部に設置された「候補者リスト」(une réserve) に登録してもらい、それを学校の教師や学校周辺活動を提供する地方自治体に活用してもらうことになっている★25。「réserve」というフランス語には「貯蔵庫」や「予備隊」という意味があり、それは何かを蓄えておく場所を示す。国民教育省が募集する人材としてそこに登録された市民はある種のリソースとして活用され、いわば予備役の人員として備蓄される。

こうして、今や国民教育行政にとって市民からの協力が不可欠になっている。共有されるべき「共和国の価値」や「ライシテ」を伝達するためには、市民からの共感を得なければならない。フランス国民教育省は、ここに「共和国の価値」や「ライシテ」を疑問に付すことなく、それらを広く市民に敷衍させるための装置を機能させてはいないだろうか。親や市民、アソシエーションや地方自治体の協力を得て、フランス共和国は今、総動員体制で共和国の価値の伝達

という任務にあたろうとしている。

おわりに

　エマニュエル・トッドは著書『シャルリとは誰か?』において、近年のフランス社会に遍在する自称「共和国」と「ライシテ」を、それぞれの過去のあり様と区別して、「ネオ共和主義」と「ライシズム〔世俗至上主義〕」と呼ぶ。最終的には移民のフランス社会への同化を理想とするトッドにとっても、学校でライシズムを教え込むことは危険であり、「普遍的人間のイデオロギーを堅持しつつも、受け入れ社会の市民も、移民も具体的なあるひとりの人間」であることを忘れず、「その時々の社会的・経済的困難を考慮する必要がある」（トッド、2010：289）。

　ライシテを単に公的なものと私的なものとを分ける規則、国家と宗教を分ける規則としてではなく、反教権主義よりも寛容で「国民国家、理性、個人の具体的表象を与える学校の概念や教育的プロジェクトでもあった」と捉える社会学者フランソワ・デュベにとっても、今日危機に陥っているのは「ライシテ」ではない（Dubet, 1997）。それはむしろ社会的・文化的変動のもとでその機能や目的を変容させている学校そのものである。学校は、大衆化にともなう功利主義と教育市場の発達の中で「役割モデルを提示する機関」であることをやめ、「個人がその経験やアイデンティティーを形成する場」として機能している。その一方でますます長期化する就学期間に、学校は文化的、社会的にますます多様になっていく子どもたちをすべて受け入れなければならない。いたるところに不平等が存在するフランス社会の中で、イスラム教徒の多い都市郊外のマグレブ系の人々とその社会は、今日共同体主義に向かうよりも「アノミー〔無規範・無規則状態〕」の脅威に晒されているという（トッド、2010：266）。トッドが指摘するように、職もなく将来に希望を見出せないこうした界隈の若者が「宗教的なもの」に飢え、イスラム信仰に何らかの意味を見出しているならば、ライシズムを強調しすぎることは、かえって事態の深刻化を招く。だとすれば、「学校におけるライシテ」は、共和主義エリートの守るべき価値としてではなく、持たざる若者を排除しないもの、すべての子どもを受け入れるものとして捉えられなければならないだろう。

注
★1　優先教育地区（Zone d'Education Prioritaire）は学業における社会的、経済的不平等を是正しようとするフランスの優先教育政策において、教育的支援が重点的に行われる困難の集積する区域。
★2　ボベロとともに『やさしいライシテのためのささやかな手引き』（*Petit Manuel pour une Laïcité apaisée*）を著している教師のグループ5人は、中学や高校で地理歴史や哲学や文学を教えている。
★3　「ライシテ原則の適用にともなう公立小学校、公立中学校、公立高校における宗教的帰属を明示する標章ならびに服装の着用に関する2004年3月15日の法律の施行に関する2004年5月18日の通達」（Circulaire du 18 mai 2004 relative à la mise en oeuvre de la loi n° 2004-228 du 15 mars 2004 encadrant, en application du principe de laïcité, le port de signes ou de tenues manifestant une appartenance religieuse dans les écoles, collèges et lycées publics）、MENG041138C, Legifrance https://www.legifrance.gouv.fr/affichTexte.do?cidTexte=JORFTEXT000000252465&fastPos=1&fastReqId=508920996&categorieLien=id&oldAction=rechTexte よりダウンロード（2016/10/02確認）。
★4　生徒指導主任（Conseiller Principale d'Education）は、フランスの中学校ならびに高等学校に配置される学校管理の専門職員。教科を教える教員とは別に、教員と協働しながら生徒の個別相談や保護者対応などを行い、学校生活面を指導する。
★5　フランスにおける1901年法にもとづくアソシエーションは、非営利目的で知識や活動を共有する複数人間の協約にもとづく組織。
★6　これらの教師の証言や出来事の再構築には、それぞれの主張や個人的な見解も含まれており、必ずしも客観的な情報とは言い難い。
★7　それまでは教室でも公的機関でも、スカーフで髪を覆う女性がいたことをボベロはこのように表現している。
★8　このことが報じられた当時のニュース映像をフランス国立視聴覚研究所（以下ina）の提供する教育サイトJalonsで確認できる。フランス国立視聴覚研究所は、映像ニュース、テレビ、ラジオのアーカーイブを保存する機関。http://fresques.ina.fr/jalons/fiche-media/InaEdu01136/l-affaire-du-foulard-islamique-en-1989.html.
★9　*Le Courrier de l'Oise*, 3-10-1989, p.16.
★10　クレイユの中学校がメディア化されてから14年後の2003年に、レクスプレス誌が地域の教師らに取材を試みている。記事には、1989年当時3人の生徒のうち二人はスカーフを取り、一人はスカーフに代わるものを着用することになったとある。Besma Lahouri « Creil, terre de mission » 30-04-2003, *L'EXPRESS* sur le site web, http://www.lexpress.fr/actualite/societe/religion/creil-terre-de-mission_496200.html（2017/01/04確認）。
★11　2003年にシラク大統領がベルナール・スタジを委員長に発足させた「共和国におけるライシテ原則の適用に関する検討委員会」のこと（内藤・阪口、2007：115-116、160-161）。

第 5 章　公立学校の日常と「学校におけるライシテ」

★12　エドガール・モラン『オルレアンのうわさ』、訳者解説を参照。
★13　フランス国民教育省 « Onze mesures pour une grande mobilisation de l'École pour les valeurs de la République » http://www.education.gouv.fr/cid85644/onze-mesures-pour-un-grande-mobilisation-de-l-ecole-pour-les-valeurs-de-la-republique.html（2016/10/29 確認）。他に、「保護者とのコミュニケーションの進展」、「地方自治体がもつリソースの活用」、「フランス語能力の保証」、「学業からの脱落との闘い」、「社会的、地理的決定論への対策の強化」、「弱者に配慮した対策」、「過激化の要因を明らかにする研究の促進」、「高等教育機関の社会的責任の強化」がある。
★14　ライシテ憲章 Charte de la laïcité は、2013 年より「人間と市民の権利の宣言」とともに各学校に掲示されている。フランス政府 « Une école qui porte haut les valeurs de la République » http://www.gouvernement.fr/action/une-ecole-qui-porte-haut-les-valeurs-de-la-republique（2016/10/29）確認。憲章は A4 版や A3 版がダウンロードできるように国民教育省のサイトに「学校におけるライシテ」のページが設けられている。憲章には「国民国家は共和国の価値を生徒に共有させる任務を学校に委ねる」とある。フランス国民教育省 « La laïcité à l'école » http://www.education.gouv.fr/cid95865/la-laicite-a-l-ecole.html（2016/10/29 確認）。
★15　「教会と国家の分離に関する 1905 年 12 月 9 日の法律」に因む。
★16　Aurélie Collas, « Ecole : des assises pour faire de l'élève un citoyen », Le Monde.fr 2015/02/09, http://www.lemonde.fr/education/article/2015/02/09/ecole-des-assises-pour-faire-de-l-eleve-un-citoyen_4572888_1473685.html（2016/10/29 確認）。
★17　Najat Vallaud-Belkacem, Communiqué de presse, 2015/05/12. フランス国民教育省 « Mobilisé pour les valeurs de la République à l'École »http://www.education.gouv.fr/cid88818/mobilises-pour-les-valeurs-de-la-republique-a-l-ecole-des-actions-volontaristes-apres-les-assises-de-l-ecole-et-de-ses-partenaires.html（2016/10/29 確認）。
★18　« Synthèse des assises » フランス国民教育省 « l'École et ses partenaires mobilisés pour les valeurs de la République : synthèse des assises » よりダウンロード。http://www.education.gouv.fr/cid88749/l-ecole-ses-partenaires-mobilises-pour-les-valeurs-republique-synthese-des-assises.html（2016/10/29 確認）。
★19　フランス政府 « Une école qui porte haut les valeurs de la République »
★20　Éduscol, « Le parcours citoyen de l'élève » http://eduscol.education.fr/cid107463/le-parcours-citoyen-eleve.html（2016/10/29 確認）。
★21　« Loi n° 2013-595 du 8 juillet 2013 d'orientation et de programmation pour la refondation de l'école de la République », MENX1241105L, Legifrance https://www.legifrance.gouv.fr/eli/loi/2013/7/8/MENX1241105L/jo#JORFSCTA000027678045 よりダウンロード（2016/10/30 確認）。
★22　« Arrêté du 12 juin 2015 fixant le programme d'enseignement moral et civique pour l'école élémentaire et le collège » MENE1511645A, Legifrance

https://www.legifrance.gouv.fr/affichTexte.do?cidTexte=JORFTEXT000030753 506&fastPos=1&fastReqId=2095538328&categorieLien=id&oldAction=rechTe xteよりダウンロード（2016/10/30確認）。« Arrêté du 12 juin 2015 fixant le programme d'enseignement moral et civique pour les classes de seconde générale et technologique, de première et terminale des séries générales », Legifrancehttps://www.legifrance.gouv.fr/affichTexte.do?cidTexte=JORFTEX T000030753539&fastPos=1&fastReqId=842728567&categorieLien=id&oldActio n=rechTexte よりダウンロード（2016/10/30 確認）。

- ★23　フランス国民教育省 « l'École et ses partenaires mobilisés pour les valeurs de la République : synthèse des assises »
- ★24　Aurélie Collas, « Ecole : des assises pour faire de l'élève un citoyen »
- ★25　フランス国民教育省 « La Réserve citoyenne » http://www.education.gouv.fr/ cid94074/la-reserve-citoyenne.html（2016/10/29 確認）。

参考文献

園山大祐編著『学校選択のパラドックス』勁草書房、2012 年。
園山大祐編著『教育の大衆化は何をもたらしたか』勁草書房、2016 年。
内藤正典、阪口正二郎編著『神の法 vs. 人の法』日本評論社、2007 年。
ボベロ、J.『フランスにおける脱宗教性の歴史』三浦信孝・伊達聖伸訳、白水社、2009 年。
モラン、E.『オルレアンのうわさ』杉山光信訳、みすず書房、1980 年。
トッド、E.『シャルリとは誰か？』堀茂樹訳、文藝春秋、2010 年。
Baubérot J., « L'affaire des foulards et la laïcité à la française », *L'Homme et la Société*, n° 120, avril-juin, 1996, p.9-16. (Online) Persée, « http://www.persee.fr/ doc/homso_0018-4306_1996_num_120_2_2836 » よりダウンロード（2016/10/02 確認）。
Baubérot J. et le Circle des Enseignant.e.s laïques, *Petit manuel pour une Laïcité apaisée*, La Découverte, 2016.
Cardoso L., « Au cœur de " l'affaire " - un professeur de Creil témoigne », *Hommes & Migrations*, n° 1129-1130, 1990, p.7-12.
Dubet F., « La laïcité dans les mutations de l'école » in Michel Wieviorka (sous dir.), *Une société fragmentée ?*, La Découverte, 1997, p.85-112.
Monnet J-F., « A Creil, l'origine de " l 'affaire des foulards " », *Hérodote* n° 56, janvier-mars1990, La Découverte, p.45-54. (Online) Bnf Gallica « http://gallica. bnf.fr/ark:/12148/bpt6k5620938j?rk=64378;0 » よりダウンロード（2016/10/02 確認）
Poupeau F., Fr ançois J-C., *Le sens du placement*, Raisons d'agir, 2008.
Rochefort F., « Foulard, genre et laïcité en 1989 », *Vingtième Siècle. Revue d'histoire* 3/2002 (no 75), p.145-156. (Online) Cairn.info « http://www.cairn. info/revue-vingtieme-siecle-revue-d-histoire-2002-3-page-145.htm » よりダウン ロード（2016/10/02 確認）。

Truong F., *Jeunesses françaises : Bac+5 made in banlieue*, La Découverte, 2015.

第6章
フランス共和国における公教育とイスラーム
リヨン郊外貧困者集住地区におけるムスリム私立学校 Al-Kindi（アルキンディ）の成立過程

浪岡 新太郎

はじめに

1）問題のありか

　どのようにしたら、様々な属性をもつ人間がその差異を抑圧することなく平等な市民として政治共同体を構成できるのだろうか[1]。その際、二つの政策モデルがよく対峙される（HCI, 2012: 44）。第一は、英国やオランダが例に挙がる、言語、宗教をはじめとする出自（origine）と結びついたエスニックな差異を考慮し、特定のエスニック集団[2]を対象とした政策的対応により市民間の平等をはかる「多文化主義モデル」である。第二は、フランスが例に挙がる、特定のエスニック集団を対象とした政策的対応をしないこと（本稿では「エスニックブラインド」と呼ぶ）で市民間の平等をはかる「共和国モデル」である。

　多文化主義モデルは、英国やドイツの首脳によってその失敗が語られる中、批判を集めている[3]。批判の根拠として、強制婚など人権に反しているように見える差異や、多言語による行政対応や出身国言語教育の支援によって滞在国の公用語を学ぶ必要性が低下すること、さらには滞在国への帰属意識が育たないことなどが挙げられる。そこで、共和国モデルは出自の対応に悩まされることのない点が評価される。しかし、多様性と無関係に法・政策的な平等が保障されたとしても、そのことは実際の平等を保障しない。

　フランスにおいて権利付与・制限や社会的排除に関して、政策的に対象として特に問題化しているエスニックマイノリティは、定住するムスリム系（イスラーム諸国出自の）マイノリティである[4]。その人口は西南北欧諸国最多数の

約 470 万人におよび、その多くはフランス国籍を取得している（Pew Research Center, 2011; Open Society Foundation, 2009）。しかし、彼らはフランス人平均より低い学歴、長期的な失業を経験し、「郊外」（banlieue）と呼ばれる貧困者集住地区に居住する傾向がある。そして、彼らはその移民としての出自に注目され「移民」と呼ばれつづけ、その実際の信仰とは無関係に一方的にムスリムと見なされることで差別を経験することも多い（Hajjat et Marwan, 2013）。彼らは、社会経済的にも地理的にも、さらには意識の上でも「セグリゲーション（隔離）」を経験する傾向がある（Lapeyronnie, 1993）。

本稿では、ムスリム系マイノリティを中心としながらも改宗者を含む、自らをムスリムと見なす人々（ムスリムマイノリティ）に注目したい。その上で、フランスの共和国モデルの下でムスリムマイノリティはどのようにその集団的属性の維持や発展に関して政策的支援を得ることができるのかを考えたい[5]。その際、「協定私立学校」（établissement privée sous contrat d'association）となっている「ムスリム私立学校」（その教育がイスラームに基づいていることを対外的にも明らかにしている学校）の設立過程（計画・申請・運営）に注目する。協定私立学校とは、国民教育省と契約を結び、「公立の小中高校が行う教育＝公教育」を請け負うことを条件に公費助成を受ける私立学校である。以下の二つの理由から協定私立学校を取り上げる。第一に、共和国モデルにおいては、貧困への対策は特定の集団に対する支援ではなく、教育を通じた個人の能力開発によって成し遂げられると考えられやすい。その際、公教育は第二世代の若年層を「隔離」から抜け出させるための優先的な手段としてしばしば語られるからである（HCI, 2011）。第二に、協定私立学校は、エスニックアイデンティティの維持や発展とエスニックブラインドな公教育の要請が結びつく場となるからである（Stasi, 2003: 28）。

共和国モデルの下で公教育におけるムスリムの生徒はどのように扱われるべきなのだろうか。移民出身者に市民としての平等を保障することを目的として設立された、首相の常設諮問機関「統合高等審議会」（Haut Conseil à l'intégration：HCI, 1989 年設立）は最初の報告書で共和国モデルをその法的構造から定義している（HCI, 1991: 52）。憲法によれば「フランスは単一不可分の、ライシテ（laïcité）＝非宗教性原則に基づく民主的かつ社会的な共和国である[6]。フランスは出生、人種、または宗教による差別なしに、すべての市民に対して法の下の平等を保障する。フランスはいかなる信条をも尊重する」（第五共和制憲法一条）。つまり、主権の行使者としての市民は法の下で

平等に扱われ「単一不可分」の国民を構成する。エスニック集団を法・政策上認めることは国民の分割につながるので、集団的権利の付与もしくは権利制限は認められない。とはいえ、このモデルは各市民がもつ「文化的、社会的、道徳的特殊性を受け入れる」(*ibid*: 19)。法学者はこのモデルを、市民の生活空間を公的領域と私的領域とに区別するものとして理解している。各個人がその出自にかかわらず公権力によって市民として平等に扱われるのが公的領域である。これに対して、各個人が自由にその出自などの多様性を展開することができるのが私的領域である（中野、2009；HCI, 1992: 22）。

　このような公的領域の特徴を本稿では「公的領域のエスニックブラインドな平等」と呼ぶ。その際、宗教的属性が特に警戒され、公的領域の非宗教性が強調される。そして、様々な出自の人間が共に生活しながら公私分離を内面化し市民として形成される場として公教育が重要視される（HCI, 1992: 22）。つまり、法学的には、非宗教性原則から宗教教育を公教育として行うことはできず、公教育に携わる教職員（生徒ではない）には非宗教性原則が求められることになる。したがって、公教育において教職員はムスリムと自己定義する生徒もその信仰と無関係に他の生徒と同じように扱えばよい。

　しかしながらこうした理解は、1989年に政界、メディアを巻き込んで大きく問題化する、いわゆる「スカーフ事件」をきっかけに問い直された。スカーフ事件とは公立学校で女子生徒がイスラームへの帰属を示すスカーフ「ヒジャブ」を着用したことが、教員によって非宗教性原則に反すると理解され、登校を禁じられた事件である。この事件は、教員が非宗教性原則を教員のみならず、生徒にも求めるという点で、従来の法学的な非宗教性原則解釈を批判するものであった[7]。彼らによれば、「公的領域のエスニックブラインドな平等」に対立する「政教一致」や「男尊女卑」といった価値がイスラームにある以上、公的領域（本稿では「公教育」と呼ぶ）で彼らを他の宗教宗派と平等にエスニックブラインドに扱うことは、公教育の場で彼らが「政教一致」などの考えを表明することを許すことになる。そのことは公私分離を内面化させる公教育を損なうだろう。したがって、共和国モデルを守るために、モデルの根拠となる法的構造の法学的解釈を逸脱しても特定のエスニック集団（ムスリム）に対する権利制限が必要なのだ。

　公立学校における生徒のスカーフ着用を原則違反と見なさない非宗教性原則の法学的解釈と、原則違反とみなす社会解釈との対立関係は、後者を優先する形で法律を制定することで決着する。2004年3月15日には、「公立学校にお

いて誇示的な宗教的標章の着用を禁じる法律」、特にスカーフ着用の禁止を念頭においていることから一般には「スカーフ禁止法」と呼ばれる法律が制定される。

　こうした状況を背景に、2003 年に初のムスリム私立高校 Averroès（アヴェロエス）がリールに設立され、以降、「ムスリム団体」（Association Musulmane）★8 を中心に私立学校の設立が盛んになる。同 2003 年にはリヨン大都市圏東部郊外の貧困者集住地区 Décines（デシーヌ）でムスリム学校 Al-Kindi（アルキンディ）の設立が計画され、2007 年に成立した。現在まで協定校化しているのはこの二校のみである（2014 年現在）★9。これらの学校では生徒はスカーフを着用し、公教育を受けることができる。

　そして全国的なムスリム団体の全面的な支援を受けたアヴェロエスが問題なく設立され協定校化したのとは異なり、地域の試みとして始まったアルキンディは、行政のみならず他のムスリム団体からも、公私分離ができない市民を養成する、すなわち「公的領域のエスニックブラインドな平等」を侵害するものと非難され、その設立や運営を妨害されてきた。しかし、アルキンディはこうした非難が根拠を欠くことを明らかにし、その活動がまさに「公的領域のエスニックブラインドな平等」に基づくことを主張することで行政や他のイスラーム団体から支持をとりつけ、設立や運営に成功したという点でムスリム学校の中で唯一の事例である。すでに計画中のものも含め多くのムスリム私立学校が地域の試みとして成立していること、その多くは共和国モデルの観点から批判を受け成立が困難か、成立しても協定校化できないでいることを考えれば、アルキンディの事例は他のムスリム協定私立学校の試みと共通の困難をかかえていたといえる。

　そして、アルキンディはムスリム私立学校として大きな成果を上げていることから他のムスリム私立学校の設立、運営において実際にモデルとされている。2014 年現在、アルキンディは、小中高校をもつムスリム私立学校として最多数の 400 名以上の生徒を擁し、生徒のスカーフ着用を認めるなど、実質的な教育の選択の自由の平等に貢献することで、私的領域の多様性を実現しているといえる。そして、そのバカロレア合格率は 95％〜 100％と全国平均を大きく上回り、公教育のカリキュラムを十分に達成している★10。さらに、アルキンディ運営者は学校設立のための勉強会を頻繁に開催することで、2014 年に設立された、主要なムスリム私立学校を全て含む「ムスリム私立学校全国教育連盟」（Fédération Nationale de l'Enseignement Musulman：FNEM）

のネットワークを作り上げ、憲章を作成した。

そこで、本稿では、「公的領域のエスニックブラインドな平等」という共和国モデルの特徴の下で、どのようにアルキンディが設立から運営までの段階で、イスラームという宗教的属性の維持や発展を実現したのかを明らかにする[11]。まず先行研究を確認し、次にフランスにおけるムスリム学校設立の特徴を概観してから、アルキンディの①設立計画、②設立申請、③運営の各段階を区別して考察する。

2）研究の視点と先行研究の批判

本稿では共和国モデルとイスラームの本質主義的な両立不可能性の主張に抗して、両者がどのように変容し交錯する中で私学助成が正当化されるのかをモデルの特徴としての「公的領域のエスニックブラインドな平等」に注目することで明らかにする。これまで移民出身者を対象とした欧州各国の政策のあり方を説明する際には、受入国の国籍法（出生地主義を認めるかどうか）や国家と教会の関係から、背後にある各国の政治共同体構成原理をモデル化する議論が中心になってきた（Favell, 1998）。

このモデル化においてはしばしば政教関係に注目する中で非宗教性原則に基づくフランスの「共和国モデル」に対して、宗教団体への公的補助金支出が可能なオランダや英国の「多文化主義モデル」が対峙される。しかしこのモデル論には、時代ごとのモデルの動態を認識することができず、また、国籍法や政教関係の法から導きだされるモデルが政策分野全般の説明について妥当する訳ではない、という批判がある。さらに、ナショナルモデルの収斂を語る議論も存在する（Joppke, 2007）。また、海外県などの地域的特色を強調する議論もある。しかし、フランスの事例を検討すると、こうした批判にもかかわらず、政策決定ならびにその反対運動においても、モデル自体の動態や政策分野ごとの妥当性の強弱やさらには全国レベル地方レベルの争点の違いにかかわらず、フランス革命から一貫して存在する中央集権的なナショナルモデルとして「共和国モデル」が執拗に政策全般について参照されることに気づく（Bertossi, 2009）。つまり、モデル論を捨てることなくその動態を考慮することが必要なのだ。

また、イスラームについてもその動態を考慮しながら理解する必要がある。ムスリム系マイノリティの定住に関しては、しばしば出身国のイスラーム運動の状況が参照され、そのイスラームの価値として政教一致や男性優位主義がか

れらの市民権取得の際の困難の要因として提起され、こうした価値と各国のモデルとの整合性を中心に議論されてきた（Bowen, 2009）。しかし、現在市民権付与をめぐって中心的に論じられるのが定住国で社会化された第二世代だとすれば、そのイスラームのあり方も定住国での教育や雇用といった条件の中で変容せざるをえない（Amiraux, 2012）。中には、かれらの信仰するイスラームの変容のダイナミクスを強調して、出身国の状況から切り離そうとする議論もある。しかしながら、かれら自身が自分たちのイスラームを出身国の状況を参照しながら実践していることも事実である（Babès, 1998）。

　そこで、本稿ではアルキンディの事例を通して以下のことを明らかにする。①「公的領域のエスニックブラインドな平等」によって正当化される政策とイスラームの双方が実際には時期によって変容すること、②教育分野において「公的領域のエスニックブラインドな平等」は他の政策分野と比べて独自に解釈されること、③その解釈はさらに行政についてもイスラームについても全国レベルと地域レベルで異なり、中央集権的に統一されていないことである。

　ムスリム私立学校に関する先行研究は多くないが、例外として Bassiouni（2008）、Mazawi（2009）、Bras（2010）、Poucet（2012）、Ferrara（2016）がある。Bras（2010）、Pouce（2012）、Ferrara（2016）はその時点でのムスリム私立学校の状況の一般的特徴を明らかにすることが目的でありどのようにして政策的支援を獲得したのかという、正当性の獲得という視点はない。Bassiouni（2008）はアルキンディの設立過程の地域レベルでの試みに注目する点で本稿と関心を共有するが、2006 年〜 2007 年に限定した設立申請を扱った研究となっており、設立計画、運営段階での正当性の変容という視点がない。Mazawi（2009）は、アルキンディが共和国モデルとの関係から争点化されていることに注目している点で本稿と関心を共有する。しかし、メディアでの表象についての分析であり、時期もより限定されている。そこで本稿は、地域レベルに注目して時系列的な変化の中で「公的領域のエスニックブラインドな平等」とイスラームの双方の解釈の変容と交錯を跡づける。

1　フランスの私立学校
　　——非宗教性原則の下で公教育を担う私立学校の展開

1・1　フランスにおける協定私立学校
2010 年のデータによれば、中等教育で生徒の約 20％が私立学校に通ってい

る。そして私立学校に通う生徒の98％が協定私立学校に通っている。協定私立学校の95％はカトリック私立学校である★12。これらの学校はどのようにして非宗教性原則の下で私学助成が認められるようになったのだろうか。非宗教性原則の具体的な規範として一般には「諸教会と国家の分離に関する法律」1905年12月9日法が参照される。その1条は個人としての市民に良心の自由を保障し、2条は公認宗教制度を否定し、宗教団体に対する公金の支出を禁じている。法学者の今野（2006）にしたがって協定私立学校の展開を整理すると以下のようになる。当時、第三共和制下で改革を進めた反教権主義者のフェリー（Jules Ferry）によれば、カトリックが大きな影響力をもっていた初等・中等教育を信仰の多様性の保障の観点から批判し、助成金を支出しないことで市民を公立学校に移し、彼らの国民国家への帰属意識を強めることが目的とされた。

この意味で非宗教性原則はカトリック教会との対立関係の中で成立したと言えるが、第五共和制下の1959年12月31日法、いわゆるドゥブレ法では既に対立関係は曖昧である。この法律によって私立学校の存在は学校教育制度の中に正式に位置づけられ、公教育を担うための協定契約を結ぶことが認められた。協定契約によって、出自に関わらない生徒の受け入れなど、国による財政的・教育的要請に従うことを条件として、私立学校は公教育に該当する授業の人件費を国民教育省から受け取ることができる（今野、2006：299-300）。とはいえ、ドゥブレ法は当該私立学校の「教育の固有性」（caractère propre）としての宗教教育の実施を認めている。

公教育を国家への帰属意識の強化と重ねるような傾向はさらに弱まり、私立学校の重要性は高まっていく。1981年には社会党のミッテラン（François Mitterand）左派政権の下、サヴァリ（Alain Savary）教育大臣は、公立学校に私立学校を吸収しようとする。しかし世論の反発は大きく不可能だった。ただしこの反発は宗教団体の提供する教育、「教育の固有性」に対する要望、というよりは、進学を念頭に置いた「教育の自由」への要望として考えることが妥当だという（ibid.：302）。教育の大衆化が進み学歴インフレが生じ、高い学歴を求める中で「どの学校を選ぶのか」が両親たちの重要な関心となる。私立学校はこうした選択肢の一つとして評価されるのだ（園山、2012）。さらに、1989年教育基本法は、多様な生徒個々人の教育水準の向上という観点から、国家から自律して地域の住民、教員、子ども、両親たちで学校運営を行うことを積極的に評価する（今野、2006：307-309）。これは国家への帰属意識を教

育の目的として二次的に考える傾向の強化といえる。

　しかし、この公教育における国家への帰属意識を二次的に考える傾向は、1990 年代末から否定される★13。1998 年 12 月 18 日法はカルト集団の存在を念頭に、「共和国の基本的価値を子どもに教え込むことで自由と人格の十全な発展を保障するのは共和国の学校」であると述べる (ibid.: 316)。2004 年 3 月 15 日法は、ムスリムを念頭に「公立学校という公的空間を宗教共同体という私的空間＝私益の論理による簒奪から救出するための装置」と見なす (ibid.: 320)。ついに 1989 年教育基本法は 2005 年に改正され、2 条は学校の第一の任務として、知識の伝達に加えて共和国の諸価値を生徒たちに共有させることと定める。こうして、カトリック私立学校などは共和国モデルと矛盾するとは理解されない一方で、ムスリムが争点になると、非宗教性原則の観点から公私の厳密な分離を前提とした公教育という考えが再び呼び起こされる。このときに特に政教一致や男尊女卑といった価値観をもっていると警戒されるのがイスラーム主義者（islamiste）と呼ばれる立場であり、アルキンディはまさにイスラーム主義者の学校として警戒された★14。

1・2　ムスリム私立学校の設立団体

　ムスリム私立学校の主要な設立主体は移民第一世代中心のムスリム団体であり、各団体が出身国とのつながりをそれぞれもちながら「教育の固有性」を主張し主導権を争っている。

　イスラームに基づいた教育の場という意味での学校設立は、その設立時期に注目すると、三つに分けることができる (Bras, 2010)。第一が、1980 年代から設立が活発化する、モスクや礼拝所に併設される、アラビア語やクルアーンを多くの場合小学生以下の子どもに教育する学校である（約 1000 校。その多くは週 1～2 回、約 1 時間半の授業を提供する）。当時、イスラームはアルジェリアなど外国政府が管轄すべき外国人の宗教とみなされており、こうした学校設立はフランス政府が管轄する争点とは考えられていなかった (Fregosi, 2008: 224)。第二が、1990 年代から設立が始まるモスク内での礼拝を教導者であるイマームを始めとする、イスラームの「専門家」を養成する高等教育機関の設立である（7 校。これらの多くはフルタイムではない）。この時期、特に 1997 年以降、政府はイスラームを共和国モデルと矛盾なく定義する必要性を表明し、信仰の自由の保障の観点から行政の関与が必要な事項（ハラールミールの生産や軍隊における教誨師の設置など）について政府との交渉を代表す

るムスリムの代表機関の設立をはかるようになる（*ibid.*, 2008: 243-246）。宗教実践にかかわる専門家の養成という点で、行政の要望にこれらの高等教育機関は応えるものとも考えられた。第三が、2000年代以降に設立が始まるムスリム私立学校である。これらの学校はフルタイムで、公立学校に代替する教育を提供しようとしているので、前二者と異なり公立学校と競合する。これらのムスリム私立学校はイスラーム対共和国モデルという対立関係で認識されやすくその設立が行政やメディアに警戒される。これらの学校は、多くの場合、全国組織のムスリム団体の支援の下に設立された。

　規模とその行政における代表性から、主要なムスリム団体として以下の三つをあげることができる（HCI, 2001: 33）。第一に、最多数のモスクや礼拝所を支部とし、フランスのムスリム全国組織の中で最大規模となっている「全国イスラーム組織連合」（Union des Organisations Islamiques de France：UOIF）である（1983年設立）。UOIFはチュニジア政府と対立したムスリム同胞団系の組織の中で活動してきたチュニジア移民第一世代の活動家たちが中心となって構成した。フランスにおいて彼らの活動は、第一世代を主たる対象とし、出身国への帰属意識にとどまらない信仰と宗教実践の普及である。ただし、実際の法政治制度の改革を強く要求することはない。とはいえ、スカーフ事件で排除された女子生徒の支援に関与したことをきっかけに、1990年代以降は第二世代や改宗者にもその活動を広げている。イスラーム国家の成立を目指したムスリム同胞団とのつながりや、スカーフ事件で行政の対応を批判したことから、政府や世論からはイスラーム主義者として警戒されている。UOIFは宗教実践が自由にできるムスリム学校の設立に最も積極的な団体である。ただし、実際にはフランスの既存の法律や制度の変更を求めることはない。

　第二に、アルジェリア政府から経済的外交的支援を受け、アルジェリア移民第一世代が中心になって運営する「パリモスク」（1922年設立）とその支部組織である。この団体は、アルジェリア出身もしくはアルジェリア政府から派遣されたイマームや法学者（ウラマー）を迎え入れ、時には礼拝所の建設においても経済的支援を受けながら、アルジェリア移民第一世代向けの礼拝所の運営を主たる活動とする。選挙の際などアルジェリア政府の出先機関としての機能を果たすこともある。このように出身国への帰属意識と結びついた信仰の維持のための活動をしているといえる。そのために出身国への帰属意識を乗り超えようとするUOIFと対立している。この対立を前提にパリモスクは、フラン

スの政治のあり方に異議を唱えることのない「穏健派」(modéré) とみなされることで、長い間、フランス政府によって、フランスにおけるムスリムの代表組織として扱われてきた (Geisser, 2006: 66)。

　第三に、「フランスムスリム全国連合」(Fédération Nationale des Musulmans de France：FNMF)（1985 年設立）である★15。この団体はモロッコ移民第一世代が中心となって構成し、モロッコ政府の支援を受けながら、彼らを主対象にパリモスクのように出身国への帰属意識と結びついた信仰の維持のための活動をしていた。この団体もパリモスクと同じように UOIF と対立している。さらに、フランスのムスリムの代表性をめぐってパリモスクと対立している。

　したがって実際に学校に通うのは第二世代であるが、第二世代が中心となる団体は主要な学校設立団体にはなっていない。「ムスリム青年連合」(Union des Jeunes Musulmans：UJM) をはじめとした第二世代を中心とする団体は、第一世代中心の団体とは異なり、アラビア語ではなくフランス語中心に活動する。これらの団体は、出身国やイスラーム諸国から独立して、自分たちの居住する貧困者集住地域での住民意識にこだわり、学習支援などの社会教育活動を中心に行うが、礼拝所やモスクの運営には関わらない傾向があった (Cesari, 1997: 99)。また、全国組織ではなく地域ごとの団体が中心となっていた。予算規模の小さいこれらの団体にとって、大きな資金を必要とする私立中高の設立は困難だった。

2　アルキンディの設立計画（2003 年〜 2006 年）
——スカーフ禁止法と郊外の公立学校の教育水準低下に対する批判：実質的平等の強調

2・1　歓迎されなかったアルキンディ設立計画
——共和国モデル化したムスリムの抵抗

　公立学校から排除されるムスリムの女子生徒を念頭に、2003 年にアルキンディの設立が UOIF の活動家を中心に計画されるが、生徒募集において影響力をもつ第二世代中心のムスリム団体は共和国モデルを理由として公立学校を支持し、計画に反対する。

　2000 年代初頭は、行政が、「公的領域のエスニックブラインドな平等」に反して、ムスリムという特定のエスニック集団のアイデンティティを管理し、こ

のアイデンティティを理由としてムスリムに関して、市民の平等な権利、特に教育を受ける権利を制限する時期である。きっかけは、ムスリムのスカーフ着用が 2003 年 4 月から急激に問題化したことである。2003 年 11 月には右派のサルコジ（Nicolas Sarkozy）内務大臣（当時）主導の下、行政に対してムスリムを代表する「ムスリム宗教儀式実践評議会」（Consel Français du Culte Musulmans：CFCM, 以下、実践評議会）が設立される。2003 年 12 月には公立学校におけるスカーフの着用の可否をめぐる政府の諮問委員会（スタジ委員会、2003 年 7 月設置）がスカーフ禁止法案の提出を政府に促し、禁止法が翌年 3 月 15 日には成立する[16]。

ただし、法律や行政のエスニックな争点への介入は、一方的にムスリムの権利を制限する方向のみに機能するわけではない。実践評議会はムスリムが他の宗教宗派と同じような宗教実践の平等を行政に保障されるための機関でもあった。また同 2004 年 12 月には差別についての独立公的機関「差別と闘い平等を促進するための高等機関」（Haute Autorité de lute contre les discriminations et pour l'égalité：HALDE）[17]が設立されるなど、差別に対する法的対応、行政的対応もより容易になる。

こうした状況を背景に、2003 年 4 月、シリア移民第一世代の UOIF の副代表アキム（Nazir Hakim）（当時）とアルジェリア移民第二世代の法律家のシェルギ（Hakim Chergui）[18]がアルキンディ設立を計画する。アキムは、スカーフ禁止法を念頭に、ムスリム私立学校を設立するという UOIF の方針を担っていた。シェルギはスカーフ着用を理由として排除された女子生徒の支援を行っていた自身の経験から学校設立が必要だと考えた[19]。そこで、通学圏となるリヨン大都市圏にある主要なムスリム団体を通じて学校の設立計画を告知し、募金を募り、生徒募集を行う。しかし、当時これらのムスリム団体はムスリム学校の設立に対して賛成してはいなかった。

数ヶ月後には実践評議会が設立されるが、内部対立が激しく、諸ムスリム団体の意見をまとめることはできなかった。当時、リヨン大都市圏でそのムスリムに対して大きな影響力を持っていたのはパリモスク系[20]のリヨン大モスクと UOIF 系のオスマンモスク、そして UJM と「フランスの闘うムスリム女性」（Femmes Françaises Et Musulmanes Engagées：FFEME, 1997 年設立）という二つの地域組織である（浪岡、2011）。

FFEME はムスリム団体の中では稀なムスリム女性の地域組織である。この団体の責任者カダ（Saida Kada）は 2003 年 4 月に書いたムスリム女性に

ついての共著が注目され、禁止法を巡るスタジ委員会に呼ばれた二人のフランス人ムスリムの一人であり、メディアに大きな影響力を持っていた（Kada et Bouzar, 2003; 浪岡、2011）[21]。他の団体の行う、公立学校からスカーフ着用を理由として排除された女子生徒への支援活動がデモや裁判傍聴にとどまるのに対し、FFEMEは女子生徒のための生活・学習支援も組織するという点において、最もスカーフ事件に関与した団体といえる。各団体は禁止法成立を前にアルキンディ設立についてどのような立場をとっただろうか。

リヨン大モスクとUOIFは、ともに実践評議会に加盟することで政府の支援を受けており、政府の反発を買うことを恐れ、スカーフ禁止法への反対運動を行うことはなかった。ただし、リヨン大モスクと異なり、UOIFは禁止法成立前までは、スカーフ着用を理由に排除された生徒の支援を行っていた。UOIFは生徒が裁判を通じて学校に復帰できるように、非宗教性原則は生徒には要求されないという法律的理解を根拠に、生徒への法律的アドバイスを行っていたのだ。こうした経緯から、UOIFは、スカーフ着用を擁護し、これまでの法律的理解に対立する禁止法に対しては批判的であった。そこで、禁止法の下でスカーフ着用をはじめ礼拝など宗教実践を可能にする手段として、またイスラームに基づいた教育を提供する場としてムスリム私立学校の設立を積極的にすすめる[22]。

これに対して、2003年4月から、「公的領域のエスニックブラインドな平等」に明確に依拠しながら、スカーフ禁止法に反対し、学校設立にも批判的な立場を取っていたのがUJMやFFEMEである。フランスの中部に位置するリヨン大都市圏の、ユーロポールを自称し豊かな西部と、自動車工場をはじめ閉鎖工場を多く抱える東部を比較すると、失業率、貧困率、外国人率、さらには学業水準などで「隔離」は明らかであった。UJMは、意に沿わない職業訓練コースへの進学の誘導や早期の退学をはじめ、「隔離」を経験する第二世代が、実質的にほかのカトリックのフランス人らと同じように公教育でエスニックブラインドに平等が保障されることを求めている（浪岡、2015）。したがって、ムスリムを特に念頭に置いた権利制限、すなわち非宗教的であるべき公教育の教職員が生徒の宗教的属性によって異なった対応をとることを目的とするスカーフ禁止法は、受け入れられるものではなかった。そしてその批判は私立学校の設立ではなく、公立学校を変えるための運動に結びつく。そして、FFEMEはスカーフ着用による公立学校からの生徒の排除に対抗してきたことからも禁止法には反対であり、生徒は公立学校に受け入れられるべきなのだと主張する

（Kada et Bouzar, 2003: 81; 浪岡、2011）[23]。

両団体の批判は、2004年3月からは「みんなの学校」（Une école pour tous et toutes）というフェミニズム団体や人権団体をはじめ多様な団体によって構成される全国ネットワークを形成する中で表現された[24]。「誇示的な（ostensible）宗教的標章を公立学校で禁じる法は例外法（loi d'exception）に近い。……非宗教性原則に基づいて排除に反対する」（Une école pour tous et toutes, 2004）。費用が安く多様な生徒が集まる公立学校は「帰属から自由に思考する場、社会的上昇や自律の可能性」を提供する場なのだ（ibid.）。費用が高く特定の生徒を集める私立学校は公立学校の代替案にはならない[25]。

アルキンディ設立計画において、私立学校設立についてノウハウをもち、資金の獲得において支援を頼めるUOIFの協力が必要だった。しかし、UOIFへの依存は、アルジェリア移民第一世代に影響力を持ち、フランスの行政の支持を受けるリヨン大モスクの反対を招く。そして、UJMやFFEMEの支持層がまさに第二世代を中心としていること、大都市圏で圧倒的な影響力を持っていることから、これらの団体から生徒募集などの点で支援を受ける必要があった[26]。UJMは第二世代を中心に300人から500人が参加する規模の講演会（入場料は10ユーロ程度で約5ユーロが利益になる）を月に2、3回のペースで他の団体と共催しており、さらに出版社を運営していた。またハラールミールの生産にも関わっており、レストランや食品店とも関係があった。そしてFFEMEのテレビや新聞などのメディアでの発言は第二世代の特に女性に支持されており、ムスリム団体から頻繁に講演会を依頼されていた。

しかし両団体は非宗教的な公教育の維持と出自の多様な生徒が集まる場の維持を理由に禁止法と設立計画に反対した。最終的にアルキンディ設立計画はリヨン大モスクからは黙認を、他の団体からは支援を受けることができたが、それはどのようにして可能になったのだろうか。

2・2 共和国モデルの私立学校としての
アルキンディの提示と地域の親密なネットワーク

UJMやFFEMEの「隔離」への懸念に応えるために、2003年6月、シェルギはムスリムだけを隔離するという意味にとられうる「ムスリム学校」（école musulmane）ではなく、「ムスリム（としての価値を参照する）学校」（école de référence musulmane）としてアルキンディを定義する[27]。この定義に

よって、アルキンディをエスニックブラインドな公的領域（公教育）を確保しつつ私的領域（公教育外）での多様性を実現するという意味で「公的領域のエスニックブラインドな平等」を侵害しない、私立学校として定義したのである。その場合、多様性は具体的にはイスラーム教育、すなわち選択科目としての宗教教育とアラビア語教育の授業及び課外授業を意味する。そしてこの定義を掲げながら地域の主要なムスリム団体のネットワークを通じて議論し合うことでアルキンディ設立の合意を形成していく。

　具体的には、アルキンディの設立は以下の実質的平等を強調する理由によって根拠づけられた（Al-Kindi, 2013b）。第一に、スカーフ禁止法によって公教育から排除される女子生徒を受け入れ、公立学校で第二世代が経験する排除や差別のない学校の必要性である。第二に、あらゆる出自の生徒・教職員に開かれる、生徒の多くが居住する郊外では見つけにくい教育水準の高い学校の必要性である。第一の理由には禁止法による「公的領域のエスニックブラインドな平等」の実質的侵害への対抗という意味があった。また第二の理由は、「公的領域（公教育）のエスニックブラインドな平等」にもかかわらず郊外で顕著な教育水準の低下に対抗する「エスニックブラインドな教育」による実質的平等の強調という意味をもち、すでにUJMやFFEMEで行われていた学習支援活動の延長として考えられた。第三に、参加自由の講演会などでの、スカーフ禁止法への批判や禁止法成立の背景としてのフランスの植民地問題などをテーマとした学習の場の必要性である。第三の理由で、公的領域で特定のエスニックアイデンティティが管理されることに対する批判は実質的平等の強調として継続される。これはまさにUJMやFFEMEの行政に対する批判と重なる。アルキンディによれば、「教育の失敗、教育水準の低下、暴力、ムスリムの共同体から生まれるオルタナティブ教育の不在、2004年3月15日法の濫用的な効果、学校の設立を促したのはこうした理由である」（*ibid.*）。

　こうした批判に対応した定義は、2003年から2005年にかけて、月1回開催されるリヨン大都市圏に存在するムスリム団体のネットワーク、「リヨン大都市圏ムスリム団体ネットワーク」（Collectif des Associations Musulmanes du Grand Lyon：CAMGL, 1997年設立、以下、リヨン団体ネットワーク）の運営会議や月2、3回行われる様々なイベントを通じて繰り返し表明され、議論された。

　リヨン団体ネットワークはリヨン大モスクを除く主要なムスリム団体をすべて含み、各団体設立以前からの個人的な知り合いも多く、衝突が頻繁に生じる

が、個人的な関係を基礎に衝突が分裂にまで至らない、率直な意見交換が可能な場となっていた（浪岡、2015）。たとえば、オスマンモスクに対して、その実践評議会への参加についてUJMやFFEMEから激しい批判があった。UJMらは、実践評議会を「公的領域のエスニックブラインドな平等」を侵害する行政によるイスラームの管理の試みと捉え、実践評議会への参加はこの試みを承認することになると考えたのだ[28]。リヨン団体ネットワークはこうした批判の存在は認識している。しかし、各団体が「隔離」と差別への抵抗をその主たる活動とするべきという認識を共有してさえいれば、各団体の活動を支援していた[29]。アルキンディについても、その自己定義や設立理由はこの認識を共有するものとみなされた。

　他にも以下の理由がアルキンディの支援に有利にはたらいた。まず、学校の設立はUOIFの資金援助が約束されており、実現可能性が高かったこと。さらに彼ら自身も子供をもち、その進学先に悩んでいた。そのために差別のない教育水準の高い郊外の学校設立は彼らにとっても利益があった。また当時、UJMは講演会やセミナーの開催で公民館などの使用を拒否されるようになっており、アルキンディの開校は会場確保の観点からも利益があった。FFEMEにとっては公立学校から排除された女子生徒への学習支援をアルキンディに期待できるという利益があった。そしてアルキンディがムスリム団体に依頼した生徒募集のための働きかけは、リヨン団体ネットワークの既存のネットワークを使って広報を行うだけであり、特に新たな活動は必要なかった。こうした理由を背景に、リヨン団体ネットワークメンバーの団体がアルキンディの試みを支援することになる[30]。

　ついにリヨン大モスク以外のリヨン大都市圏の主要ムスリム団体から合意が調達される。こうした状況を背景に、行政からしばしばリヨンのムスリムの代表とみなされてきたリヨン大モスクは、孤立することでムスリムとしての代表性をさらに失うことを恐れアルキンディ設立を公に批判することはなかった。結果的にアルキンディはほぼすべてのモスクから喜捨を、さらにUOIFを通じて湾岸諸国からの資金援助を受け、約40万ユーロを2005年11月には集めた[31]。これをもとに企業の跡地を購入し、2006年に建築を予定することができた。さらに、2003年からのリヨン団体ネットワークなどを通じた生徒募集活動によって開校前に入学希望者を確保することができた。

　ムスリム団体の支持を得るためにアルキンディは「公的領域のエスニックブラインドな平等」とイスラームについて以下のように実質的平等を強調した。

「公的領域のエスニックブラインドな平等」の実質化として以下の二点を強調した。第一に、アルキンディは、カトリック私立学校と同じように公教育（公的領域）を担う私立学校として設立されるので学校はエスニックブラインドに市民に平等に開かれる。第二に、「公的領域のエスニックブラインドな平等」の侵害といえるスカーフ禁止法や郊外での公立学校の教育水準の低下に対抗して、あらゆる生徒を受け入れる教育水準の高い公教育を提供する。同時に、公教育外（私的領域）の、イスラームについての講演会や選択制の授業などを通じて、従来のUJMやFFEMEの活動であるスカーフ禁止法批判の活動を引き継ぐことを他のムスリム団体に約束した。この意味でイスラームは「公的領域のエスニックブラインドな平等」を実質化し「隔離」に反対する社会運動のフレームとして理解された[32]。

3 イスラームの独自性の否定（2006年〜2007年）
――大学区長の職務の中立義務違反に対する批判：形式的平等の強調

3・1 アルキンディの設立申請に対する大学区長の共和国モデルの主張と抵抗

アルキンディはその設立計画においては、主要なムスリム団体の支持を得ることを大きな課題とした。そのために実質的平等を強調してエスニックブラインドな平等が保障されない公教育をムスリム私立学校は批判し、自らの「教育の固有性」を擁護した。しかし、設立申請においては行政の支持を得ることが課題となり、批判性、固有性の主張は困難になる。

2006年3月、アルキンディは設立を行政機関に申請する。2006年当時は大統領選を前にして、ムスリムの扱いは大きな争点となっていた。その中でサルコジ内務大臣（当時）はムスリムの票を期待し、UOIFとの親密な関係をアピールするなど、全国レベルでのムスリムの行政とり込みが進んでいた。しかし、この過程でも困難を経験する。私立学校の設立には二つの条件を満たす必要がある。事前に、建物の基準について市役所に確認をとることと、大学区長が開校許可を出すことを知事そして共和国検事が認めることである。開校許可がおりないのは、1カ月の間に一般的な良俗や衛生上の問題があることが明らかになった場合のみである。アルキンディの設立申請に関しては、市長も協力的ではなく、行政手続きの遅れなどが見られたが、特に問題となったのは大学区長による共和国モデルを理由とした開校申請の拒否である。

デシーヌが位置するリヨン大学区長は 2002 年に着任したモルバン（Alain Morvan）であった★33。彼自身は右派のシラク（Jacques Chirac）政権の下で任命されたものの、歴史修正主義、人種主義や反ユダヤ主義を厳しく非難することで名前を知られていたために、「歴史修正主義に反対する学生の会」をはじめ左派からもその行動や発言は支持を受けていた（Bassiouni, 2008）。開校資金の準備が完了し、入学事前申し込みが済んだ 2006 年 5 月にアルキンディは 500 人の生徒受け入れを念頭に 9 月開校を前提として開校申請を行う。同年 6 月に、大学区長は生徒数に対しての教室の面積や洗面所などの不備を理由として開校申請を却下する。決定は諮問機関である大学区審議会（Conseil d'Académie de l'Education Nationale：CAEN）によって追認された。そこで、アルキンディは建物の改修を終え、同年 7 月には市役所から建物が基準に達していると認められ開校を許可される。

　アルキンディは生徒数を 150 人に減らした上で大学区長に 2 度目の申請を行うが、以降も同じように却下される。同年 8 月に、大学区長は、本来は既に市役所が確認したはずの建物に関して建物の土地が汚染されている可能性があること、さらに予定される校長が公立学校の職を辞していないがゆえに禁じられた兼職にあたる可能性があることを理由として、再度、申請を却下した。この却下は再び CAEN によって追認される。同年 11 月には、アルキンディは教育責任者の資格不足について説明書をつけた上で、大学区長に 3 度目の申請を行った。同年 12 月に大学区長は、再び土地の汚染ならびに資格不足を理由として却下し、これが CAEN によって追認される。こうした開校の延期は授業料収入を不可能にすることで設立計画を頓挫させることを目的としていたと考えられる。

　出来事は、行政的手続きの不備の問題にすぎないように見える。しかし、他では問題にならないような事柄がアルキンディにおいては開校を妨げるほどの不備であるとされた。実際、その後、CAEN の上位の機関である「文教高等会議」（Conseil Supérieur de l'Education Nationale：CSEN）が再検討し、「行政裁判所」（tribunal administratif）においてこうした不備による開校却下の決定が無効とされ、さらには大学区長は職務の中立義務違反を理由として更迭された。なぜ大学区長は、アルキンディに対してのみこれほど行政的手続きの不備を指摘したのだろうか。大学区長のメディアなどでのアルキンディについての発言から、ムスリム私立学校設立の問題は、単なる手続き上の問題ではなく、「公的領域のエスニックブラインドな平等」という特徴と密接に関

わっていたといえる。

　まず、アルキンディの設立団体の代表が UOIF 副代表のアキムであったために、アルキンディの設立は UOIF の指導のもとに行われると理解された（Morvan, 2008: 154-156）。実践評議会では UOIF はメンバーとして迎えられ、そのイスラーム主義者というイメージを内務大臣（当時）の下で払拭したようにも見えるが、一般には相変わらずイスラーム主義者と見なされていた（Geisser, 2006）。こうした事情を背景に、設立を黙認していたはずのリヨン大モスク責任者はアルキンディを念頭に次のように新聞で述べる。「長い間（ムスリム）共同体は私立学校を開校するという誘惑と闘ってきた。現在、ムスリムたちはみんな共同体主義と引きこもりを強化する方向へまっすぐに進んでいる。我々はこの危険について公権力に警告していたのに」（*Libération*, 2006 年 2 月 21 日）。共同体主義とは、「公的領域のエスニックブラインドな平等」を侵し、国民をエスニック集団ごとに法的に分割しようとする考えである（Mazawi, 2009）。

　アルキンディはその設立の意図を伝えようと大学区長に面会を申し込んだが、区長は面会要求を拒否した。彼はアルキンディの設立が UOIF の下で計画されていると考えた（Morvan, 2008: 155-156）。「UOIF と結びついた……アルキンディのやり方は〔非宗教性原則などの〕法治と無関係な独裁地区の設置を目指している」と彼は語る（*ibid.*: 211）。

　ただし、大学区長の立場は差別とは認識されない。彼自身、「私はイスラームを大いに尊重している。……〔2004 年の禁止法以前：筆者注〕私は公立学校から排除されたムスリムのスカーフを着用した女子生徒を擁護したことすらあるのだ……私が〔アルキンディの開設に：筆者注〕反対するのは原理的反対ではない」と述べる（*Le Monde*, 2007 年 3 月 23 日）。彼は、「誇りを持った世俗主義者であり、共和主義者である」と自分を考えている（Morvan, 2008: 152）。彼の UOIF に対する否定的な態度は、ユダヤ系諸団体によって、UOIF らが主張すると考えられる反ユダヤ主義と闘うものとして支持された（*ibid.*: 234-235）。「私たちは、共和国とその法に敵対する陰謀に直面している……私はフランスを細切れにして売りたくはない」と彼は述べ、「共同体主義」に対抗した（*ibid.*: 208）。

　こうしてアルキンディの開校拒否は、UOIF に代表されるイスラーム主義者たちと「公的領域のエスニックブラインドな平等」に基づいた国民の一体性を維持しようとする大学区長の立場、という対立構図で大学区長によって提示された。

3・2 アルキンディの「共和国の学校」としての自己定義を通した裁判所、カトリック団体、与党政治家との連携

こうした設立に否定的な大学区長に対してアルキンディは、形式的平等を強調し、裁判に訴えることに加えて、大学区長が大統領の任命職ということを考慮して、世論や政治家へ働きかけた。具体的には、①メディアを通じて大学区長の行為がイスラーム主義者としてのUOIFへの当然の対応ではなく、ムスリム一般への差別であり「公的領域のエスニックブラインドな平等」の形式に反すると問題提起すること、②その問題提起についてカトリックなど強い政治的影響力を持つ宗教系私立学校からの支持を得ること、③さらに地方・全国レベルでの政治家への働きかけをすることである。

そのために、アルキンディはこれまでの自分たちの活動方針を転換する。UOIFとの関係からイスラーム主義者と見なされている以上、公教育や他の宗教宗派による教育と異なるイスラームに基づいた教育の独自性の主張や、特にUOIFから支援を受けることは批判を強めてしまうと考えたのである（Bassiouni, 2008）。さらに、UOIFからは開校資金を提供してもらっていたものの、以降は資金援助を期待できなかった。そこで、アルキンディはUOIFとのつながりを薄めるために、リヨン団体ネットワークのみではなく、設立計画の段階で協力を求めなかったリヨン大モスクや、入学希望の生徒の両親などに支援を求めた（ibid.）。これは、リヨン大モスクにとってもUOIFの影響力を薄め、自分の存在感を示すことができるよい機会となった。

2006年10月には、生徒の入学を予定していた両親たちは大学区庁舎の前などでデモを行った。ビラを配布する際には、「みんなにとっての平等」(égalité pour tous) などと叫び、「なぜ〔カトリックなどには認められるのに：筆者注〕私たちから私立学校を奪うのか」というスローガンを（フランスの共和国を象徴する）三色旗の横断幕に描いた（*Lyon (AP)*, 2006年10月5日）。このデモは、「教育の固有性」としてのイスラーム教育の内容を論じることなく、「公的領域のエスニックブラインドな平等」の観点から、他の宗教宗派と平等な扱いを求めることに焦点を置いた。そのことでリヨン大モスクをはじめ、UOIF以外の団体やどの団体とも関係をもたないムスリムや移民出身者の参加を得ることができた。「私立学校の権利が、ムスリムにのみ認められないという差別を同じ市民として許してよいのか」と主張したのだ（*Saphir news*, 2006年10月5日）。

また、UJMやオスマンモスクが古くからもっているカトリック団体との協力関係を基礎に、開校拒否を私学教育の危機とアピールすることでカトリックからの支援を得ることができた。たとえば、大司教は「カトリック学校があり、ユダヤ学校がある。なぜムスリム学校がいけないのか。」と知事や市長の前で発言した（*ibid.*）。また、アキムらは地方レベルではUOIFの影響力を薄めることを徹底したが、全国レベルでは積極的にUOIFに依頼をかけて大学区長に圧力をかけようとした（Bassiouni, 2008）。アルキンディは、UOIFを通じて大統領選候補者であったサルコジ内務大臣（当時）に働きかけた。実際にモルバンは、開校拒否をやめるように働きかけを受けていたという（Morvan, 2008: 180）。モルバンの対応は共和国モデルが前提とする公務員の中立義務への違反と見なされ、結果的に更迭されることになる。そして行政裁判所への訴えは、大学区長の決定の取り消しにつながる。

　行政や裁判所の支援を得るためにアルキンディは「公的領域のエスニックブラインドな平等」とイスラームについて、設立計画では実質的平等を強調したが、設立申請では形式的平等を強調するようになった。申請においては「公的領域のエスニックブラインドな平等」の形式として、以下の二点を強調した。第一に、行政はカトリック私立学校の設立申請に対するのと同じような、エスニックブラインドな対応をするべきこと。そのためにアルキンディは、イスラームの「教育の固有性」を主張することはなく、また郊外における教育水準の低下を批判することで自校の必要性を主張することもしない。第二に、アルキンディはスカーフ禁止法の改正をはじめとして既存の法律自体の問い直しの要求はしないということである。もはやイスラームは社会運動のフレームではなくなり、宗教実践に限定される。一方で既存の手続きや法律の平等な適用を求め、他方で行政や法律のあり方を批判することは、与党行政や裁判所への配慮から困難に思われたのだ。

4　イスラームに基づいた学業成績の向上（2007年〜2014年）
　　――私学助成への依存と優秀な生徒の確保：進学校の論理の強調

4・1　協定私立学校の進学校としての教育カリキュラムと
　　　　イスラーム教育の独自性との葛藤

　アルキンディは、その設立申請においては、行政によるエスニックブラインドな平等な扱いを受けること（形式的平等）が大きな課題であった。そのため

にムスリム私立学校としての「教育の固有性」ではなく、アルキンディはカトリック私立学校と変わらない私立学校であること、つまり類似性を強調した。運営過程においては、生徒の確保と私学助成の獲得という二条件を満たすことが課題となる。この課題はアルキンディのイスラームに基づく「教育の固有性」をさらに失わせることになる。

　2007年3月5日にアルキンディは16人の生徒で協定外私立学校として開校した。生徒はほぼ全員第二世代である。設立後、その規模を拡大する中でアルキンディは運営を進めるにあたって資金の問題に直面する★34。アルキンディにはもともと資産はなく、外部資金は期待できなかった。その場合、生徒数を確保して学費収入で運営をまかなうことになるが、アルキンディの場合、生徒からの学費収入では運営費の45%しか満たされない。そして、学費の値上げは、すでに約1250ユーロ前後という、主たる層が庶民層の第二世代にとって高額の年額の学費を徴収していることから、生徒数の減少につながる可能性があり不可能だった。

　したがって、アルキンディには一方では、生徒の両親の要求に応えるような教育を提供し生徒を集め続ける必要が、他方では、公教育の一部を担う協定私立学校として国民教育省から認められる必要があった。まず、生徒や両親がムスリム私立学校に要求するのは、第一に学業成績の向上であり、第二にイスラームに基づいた独自の教育が保障され「隔離」や差別がないことである（Bras, 2010; Poucet, 2012）。

　そして、国民教育省と協定を結ぶのに必要なのは、5年間の学校運営歴とカリキュラムおよび教員雇用において公教育に準じることである。その際学校は、その宗教的属性と無関係にあらゆる生徒に開かれなければならない。その際、協定を巡る行政との交渉をスムーズに進めるためにアルキンディは、ムスリム私立学校が集団として行政と交渉する必要があると考えた。たとえば、集団として私学助成を一括して受けとり、その後、集団を通じて各ムスリム私立学校に私学助成を分配することで、各学校が行政と交渉する負担をなくし、行政に集団としてより大きな圧力をかけることができる。しかし、その場合、学校設立に多くの場合関与するUOIFの影響を避けることはできない。しかしUOIFの関与は設立過程に見られたように行政との交渉を困難にする場合もある。アルキンディは、この中でどのように生徒募集と私学助成の獲得を成功させたのだろうか。

4・2　協定私立学校の進学校としての選択
 4・2・1　生徒募集のための「進学校」としての自己定義と
　　　　　イスラーム教育の独自性のプラグマティックな組み合わせ
　アルキンディは生徒募集のために「進学校」としての論理をイスラームの「教育の固有性」(ムスリムの宗教実践の承認と「隔離」の不在)に優先させている。進学校として、アルキンディは①学力水準による入学選抜の厳しさ(中等学校入学時で約10倍の競争率:2010年から)、②学業不振生徒への退学勧告、③少人数指導(1クラス15人ほどで平均30人の公立学校よりも少人数指導であること)、④外国語教育の強化(ネイティブスピーカーによる授業や外国での語学研修の機会の用意)、⑤休暇中を含めた補習授業の設置をアピールしている(Al-Kindi, 2013b)。
　それでは、ムスリム私立学校としての「教育の固有性」はどのように具体化されているのだろうか。まず、公立学校では不可能な行為として、生徒のスカーフ着用(積極的なスカーフ着用を理由とした転校生の受入れ:ただし、学期で1、2人)、公教育担当教員すら「寛容」される宗教的標章の着用[35]、校内の礼拝所での礼拝をあげることができる。次に、カリキュラムにおいては、週2時間のUOIFメンバーによるイスラームの選択授業(公教育外)、アラビア語の授業の重視、また、集団礼拝を考慮して金曜日が半日授業であることをあげることができる。
　ただし、こうした「教育の固有性」が保障されるとしてもその実際の利用者は少ない[36]。スカーフ着用生徒は女子生徒の4割にとどまる。そして、教員採用では教育能力が最重要視されることから非ムスリム教員も採用する(教員のうち約1割が宗教実践を行わない)(Al-Kindi, 2013a)。さらに、礼拝所はその使用頻度は7割と低く教員に問題とされている。カリキュラムについていえば、選択制のイスラームの授業を履修しない生徒は約1割であり、さらに、アラビア語も第一言語としてではなく外国語の一つと位置づけられている。
　なお、生徒の生活全般をイスラームに従って規定することはない。たとえば、以下のことは認められない。まず、顔を見ないで指導することは困難であるということを理由に顔を含め全身を覆う「ブルカ」の着用は禁止される。そして、スペースの問題から男女の分離、ハラールミールの提供は行われず、生徒募集の地域性を重視して寄宿舎はもたない。さらに、スカーフ禁止法をはじめ公的領域のあり方自体に対する批判的な主題が講演会でも扱われることはない。図書室などが主催となる課外活動の講演会で扱われるのは「預言者の生活に学ぶ」

など、親子関係などの改善を目指すものが主である。

　第二世代が経験する「隔離」や差別についてはどのような独自性をもっているだろうか。アルキンディは、第二世代の家庭での貧困経験に加えてムスリムとしての差別経験が生徒自身の学業や進学への動機づけに否定的な役割を果たしていると考えており、彼らの希望する職業に向けての進学を意識的に励ましている。「ムスリムだからといってすぐに職業訓練コースを勧めるようなそんな進路指導はゆるせない」[37]。たしかに、未だに50％の生徒は世帯収入基準から奨学金を得ており貧困層が多いが、近年は商店経営者の子どもなど、中産階層出身の生徒が増加している。彼らにとっては公立学校かアルキンディという選択肢ではなく、他のカトリック学校と比較してアルキンディを選んでいる[38]。

　学内でムスリムとして差別を経験することは基本的にない。しかし、たとえば生徒たちがバカロレア（大学入学資格試験）などを外の学校で受験する際に、女子生徒がスカーフを着用することが非宗教性原則違反と誤解されることは恒常的にあり、アルキンディは学校として抗議している。

4・2・2　協定化への志向性のための
　　　　UOIFを周縁化する圧力団体の形成の試み

　アルキンディでは教員の多くが任期付雇用でその立場は弱い。そのために、契約更新を決定する学校責任者の権限が圧倒的に強く、トップダウン式に協定学校になることがアルキンディの絶対の課題とされた。そこで進学校の論理、特に進学実績と財政基盤の確保の必要性を強調して、設立当初から公教育に準じたカリキュラムを組み、教員の採用も公立学校の基準に準じた。こうした内容が評価され、2012年9月より、アルキンディは30％の授業について協定を教育省と結んでおり、その担当教員の給与は教育省から支払われている。協定外の教員の給与は、協定を結んだ授業担当の教員に比べると約20％安いので、経営の安定と優れた教員の確保という観点からアルキンディは協定の授業を増やしたいと考えている。

　しかし、協定の割合の決定については行政の裁量が大きく働いている。全面的に協定化できない理由として、行政は一般には予算の制約を理由としてあげる。しかし、実際にはアルキンディの主張するイスラームに対する不信感が背景にあるとシェルギは考えている[39]。

　ただし、協定が拡大する中で、教員採用自体がアルキンディの手を離れ、大

学区による配属を受け入れなければならない場合もある。具体的には、協定化されている科目が週18時間を超える場合にはフルタイム就業となり、大学区で配属先が決まっていない教員がいる場合には、学校はその教員を受け入れることになる。拒否は可能だが、実質的には協定がある以上困難である。それがムスリム私立学校としての独自性を失わせることを懸念し、協定外学校を志向するUOIFメンバーの教員もいた★40。しかし、2012年9月、彼は、その立場が学校方針にあわないことを理由として、アルキンディから解雇された★41。

　UOIFの影響を抑えながらムスリム私立学校として集まり、協定化を求めて圧力団体を形成するために、アルキンディは最大規模の学校として脱退をほのめかすことでUOIFに圧力をかけながら、全国組織を形成する。特に協定化に成功した2012年からアルキンディはフランス各地の学校設立計画や協定化を支援するためのセミナーを定期的に開催し、ムスリム私立学校のネットワークを構築していく★42。

　これに対してUOIFは公立学校の教育に対抗する中で、ムスリムとしての教育を一義的に定義しようとする。2014年4月、UOIF年次総会においてアヴェロエスの副責任者兼UOIF副代表のマメシュ（Makhlouf Mameche）は、「子どもは家族のものであって、国家や共和国のものではない」と述べ、ムスリムとしての立場から、公立学校におけるジェンダーフリー教育の導入について懸念を示した（*Figaro*、2014年4月20日）。彼は同年3月22日に設立された「ムスリム私立学校全国教育連盟」の初代責任者として連盟加盟校に共通の「ムスリムの倫理」の授業を作ることを考えている（FNEM, 2014）。

　しかし、こうした共通化をはかる方向に抗して、アルキンディが中心になって準備し設立の際に公表された「ムスリム私立学校全国教育連盟」の憲章には、①みんなに開かれた学校であること、②各私立学校がそれぞれ固有の教育プログラムをもつこと、③信仰の自由を生徒や教職員に保障し、④生徒選抜の唯一の基準は学業成績と学校方針への同意であることが同時に明記された（*ibid.*）。アルキンディは、この連盟を中央集権型ではなく、ネットワークとして機能させることでムスリム私立学校の集団として一定の存在感を行政に対して示すと同時に、その主導権をUOIFにゆだねないように試みている。

　協定化を進め、進学校を目指すためにアルキンディは、「公的領域のエスニックブラインドな平等」とイスラームについて、設立申請では形式的平等を強調したが、運営では進学校の論理を強調するようになった。運営においては「公的領域のエスニックブラインドな平等」は出自にかかわらない公的領域を中心

に国立大学医学部への進学など社会上昇を実現するもの、進学校化を可能にするという意味で、進学校の論理に沿うものとして強調されている。そして、イスラームはアルキンディが進学校であることを前提として主張される。公的領域（公教育部分）においてイスラームの「教育の固有性」は、カリキュラムはもちろん学校の裁量の幅が大きい教員採用においてすら最重要基準としては見当たらない。生徒募集においては公立学校との間に差異があるが、それはイスラームに基づく固有性ではなく、授業料を支払うだけの経済的余裕と学業成績による選抜によるところが大きい。私的領域（公教育外の授業や課外活動）では、イスラーム教育は謳われているが、その固有性が全生徒に実践されているとはいえない。イスラームの宗教実践の程度も協定化の追求と進学校としてのカリキュラムの追求の中で周縁化される。スカーフ禁止法や、郊外における教育水準の低下への批判がイスラームの名の下に行われることはもはやない。ただし、バカロレア受験の際の差別などで社会運動としてのイスラームというフレームは時として活用される。

むすび

　集団的権利を認めない共和国モデルにおいても私学教育は公教育の一部をなすと見なされており、私立学校を通じてエスニック集団はアイデンティティの維持をはかっている。しかし、これは国民＝市民形成を巡って、国家がエスニック集団による私立学校の「教育の固有性」の有用性を認めたということでは必ずしもない。

　かつて、国家は公教育からエスニック集団（カトリック教会）を排除することで、国民＝市民形成の場を国家が独占しようと試みたが、現在では状況は大きく変化している。時代とともに公教育における市民形成を国民形成と重ねる立場は弱くなり、現在では私立学校の有用性は認められるようになった。ただし、それはその宗教的側面への評価からではなく、むしろ主として学歴獲得のための進学校としてなど、公立学校より手厚い教育を提供する学校としてである。

　この中で、1980年代末からのムスリムと自己定義する生徒の存在に教師が注目することで、国家の国民＝市民形成を目的とした教育義務が再び学校教育における重要な争点となっていく。しかし、ムスリム私立学校は、その設立計画及び申請においてはイスラームに基づくというその「教育の固有性」ゆえに

カトリック私立学校をはじめ、他の私立学校と差異化されるものの、運営の段階になると、他の私立学校と同じように学歴獲得の手段となり「教育の固有性」を不明確にしていく。

こうした経緯の中で、アルキンディがその存在を正当化する際の各段階で「公的領域のエスニックブラインドな平等」とイスラームはどのように解釈されたのだろうか。2004年のスカーフ禁止法成立によって、従来の法学的解釈による「公的領域のエスニックブラインドな平等」は実質的に侵害された。こうした状況を背景にアルキンディ設立がムスリム団体の間で支持される必要がある。アルキンディは「公的領域のエスニックブラインドな平等」を、従来の法学的解釈に基づき実質的平等を強調することで、既存の法律や行政の扱いを批判するための根拠として解釈した。

具体的には、アルキンディは「公的領域のエスニックブラインドな平等」の観点から禁止法が実際には特にムスリム生徒を対象にすることを批判する。そして、「公的領域のエスニックブラインドな平等」の下で特に第二世代が経験する郊外の公立学校の教育水準の低下や生徒の意に沿わない職業コースへの進学指導、早期の学校からの退学などと闘うことを目的とする。アルキンディ設立をめぐって、全国レベルで対立するムスリム団体が、地域レベルでは協働することができた。ムスリム団体においてイスラームはムスリム系マイノリティが経験する「隔離」に対抗するための社会運動のフレームとして機能していた。

つぎに、設立申請になると、メディアでのUOIFの過激派のイメージを前提にした大学区長のアルキンディへの対抗的な姿勢に対してアルキンディは闘うことになる。ここではもはや実質的平等は強調されない。「公的領域のエスニックブラインドな平等」は、形式的平等を強調し、大学区長の申請却下のみを例外的な不平等として解釈するための根拠として用いられる。したがって、それ以外の争点であった、スカーフ禁止法も含めた既存の法律や郊外での教育水準の低下など行政のあり方への批判はなくなっていく。UOIFは、実践評議会に参加し、国政レベルで理解される「公的領域のエスニックブラインドな平等」に対立するものとしては位置づけられていなかったにもかかわらず、地域レベルでは対立するものとして解釈された。こうした状況を背景に、アルキンディは、国政レベルでの「公的領域のエスニックブラインドな平等」の解釈にもとづき、裁判など法律に基づいて反差別を求める方向性へと転換する。

そこでUOIFをイスラーム主義者と見る立場からの批判をかわすために、

UOIF以外とのムスリム団体やムスリム一般、さらにはカトリックからその支持を広く受ける必要があった。そのために社会運動のフレームとしてのイスラームという側面は失われる。イスラームは宗教実践に限定され、その固有性ではなくカトリックと同じような「宗教宗派」としての類似性を強調することで、アルキンディは設立申請において平等な形式的扱いを行政に要求する。

　そして、学校が設立されると宗教的属性自体の重要性は弱まり、今度は運営において私学助成及び学歴競争の場としての進学校の論理が強調される。ここでは「公的領域のエスニックブラインドな平等」は、具体的には、国家の全面的な支援の下で公教育を安価で国民に提供し、出自に関わりなく能力によって社会的上昇を可能にする進学校の実現という意味で解釈される。ただし、協定校において、「公的領域のエスニックブラインドな平等」の側面は教員の宗教的標章の着用が「寛容」されるなど、実際にはより柔軟に、宗教的特徴が認められるように運用されており、スカーフ禁止法に拘束される公立学校におけるようなイスラームに対抗的な方向性はない。こうした既存の法律の枠内での進学校化や柔軟性を、アルキンディは積極的に受け入れていく。そのために宗教実践に限定されるイスラームすらも進学校の論理が優先される中で、実際の利用生徒の減少や時間割における優先順位から周縁化され、その学校の精神としてのスローガンなど形式のみが残っていく。

　アルキンディの掲げるイスラームはムスリム団体はもちろん、一般に受け入れられるものでなくてはならなくなった。ここでイスラームの「遺産」(hétitage)は生徒に「粘り強さ」(endurance)を生み出し「成功」(succès)に導くものとして校則化される★43。今後、アルキンディが、市場化が進む中でムスリム以外を含む、「隔離」にもはや関心を持たないエリート学校へとムスリム私立学校から変化していく可能性すらある。しかし、現在のところ、拡大しつつある極右勢力に見られるようなイスラームに対する差別が、その実際とは無関係にムスリム私立学校を「特殊化」しており、このことが逆に、ムスリム学校の生徒を第二世代に実質的に限定し、「隔離」という問題設定を完全には手放せなくしている。

付記　本稿は、2014年フランス教育学会招待講演の内容を大幅に加筆修正したものである（その報告要旨は『フランス教育学会年報』第27号、2015年、41-52頁に「課題研究」として掲載）。
　また、本稿は2013-2016年度科学研究費補助金（基盤研究Ｃ）「欧州における移民出身ムスリムの排除と包摂　課題番号（26380218）」（研究代表者）、ならびに2014-2017年度科学

研究費補助金（基盤研究Ａ）「多文化共生社会の変容と新しい労働政策・宗教政策・司法政策に関する国際比較研究　課題番号（26245016：研究代表者飯田文雄教授（神戸大学大学院法学研究科））」（研究分担者）による研究成果の一部である。

注
★1　ここで市民とは政治共同体のメンバーを指す。国籍取得は完全な市民としての権利義務関係を保障するが、欧州市民権や地域市民権など部分的な権利義務関係も存在する。
★2　本稿では国民としての属性とは区別された言語や宗教、文化などその出自（origine）と結びついた差異をエスニック、この差異を共有していると見なされ、自らも共有していることを主張する人々をエスニック集団と呼ぶ。
★3　2010年10月16日ドイツのメルケル（Angela Dorothea Merker）首相の発言や2011年2月5日イギリスのキャメロン（David Cameron）首相の発言など。
★4　本稿では最も人数が多く問題視されることからマグレブ（アルジェリア、チュニジア、モロッコ）からの「移民出身者」に対象を限定する。移民出身者とは、移民第一世代および第二世代（フランスで主として社会化された者）を意味する。移民出身者若年層において礼拝を行うのが39％、礼拝所に行くのが23％、断食を行うのは70％という調査がある（IFOP, 2011）。2010年のフランス国立統計経済研究所（INSEE）の調査では、「移民」（immigré）とは外国で外国人として生まれフランスに居住する者を指す。「移民出自の者」（descendant direct des immigrés）とは、少なくとも両親の一方が移民である、フランス生まれの者を指す。この、EU域外生まれの移民出自の者の失業率は, その学業水準にかかわらず、移民でも移民出自の者でもないフランス人より2.5倍ほど高い。その中でも25-28％と失業率が高いのはマグレブ移民出自の者である（INSEE, 2012: 186）。学歴については、初等教育よりも上位の学歴をもたないのは移民ではない場合15％、移民出自の者でもない場合は13％であるが、マグレブ移民は39-46％、移民出自の者は17-27％が該当する（ibid: 164-167）。なお、フランスの次に人口が多いのがドイツで、トルコ移民出身者を中心に約410万人、イギリスにインドやパキスタン移民出身者を中心に約287万人存在する（Pew Research Center, 2011）。
★5　共和国モデルはマイノリティ向け政策という観点からはいわゆるリベラル多元主義と呼ばれる法的枠組みと重ねられる。リベラル多元主義は法的にはエスニックマイノリティは文化的多様性を認められず、私的領域において認められるという考え方である。これに対立するのがコーポレイト多元主義で、エスニック集団固有の法的地位を認め、その存続を法制度的に維持していこうとする考え方である。Gordon(1988)を参照。また、一般にムスリム系移民出身者が「ムスリム」と見なされ差別されることが多いとしても、そのことは彼ら自身がムスリムと自己を定義することを意味しない。フランスでは宗教的属性についての公的調査は存在しないが、いくつかの調査から概数を知ることができる。2011年の調査によれば、ムスリム系マイノリティの75％が自己をムスリムと定義し、41％が宗教実践（pratiquant）も行っている。34％は信仰（croyant）はもつが宗教実践は行わないと答えている。25％は宗教をもたない、もしくはただムスリム系（d'origine musulmane）である、と答えている。25％のみが一般に金曜日にはモスク

に行くと答えている。また約3分の1がイスラームで禁じられているアルコールを消費している。調査について IFOP（2011）を参照。

★6　ライシテという言葉は世俗化、政教分離原則や非宗教性原則などさまざまに訳されうるが、本稿では公的に宗教的属性を認知しないという意味で非宗教性原則という言葉を使う。

★7　したがって、スカーフ「ヒジャブ」着用を理由に排除された生徒が裁判に訴えた場合、その多くは勝利した。これについては Lorcerie（2008）を参照。

★8　その活動がイスラームに基づくことを対外的にも明らかにしている団体を指す。その法的地位は宗教法人の場合も非営利組織の場合もある。ムスリム団体は、地域ごとの団体は数人から、UJM のような大きな組織でも 30 人程度が週に 2、3 回集まって活動している。専従職員をもつ組織はほとんどない。UJM で 3 人ほどである。ただし、UJM の講演会は最大だと 4000 人以上を地域を中心に集めている。全国組織は数百のムスリム団体を傘下にもつ。

★9　本章の内容は 2000 年から 2014 年までの筆者が行った、リヨン大都市圏東部でのアルキンディ設立計画におけるリヨン大都市圏ムスリム団体ネットワーク、設立申請におけるアルキンディの運動、運営におけるアルキンディの授業、の参与観察及び、このネットワークの活動家、現職及び解雇された教員への半構造化インタビューに基づいている。なお、計画、申請段階ではまだアルキンディは設立されていないので、正確にはそれぞれアルキンディ設立計画団体、設立申請団体ということになるが、本章ではアルキンディの名前で提示される言説や計画、活動に注目するので、設立過程におけるその活動の主体を一貫してアルキンディと呼ぶ。本稿では 2014 年までを対象としたが 2016 年までの調査では 45 から 60 校が 3 歳から 18 歳までの、いずれかの年齢層向けの学校として活動している（Ferrara, 2016）。数が概数なのは、実際には法的な地位があっても学校としての活動を停止している場合も少なくないからである。このことが、学校運営の困難を示している。Ferrara によれば、2014 年以降、Vitry-Sur-Seine の中学及び高校 Education et Savoir が協定化されている。

★10　教育効果はバカロレアの成績を見る限り平均を大きく上回る。2014 年度は医学部などの難関校進学につながる S（理科）コースで 95％、ES（経済社会）で 100％、STG（経営科学技術）で 95％と高い成績を上げている（Al-Kindi, 2014）。

★11　アルキンディとは理性と信仰との調和を目指した 9 世紀のムスリム哲学者であり、アヴェロエスとならんで中世キリスト教哲学に大きな影響を与えた。本稿は、報告者が 2000 年から開始したリヨン大都市圏のムスリム団体での参与観察、資料収集、インタビュー調査に基づいている。

★12　協定私立学校は、カトリック学校が約 9000 校、ユダヤ学校が 115 校、プロテスタント学校が 12 校である（Ferrara, 2016）。フランスにおいては家庭内での教育も認められている。私立学校としては公教育を請け負うことを条件に国家と協定契約を結ぶ協定契約私立学校と、請け負わない契約外私立学校がある（園山、2012）。最新の私立学校の数などについては次の国民教育省ホームページを参照（http://www.education.gouv.fr/cid251/les-etablissements-d-enseignement-prive.html）。

★13 この時期の変化については今野（2006）を参照。
★14 ヨーロッパのイスラーム主義者についてはAmghar（2013）を参照。
★15 2006年に「フランスのムスリムの集合」（Rassemblement des Musulmans de France：RMF）に分裂する。
★16 2004年4月19日BourgetでのUOIF年次総会におけるサルコジ内務大臣のスカーフ着用をめぐる発言、「運転免許証では本人確認のためスカーフを取らなければいけない」などが翌日の新聞ではスカーフ事件として大きく問題化されていく。その事情についてはLorcerie（2008）を参照。
★17 HALDEは2011年5月に解散し、「権利擁護機関」（Défenseur des droits）に引き継がれた。
★18 当時はリヨンカトリック大学法学研究科院生。司法試験の受験勉強中であった。
★19 2014年8月20日、シェルギ氏との彼の弁護士事務所でのインタビュー。
★20 系とは実践評議会の選挙で連合を組むという意味である。
★21 もう一人はカダの知人で、カダの紹介で話をすることになった。
★22 2015年5月24日、シェルギ氏との明治学院大学でのインタビュー。
★23 このような批判は他のムスリム私立学校設立の際にも見られた。詳しくはFerrara（2016）。
★24 UJMやFFEMEは「公的領域のエスニックブラインドな平等」を求めての闘いは、ムスリム団体だけではなく、他の社会運動団体との協力の中で行われるべきだと考えた。なぜなら、「公的領域のエスニックブラインドな平等」は特定の市民ではなく、市民全てに関わる争点だと考えられたからである。
★25 2004年3月10日、カダ氏とのデシーヌのカフェでのインタビュー。
★26 UJMらの団体の影響力についてはCesari（1997）を参照。
★27 2014年8月20日、シェルギ氏との彼の弁護士事務所でのインタビュー。
★28 2003年3月7日のリヨン団体ネットワークセミナー内での会議への参与観察による。UJM副代表は「実践評議会はライシテに反した、行政によるイスラームの管理だ」と述べてオスマンモスクの実践評議会への参加を批判した。
★29 例えば、リヨン団体ネットワークの多くの団体は実践評議会に参加しなかったが、オスマンモスクが実践評議会に入ることを前提にハラールミールやモスク建設について行政への要望を伝えた。
★30 アルキンディを批判したUJMの主要メンバーのマクリ（Yamin Makri）は、批判をしながらも、スカーフ禁止法の下での宗教実践が生徒に保障される場としてアルキンディを支援している。実際、彼の娘は二人ともアルキンディに進学する。
★31 2014年8月20日、シェルギ氏との彼の弁護士事務所でのインタビュー。
★32 フレームとはある争点を問題とするために個人や集団が利用する解釈の図式である。その図式に従って、支持者を広げ、敵対者を非正当化する。この点についてSnow and Robert（1988）を参照。社会運動とは、エリート、敵手、当局との持続的な相互行為の中での、共通目標と社会的連帯に基づいた集合的挑戦である（タロー、2006：24）。

★33　大学区長とは、小中高等教育を統括する行政単位である大学区（académie）の責任者を指す。大統領に任命され大学教授がなることが多い。
★34　2007年には160人、2008年には243人、2009年には343人、2010年には450人、2013年には480人と順調に生徒数を増やしている。しかし、スポーツ設備やパソコンなどの情報処理のための施設、外国語学習のための研修旅行などにさらに投資が必要と考えている（Al-Kindi, 2013a）。
★35　法律的には認められないが、実態として行われている。教員が宗教系私立学校で公教育に関する授業においてのみ着衣などを着替えるのは煩雑だからである。
★36　2015年2月15日、アルキンディ生徒指導担当者との学校でのインタビュー。
★37　2014年10月20日、アルキンディ校長との学校でのインタビュー。
★38　もともとムスリムの中で宗教実践を自由に行い、またその高等教育機関への進学率の高さからカトリック私立学校を選択する者も、経済的に余裕があれば、少なくなかった。シェルギ自身がカトリック私立学校の出身である。この点について園山（2012）、Ferrara（2016）を参照。
★39　2014年10月18日、シェルギ氏との彼の弁護士事務所近くのカフェでのインタビュー。
★40　2014年10月20日、アルキンディ校長との学校でのインタビュー。
★41　2014年8月23日、アルキンディ前教頭とのオスマンモスクでのインタビュー。
★42　2015年5月24日、シェルギ氏との明治学院大学でのインタビュー。
★43　これらはアルキンディの標語となっている（Al-Kindi, 2013a）。

参考文献

今野健一『教育における自由と国家』信山社、2006年。
中野裕二「移民の統合の『共和国モデル』とその変容」宮島喬編『移民の社会的統合と排除』東京大学出版会、2009年、15-29頁。
浪岡新太郎「ムスリム女性でありフランス市民であること」粟屋利江・松本悠子編著『人の移動と文化の交差』明石書店、2011年、271-294頁。
―――「『フランス共和国』におけるムスリムの社会教育と市民参加」中野裕二他編著『排外主義を問いなおす』勁草書房、2015年、91-122頁。
園山大祐「私学の役割機能変遷にみる世俗化現象」園山大祐編『学校選択のパラドックス』勁草書房、2012年、51-63頁。
タロー、シドニー『社会運動の力』大畑裕嗣監訳、彩流社、2006年（Tarrow, S., *Power in Movement: Social Movements, Collective Action and Politics*, Cambridge University Press, 1994）。
Amghar, S., *L'islam militant en Europe*, Gollion, 2013.
Al-Kindi, *Brochure*, 2013a.
―――, *Cahier de charge*, 2013b.
―――, *Résultat du Baccarauréat* 2014.
Amiraux, V., "L'islam et les musulmans en Europe" in *Critiques Internationales*, no.56, 2012, pp.141-157.

Babès, L., *L'Islam positif*, Éditions de L'Atelier, 1998.
Bassiouni, M. C., "La naissance du collège-Lycée Al-Kindi à Décines" in *L'Année du Maghréb*, CNRS, 2008.
Bertossi, C., "Introduction" in *Migrations Société*, no.122.2009.
Bowen, J., "Shémas fonctionnels et modèles normatifs dans la politique française en matière de l'islam" in *Migrations Société*, no.122.2009.
Bras, J. P., *L'enseignement de l'islam dans les écoles coraniques, les institutions de formation islamique et les écoles privées*, EHESS, 2010
Cesari, J., *Musulmans et républicains*, Complexe, 1997.
Favell, A., *Philosophies of integration*, Palgrave, 1998.
Ferrara, C., "Les écoles musulmanes privées sous contrat avec l'Etat" in Mercier, C., et Warren, J. P., (dir.), *Identités religieuses et cohésion sociale*, Lormaont, Le Bord de l'Eau, 2016, pp.241-248.
Figaro, "UOIF: l'éducation, c'est notre sujet d'avenir," 20.4.2014.
FNEM., CHARTE, 2014（執行部予定メンバー内用の内部校正用原稿）
Frégosi, F., *Penser l'islam dans la laïcité*, Fayard, 2008.
Geisser, V., "L'UOIF, la tension clientéliste d'une grande fédération islamique" in *Confluenes Méditeranée*, no.57, 2006, pp.83-101.
Gordon, M., *The Scope of Sociology*, Oxford University Press, 1988.
Hajjat, A. et Marwan, M., *islamophobie*, La Découverte, 2013.
Haut Conseil à l'intégration, *Pour un modèle français de l'intégration*, la documentation Française, 1991.
―――, Conditions juridiques et culturelles de l'intégration, la documentation Française, 1992.
―――, L'islam dans la République, la documentation Française, 2001.
―――, *Les Défis de l'intégration à l'école*, 2011.
―――, Une Culture ouverte dans une République indivisible, la documentation Française, 2012.
IFOP., *Enquête sur l'implantation et l'évolution de l'Islam en France*, July 2011.
INSEE, *Immigrés et descendants d'immigrés en France*, la documentation Française, 2012.
Joppke, C., "Beyond National Models" in *West European Politics*, no.30, 2007, pp.1-22.
Kada, S. et Bouzar, D., *L'une voilée l'autre pas*, Albin Michel, 2003.
Lapeyronnie, D., « De l'intégration à la ségrégation », in *Cultures & Conflits*, 1993.
Le Monde.,"Alain Morvan L'intransigeant de la laïcité," 3.23.2007.
Libération. "Après Lille, projet d'un nouvel établissement privé" 21.2.2006.
Lorcerie, F., "La loi sur le voile" in *Droit et Société*, no.68, 2008
Lyon (AP)., "Manifestation pour le collège-lycée musulman," 5.10.2006.

Mazawi, A., "Qui a peur du lycée musulman?" *Media representations of a Muslim school in France*, 2009, no.19, pp.235-256.

Ministère de l'Education nationale, *Les établissements d'enseignement privé*, (http://www.education.gouv.fr/cid251/les-etablissements-d-enseignement-prive.html).

Morvan, A., *L'honneur et les honneurs*, Grasset, 2008.

Open Society Foundation, *Muslims in Europe*, 2009.

Pew Research Center, *The Future of the Global Muslim Population Projections for 2010-2030*, 2011.

Poucet, B., "La naissance d'une école musulmane sous contrat" in Poucet, B., (dir.), *L'Etat et l'enseignement privé*, Presse Universitaire de Rennes, 2012.

Saphir news, "Manifestation pour l'ouverture du lycée musulman" 5.10.2006.

Snow, D. A. and Robert, D. B.,"Ideology, Frame Resonance and Participant Mobilization". in *International Social Movement Research*, 1988, pp.197-217.

Stasi, B., Commission de réflexion sur l'application du principe de laïcité dans la République, la documentation Française, 2003.

Une école pour tous et toutes, *Note sur l'Atelier*, 2004.

政治化する現代宗教

第7章
カナダのムスリム
《共に生きる》ための挑戦と《コンビベンシア》への希求の狭間で

サミラ・ベリャジド

安藤本来 訳

> おお、人々よ。我々はおまえたちを男性と女性からなるように造り、そしておまえたちが国家と部族をなすようにした。おまえたちが互いをよりよく知ることができるように。
> 　　　　　　　　　　　　　　　（コーラン、49章13節）＊

> 友よ、君は僕と違うけれど、それは僕を損なうどころか、むしろ豊かにするのだ。　　　　　　　（サン＝テグジュペリ）

1 歴史的多元性

　カナダとはなによりも移民国家である。カナダは移民をうけいれることで徐々に、文化的にも民族的にも非常に多様化した社会を作りあげてきた。すでに1867年という非常に早い時期に憲法によって現代カナダの主要な特徴である連邦制[★1]と二言語制が定められた。その後、先住民の歴史的権利が認められ、さらに後になって多文化主義が採用され、今日のカナダ社会の基本的骨格ができあがった。カナダは先住民、フランス語話者および英語話者が建国の基礎となっているのだが、公的な言説では、この三者の遺産を確認するとともに移民にたいしても門戸を開くという姿勢がますます明確に表明されるようになっている。
　かつては一枚岩的で文化的にも同質な国民国家という伝統的モデルが支配的であったが、おおくの主要な民主主義国家においても変化の兆しがみえている。

とりわけカナダの多元主義的社会という新しい形態はこうした伝統的モデルとはっきり異なる。カナダは多元主義を肯定的にとらえ、それを国内でも国際社会でも推進することを選択した。このような歴史的経緯をうけて、カナダはさまざまな法律を制定し、毎年うけいれる民族的にも文化的にも多様な移民の流れに対処し、彼らにも自由・平等の原則を適用した。現在、カナダに流入する移民の出身国はますます多様化し、その中にはムスリムもおおく含まれている。その出身国も多種多様である。彼らはカナダを祖国とし、家族ともどもそこに骨を埋めようと決心してカナダにやってきたのだ。

　本論ではカナダにおけるムスリムの状況を素描したい。最初に、カナダ社会がおこなった選択を歴史的に概観し、簡潔に定義して、なぜ、カナダにムスリムが定住するようになったか、その経緯を説明したい。次に、議論を完全に尽くすというわけにはいかないが、とりわけ以下の問いに答えたい。ムスリム系カナダ人★2 とはいかなる人々で、日常生活においてどんな困難を経験しているのか？　教科書とメディアはカナダにおけるムスリムのイメージ形成にどのような影響を及ぼしているか？　ムスリム系カナダ人に関連してどのようなテーマがカナダ社会で論議や対立をひきおこし、それがムスリム社会にどのような影響を与えているのか？　そして最後に、非常に重要と思われる一つの問いに答えることを試みる。それはムスリム系カナダ人やその子弟が多元主義的社会カナダにおいてどのような将来を希求しているのかという問いである。

2　カナダの文化的多元主義についてのさまざまな解釈

　1971 年 10 月、当時首相だった自由党ピエール・エリオット・トリュドーにより二言語主義を基礎として多文化主義が正式に採用された。これによってカナダ社会に現実に存在していた文化的多元主義という現象が正式に公認されたのだ。つまり英語話者であれフランス語話者であれ、多様な民族集団に属する人々が自分たちの文化的独自性を保持し継続する権利を保証されたままカナダの公的生活に参加することが推奨されたのだ。その後 1988 年の多文化主義にかんする法律によってカナダが人種的・民族的・宗教的に多様性をもった国であるという事実が再確認されている。

　このようにカナダの多文化主義政策によって、文化的多元主義はカナダの国家的イデオロギーとなった。多文化主義は一つの思考様式となり、英語かフランス語という限定はあるにせよ、その複数言語的枠組みの中で文化的な多元性

が社会的規範となり、カナダ社会やそのアイデンティティの本質そのものとなった。実際、カナダは民主主義的価値を媒介として、住民の各々が社会に参画し、公共善の感覚を育むことのできる社会を構成しようとしている。加えて、カナダ人権・自由憲章は「人種、民族的な出自、肌の色、宗教、性別、年齢、知的・身体的障害に基づいた」差別を排除し、すべての人々の法の前での平等と正義を保証するとしている。

とはいえカナダの10の州と三つの自治領はそれぞれの原則に基づいて独自な多文化主義を実践している。もちろん常に連邦の多文化主義を基本としなければならないことは言うまでもない。州の独自性について一例をあげると、公的に二言語制をとっている唯一の州ヌーヴォー・ブリュンシュヴィックは1986年に多文化主義政策を採用したが、それは「すべての文化的伝統を平等に扱い、その価値を認め、保護するとともに、その社会的参加を促進する」という原則に基づいている。

それと比較するため、ケベックについて少し詳しくみてみよう。ケベックは公用語にフランス語のみを採用している唯一の州である。ケベックでは1981年に《異文化交流政策》が採択された。それは「さまざまな文化をもつ集団（それは文化コミュニティと呼ばれる）間の相互受容、意思疎通、相互作用」を目指すものである。「ただし複数の文化がすべて本質的に平等な扱いをうけるということは意味しない。多様性はうけいれられ、推進すらされるが、ケベックの言語・文化としてフランス語の絶対的優位性がその前提となる」★3。

ケベックにおいて文化的多様性が顕著になったのは20世紀後半になってからにすぎないという点は強調しておこう。住民の大半は現在でもなおヨーロッパ系だが、20世紀の最後の30年の間に非ヨーロッパ系住民が増加した。その結果、ケベックの文化的多様性はカナダの他の州とは大きく異なる。違いはフランス語圏からの移民によるところが大きい。移民選別手続きの際、ケベックは言語能力を重視し、移民希望者はフランス語もしくはその近縁言語、たとえばイタリア語やスペイン語などを話せる必要がある。

ケベックは長い間、フランス語の優位性を保持しながら文化的・言語的要素を特に重視する多元主義政策をおこなってきたが、現在ではより開放的な原理に基づいて社会関係を再定義しようとしている。すなわち社会統合の手段としてフランス語習得を最重要事項としながらも、より市民権を強調する方向に変化しているのだ。「ケベック社会は文化的多様性を基盤としながらも、ケベックの全住民が一つのアイデンティティをもち、同じ市民的企図へと関心を収斂

させて、差異を超え、たがいに距離を縮めるよう努力する——これが現代の多元主義の目指すところでなければならない」[4]。

　カナダとケベックという二つのモデル、すなわち多文化主義と異文化交流主義は、フランソワ・ロシェとボブ・ホワイトが描写したように、二つの異なる——しかし相互に関連した——歴史の軌跡を反映している。「公共政策の面では多文化主義と異文化交流主義はおおくの点で類似する。どちらも社会的結束、公平な社会参加、人種主義や差別への戦いを重視する」[5]。とはいえ、複数文化の共存形式に対するスタンスの違いのために移民うけいれの管理や新規住民の社会統合という点で違いがみられる。

3　カナダにおいて宗教的多様性はどのようにあらわれているか？

　カナダでは宗教的多様性が民族的・言語的多様性と歩調をあわせるようにして拡大している。2011年の全国世帯調査では200以上の民族的出自が申告されている[6]。また、国防にかんする報告書では、38の宗派が確認され、そのうち27がカトリック系・プロテスタント系宗派だが、少数派の宗教としてイスラーム、ユダヤ教、ヒンドゥー教、仏教、シーク教が存在し、それを信仰する住民の数は増加している。

　キリスト教徒は人口の67.3％を占め依然として多数派であるが、キリスト教以外の宗派ではムスリムが人口の3.2％を占め最大の宗派となっている。イスラームはキリスト教以外の宗派の中で最もその人口を増やした宗派でもある。その他の少数派宗教すなわち仏教、ヒンドゥー教、ユダヤ教、シーク教、およびバプテスト派やペンテコステ派などのプロテスタント諸派は全人口の約5％を占めている。また、23,9％のカナダ人が無宗教であると回答している[7]。この2014年の統計はカナダにおける宗教的な多様性の概略を示しており、人口学的観点からカナダのムスリムの状況を理解する糸口となる。

　思想信条の自由は権利憲章によって保証されているが、国際協力大臣ジュリアン・ファンティノは最近の演説で宗教的自由にかんして次のように述べている。「カナダは断固として信教の自由を保護し、推進する。この公約はカナダの外交政策と国際協力事業の重要な柱である。おおくの場合、宗教的少数派などの排除された集団が社会の中で最も弱い立場にあるという現実があるからである」[8]。この声明はカナダ政府の宗教的・文化的多様性にかんする明確な立

場を反映しており、宗教にもとづくあらゆる差別と戦うという強い意志を表明している。

4　いつからムスリムがカナダに住むようになったか？

　カナダのムスリムの出身地は 60 カ国にのぼる。カナダにおけるムスリムの存在への最初の言及は 1870 年代にさかのぼる。1871 年の人口調査ではムスリムは 13 人が数えられたのみである★9。今ではカナダ在住ムスリムの出身地はアジア、中東、マグレブ、サハラ以南アフリカおよびヨーロッパなどイスラーム教徒のいるすべての地域にまたがる。一般的な傾向として、カナダのムスリムはイギリスの旧植民地出身なら英語圏の州を、フランスの旧植民地出身ならケベックを居住先として選んでいる。英語圏の州ではトロントやヴァンクーバーなどの大都市に居住する傾向があるが、中規模の都市に居住する者もいる。現在、英語圏に住むムスリムの 3 分の 2 がオンタリオ州に住み、残りは全国に散らばっている。一方、ケベック州を選んだムスリムが最も集中しているのはモントリオールである。首都圏から離れた地域を選択する者は少数である。

　2015 年の時点でカナダの全人口は 3600 万人強だが、そのうちムスリムは 100 万人を超えている★10。たとえばケベックではムスリム系住民は 2001 年から 2015 年の間に 10 万 8620 人から 30 万人と約 3 倍になっている★11。これはケベック州の全人口の 3.1％でしかないとは言うものの★12、ケベックにおいてもカナダ全体においても、ムスリムはもはやマージナルな存在とは言えなくなっている★13。

5　ムスリム系カナダ人とはどのような人々か？

　すべての分析が共通して示しているのは、カナダに住むムスリムは一枚岩ではないということである。彼らは世界の他の地域のムスリム同様、その民族的、地理的、言語的出自はさまざまである。多数を占めるのはスンナ派だが、かなりの数のシーア派が存在するし、イスマーイール派、アラウィー派、ドルーズ派といった他の宗派の信者もいる。他の宗教の信者同様ムスリムもカナダ移住以前に両言語にどれだけ親近感をもっていたかに応じてフランス語を使うか英語を使うかを決める傾向がある。

　加えて、カナダのムスリムは教育程度、社会階級、イデオロギー、文化、カ

ナダ移住の動機（子弟のためによりよい生活環境を求めてというケースが一番おおい）などの点でも多種多様である。職業も熟練工・非熟練工、大学の研究者★14や事業家など多種多様である。また政治難民や自国の戦争、紛争、迫害などから逃れてきた人々もいる。

　宗教的実践への熱意の度合いもさまざまである。すべての宗教同様、過激な信仰をもつ者もいるし、穏健な信仰実践者や信仰を実践しない者、さらには無信仰者もいる。少数だがイスラーム擁護のために運動する政治的なムスリムもいる。こうした人々は場合によっては一種の《イスラーム主義者》あるいは《政治的イスラームの信奉者》とみなされることもある。強調しなければならないが、カナダに住むムスリムのおおくは寛容主義者であり、他者と協調した生活を送りたいと望んでいる★15。ケベック大学モントリオール校の研究者フレデリック・カステルは2013年にラジオ・カナダで「ケベック州におけるイスラーム原理主義者の存在は世界の他の地域と比べて問題にならないほど小さい」と述べている。また彼によるとケベックのムスリムの60％が一度もモスクに行ったことがなく、多少とも定期的にモスクに通うのは25％に過ぎない。こうした傾向は若干の違いはあれ、カナダ全体にあてはまる。しかし宗教実践の習慣にある種の変化がおきているという報告もある。2016年にはカナダ人ムスリムのほぼ二人に一人がモスクや礼拝所に通っている。若者が年長者より宗教実践を重視し、それに愛着を示すようになっているのである★16。ムスリムの若者が差別や排除の対象になっていることがこうした傾向の一因になっていると考えてもよいだろう

　最後に、カナダ人ムスリムのすべてが移民出身者なのではないということを指摘しておこう。《生粋の》カナダ人もたくさんイスラーム教に改宗している。たとえばケベックではその数は4500人から5000人にのぼる★17。2015年に発表された分析では、「カナダとフランスを震撼させたテロ事件以降、イスラーム熱の高まりが全国でみられる」★18とされている。

　カナダに住むムスリムは二つの要素との関連で定義される。集団としての彼らは一方で自身を《ウンマ》（ムスリム信仰共同体）の歴史と記憶に結びつけてとらえているが、また一方では多様な出身国の歴史と記憶につながっていると考える。定住してまだ間もないため、またムスリムコミュニティの大きな多様性のため、ある特定グループが他のグループより優位に立つといった現象は確認されていない。また、ムスリム系住民全体を代表するような人物や機関も存在しない。イスラーム、特にスンナ派には聖職者階級が存在しないこともそ

の一因となっている。

6　カナダのムスリムはどのように組織化されているか？

　ムスリム全体を代表する機関は存在しないが、イスラーム・センターやモスクを核としていくつもの組織や団体がカナダ全土で誕生している。しかし礼拝所や集会所ができるまでには時間がかかった。ムスリムのカナダ移住には何度か波があり、そうした施設もそれにあわせて徐々につくられていったからである。最初のモスクは1938年にアルバータ州エドモントンに建設された。さまざまな大都市圏にモスクや集会所が数おおく建設されるようになったのは1950年代から70年代にかけてである。ケベック州では1965年にモントリオールで複数のイスラーム教育機関が設立され、イスラーム・センターの最初のモスクも建設された。現在モントリオールには50をこえるモスクとイスラーム・センターがある。アラビア語教育の学校も複数あり、そこでは宗教教育もおこなっている。

　カナダ人ムスリムたちは他の宗教の組織と積極的に交流し、友好的関係を築こうとしている。《西部イスラーム協会》はムスリムと非ムスリムの相互理解を推進する活動をしている。モントリオール、オタワ、トロントに支部をもつ《プレザンス・ミュジュルマンヌ（ムスリムの存在）》という団体は、「イスラーム教理の柔軟な解釈と開放的アイデンティティにより、普遍的価値と市民参加を推進し、イスラーム信仰をもつケベック人と一般ケベック市民の調和的共生を実現」することを目的とするとしている。

　ここ数年ムスリム系住民やイスラームがメディアで論争的にとりあげられ、新聞の一面をかざることがおおくなっている。こうした状況をうけておおくのイスラーム組織・団体がインターネットのサイトを開設し、ムスリムやムスリムでない人々に語りかけて、イスラームにかんするステレオタイプをただし、誤解を解く努力をするとともに、ムスリム系住民に関係する事件があった時には迅速に対応しようとしている。英仏二言語で運営されている《私は隣のムスリム》というサイトではムスリムの若者にたいして、愛、文化、コミュニティ、家族、政治、宗教など彼らの関心をひくテーマについて意見を述べる場を提供している。より地域限定的だが、ムスリム向けサイト《ムスリム・リンク》は「すべての人々が自分の物語を読んだり書いたりできるフォーラムを提供し、オタワとガティノーに住むムスリムの多様性を探る 」★19 とうたっている。こ

うしたサイトは共通して、他者を知り他者を理解することをモットーとしている。

　2013年の調査では2015年の選挙の際にムスリムの有権者は50万人にのぼると予測されている。これは記録的な数であり、さまざまな政党がこのことを重大にうけとめ始めている。保守党出身の前首相は親イスラエル的姿勢や《ニカブ》(顔を完全に覆う服装)禁止法のためにイスラーム系住民と緊張関係にあったのだが、その彼でさえイスラーム系住民との接近を試みている。2015年のラマダン月[20]に、彼はこの10年間で初めてイスラーム教指導者を公邸に招き、《イフタール》[21]を共にした。連邦選挙「間際」におこなわれたこの接近は《ご都合主義的》とみなされ、実をむすばなかった。ムスリム系カナダ人の大半が自由党に投票したが、それは自由党政府が包摂的・開放的政策をとり、カナダ人ムスリムと非ムスリムの間の信頼関係を修復してくれると期待したからである。実際にこの新しい政府はカナダの民族的・宗教的多様性を反映する形で内閣を構成した。閣僚の50％を女性が占め男女同数になっただけでなく、移民出身の閣僚が4人おり、そのうちの一人、民主主義的制度担当大臣はイラン生まれのアフガニスタン系ムスリム女性である。政府はこの政治的な選択につづいて具体的な行動を起こし、カナダ人ムスリムが自分がカナダ社会の不可欠な一員であると感じることができる環境をつくろうとしている。

7　カナダ人はカナダ人ムスリムをどう認識しているのか？

　話を進める前に、二点明確にしておく必要がある。第一に、カナダに定住したムスリムの状況はかつて植民地をもっていた国々に住むムスリムとは異なり、構造的差別やほとんどシステムになった社会的・経済的排除に苦しむこともない。カナダのムスリムがこうむる被害は、それよりもむしろ国内や海外でおきた事件がきっかけになって生じた反アラブ・反イスラーム的な感情である。第二に、カナダ人は全体としてイラク戦争に最初に反対した国民である。またイスラエルによるパレスチナ人の非人道的な扱いやレバノンとガザへの侵攻を批判するカナダ人もおおい。最近ではカナダの教会、家庭、諸団体がシリア難民をうけいれて、その社会統合を手助けしようと立ちあがるという出来事もある。

　最近の調査によると、カナダにおけるムスリムの増加率について、カナダ人が想像する数字は実際よりも10倍おおい[22]。同時に、アメリカや他の西洋諸

国同様カナダでも黒人、アジア人、ラティーノ、アラブ人など文化的・民族的多様性を「外見で識別可能なマイノリティー」[23] としてカテゴリー化するようになってきている。そのために人々の間でマイノリティーにたいする固定化された悪いイメージがひろまり、認識を混乱させている。

　ムスリムに限らず、黒人やユダヤ人についても言えることだが、宗教的・民族的マイノリティー集団は総体的に、カナダ全体よりもケベックにおいて差別を経験する機会がおおい[24]。今年の9月に出版された本によると、自分が「どちらかというと」あるいは「少し」人種差別主義的であると答えた人の割合がケベック外では16％であるのにたいしてケベックでは20％である[25]。ただその本の著者はこの差は誤差の範囲内で有意的ではないと強調している。

8　イスラームとムスリムにかんする　カナダ人の認識の原因となる要素

　特にケベックのムスリムへの反感に関心をもっていたドニーズ・エレ[26] は、1990年代以降ムスリム全般およびムスリム系カナダ人にたいして否定的なイメージをもつカナダ人が顕著に増加していることをすでに2007年に指摘している。エレはカナダ人のこうした認識について主な理由を三つあげている。

1. イスラームが女性蔑視であるというイメージと女性の権利を主張する必要性
2. 移民はフランス系カナダ人の存在を脅かすから好ましくないと考えるフランスの国民戦線に近い政治的民族的ナショナリスト
3. 公的空間に宗教が再登場することへの恐れと、カトリック教会や宗教家に対するカナダ人の歴史的な恨み[27]、そしてカトリック教会が公的空間と私的空間の両方を支配した1840年から1960年にわたる《暗黒時代》の記憶。

エレはムスリムに対するカナダ人の敵意を説明するために、さらに三つの偶発的な要因を付け加えている。

1. 選挙の時に候補者たちがカナダの《愛国的土着主義》支持者の票を得ようとしたこと
2. メディアが時事問題を深く分析せずセンセーショナリズムに陥ったこと
3. 共通の代弁者や政治的代表者をもたないというムスリム系住民社会の

弱点

ジャン＝マルク・レジェも最近、この現象をほぼ同じように解釈して次のように説明している。「問題は移民そのものではない。ケベック人は移民にたいして開放的で、旅行者や外部の人間を歓迎している。問題は宗教である。ケベック人は宗教を厄介払いしたいと考えた。宗教が再び姿を現した今、（……）カナダ人はそれとかかわりたくないと考えている」★28。

おおくの分析家が、なによりも国際的要因が影響していること、そしてそれが直接的に反アラブ＝ムスリム的ステレオタイプの形成につながっていることを一致して指摘している。最近の出来事としては、国際紛争、《イスラーム国》の出現、西洋諸国でおこったさまざまな暴力事件やテロ事件などである。オタワの銃撃戦（2014年10月）、パリのテロ事件（2014年〜2015年）、カリフォルニアのサン＝バーナーディーノ銃撃事件（2015年12月）、ブリュッセル（2016年3月）、オーランド（2016年6月）、ニース（2016年7月）と次々と事件が起こり、そのためにカナダ人ムスリムにかんする認識に深刻な影響を与えた。実際、これらの事件は彼らへの反感を激化させ、イスラーム嫌悪症的行為を増加させたのだ。

同じような事件が同じ時期に西洋以外の国でもおこっている。その被害者のおおくはムスリムなのだが、そうした事件が非ムスリムのカナダ人の注意をひくことはない。たとえば、2015年の1月2日から1月30日の期間について言うと、パリのテロ事件は17人の死者と31人の負傷者をだしたが、その間にイスラーム教国、あるいはイスラーム教徒が多数派のアフリカ・アジア・中東の国々（ナイジェリア、リビア、ソマリア、イラク、エジプト、パキスタンなど）で12件のテロがあり、700人から2000人の死者をだした。その他にも負傷者は多数いるのだ。

ドナルド・トランプはカナダ人にどんな影響を及ぼしたのだろうか？ 2000人余りのカナダ人を対象にアバスカス社★29がおこなった世論調査では、もしカナダで選挙がおこなわれたら共和党の大統領候補ドナルド・トランプは20％以下しか得票できず対立候補ヒラリー・クリントンに敗北するという結果になっている。カナダ人の大多数は、この共和党候補は国際政治の舞台で危険であるだけではなく、ムスリム、ラティーノ、黒人などのマイノリティーに対する差別的な感情を人々の間にひろめる人物であると考えている。しかしドナルド・トランプの人種差別的で外国人嫌いの発言や、彼が移民の増加とテロを結びつけたり移民と難民を同一視したりすることに魅了されるカナダ人も存

在する★30。その影響はさまざまなレベルの行政にたずさわる政治家において顕著である。何人かの市長はセンセーショナルな発言をためらわない★31。たとえば、ケベック市（ケベック州の州都）の市長は、州のいくつかのモスクが「過激な活動」をしている可能性を「真剣に検討す」べき時であり、それが確認されたなら「対処」すべきであると発言している。つまり、イスラーム過激派の土壌となっているモスクは閉鎖すべし、ということである。野党政治家のいくつかの発言もドナルド・トランプの人種差別的、外国人排斥的な発言に呼応しているようにみえる。たとえば、《ケベックの未来連合》という政党は新たに入国する移民に《価値観テスト》を課すことを提案している。他方、進歩保守党の党首選候補者ケリー・レイッチは移民や難民をうけいれる前に《反カナダ的価値観》をもつものを《あぶりだす》ことを提案した★32。どちらの発言もカナダの政治家の大多数から批判され、非難された。それは完全に《カナダ的価値に反する》と判断されたからである。

9 教科書に支えられた認識

　上記の要因に加えて、さらに二つの要素がムスリムにかんする認識に影響を与え、カナダ人の集団的な想像力の中で彼らに対する否定的なイメージを強化しているように思われる。それは教科書とメディアである。2005年にケベック州のフランス語版教科書について分析がおこなわれたが★33、それによると80年代に見られたようなイスラームやムスリムのイメージを悪化させる明白に否定的な記述はみられなくなったが、歴史的事件や先進国・発展途上国といった概念の記述に依然として自文化中心主義的記述が存在する。さらに、《ジハード》、《アラー》、《ヒジャーブ》などの宗教的な概念に混同がみられ、歴史的・地理的事実の記述にも誤りがみられた。たとえば、ムスリムでないアラブ人もいればアラブ人でないムスリムも存在するにもかかわらず、アラブ人とムスリムを同一視する記述がみられる。

　次の点について分析者の見解は一致している。80年代の教科書でアラブ人やムスリムが否定的に描写されていたので、ムスリムではない人々はムスリムについて否定的なイメージを植えこまれてしまった。のみならず、それはムスリム系の生徒たちの自己イメージにも否定的な影響を与え、彼らのアイデンティティ形成にも支障をきたしてしまった。イスラーム系組織・団体は、教科書やメディアが提供する教材の内容が偏見をうみだしているという点についてカ

ナダ社会、ケベック社会が関心をもつよう積極的に活動している。

10　メディアによる報道と映画

　一時的滞在者（学生や出稼ぎ労働者など）であれ永住者であれ、カナダ在住のすべてのムスリムは報道番組や娯楽番組のなかで表現されたアラブ人やムスリムの人物像を否応なく目にせざるをえない★34。すでに 2001 年、イリノイ大学教授シャヒーン博士は著作でハリウッドや娯楽産業がアラブ人やムスリムをどんな風に表現しているかを告発している★35。その本をもとにドキュメンタリー番組も製作されている。その 14 年後にケベックでおこなわれた研究も、アメリカの TV ドラマにかんして同じ結論に至っている。「アラブ人が頻繁に『悪者』として描かれ、これがアラブ人とアラブ系アメリカ人に対するステレオタイプの形成に大きな役割をはたしていることは確かである」★36。英語話者であれフランス語話者であれカナダの視聴者が数シーズンあるいは数年にわたって視聴する連続ドラマにおいて、アメリカに脅威を与えるテロリストはたいていムスリムである。テロと暴力を礼賛するイスラーム教というステレオタイプが、まるで集団的記憶の中にそれをより深く刻みこもうとするかのように、絶えず繰りかえされている★37。

　新聞とメディアにかんしても状況はほぼ同じである。2008 年にカナダ文化省に提出された報告書で、カナダ人研究者アントニウスは、メディアの報道の中で最も頻繁に用いられた概念は《危険》であると述べている。彼によれば、「報道されるニュースのうちのかなりの部分が危険をあつかい」、そして「アラブやイスラームと結びついた危険が頻繁に繰りかえされる」★38。フランス語放送でも英語放送でも、カナダの一部の大衆メディアは国内外の事件報道のたびにアラブ＝イスラーム文化が不寛容・暴力・不平等・狂信を推奨していると喧伝している。国際的な事件の報道を口実にアラブ人やムスリムをネガティヴに描き、これらの人々に対する人種差別的でイスラーム嫌悪症的なステレオタイプを強化しているのだ。実際、10 年以上前からこれらのメディアはムスリムが一様な存在であるという完全な嘘を視聴者や読者に信じこませている★39。こうした言説はムスリムの本質はこうだと決めつけて、危険なアマルガムをうみだしているのだ。

　ムスリム系カナダ人は一部のメディアにたいして大きな不満をもっている。そうしたメディアは社会的・政治的・歴史的な分析を怠り、イスラームと他の

一神教、イスラーム文化・イスラーム教国と西洋文化・西洋諸国のあいだには越えられない距離があるとするオリエンタリズムを頻繁に繰りかえしているからである★40。また 2015 年 11 月から 2016 年 1 月に実施され CBC ニューズで報道された調査によると、ムスリムの 3 人に 2 人がカナダの新聞雑誌やメディアにおけるイスラーム教徒のイメージに「危惧を感じている」と答えている★41。

　ムスリム系カナダ人のメディアに対する第一の批判は、メディアが特定の政治的立場・政治的行為を形容する時、つねにイスラームが言及されるというものである。《イスラーム過激派》とか《イスラーム主義活動家》とは言われるが、他の宗教であれば同様の行為や主張も宗教的な形容はなされない。たとえば、北アイルランド紛争にかんしてメディアは決して《カトリック系テロリスト》という表現をもちいない★42。現在世界中でおこなわれているムスリム系住民にたいするジェノサイドにかんしても同じである。ミャンマーで数十年つづく仏教系政府によるムスリム系住民ロヒンギャ★43 に対する民族浄化★44、中央アフリカ共和国でのキリスト教系民兵組織《アンチ・バラカ★45》によるムスリムの虐殺、新疆ウイグル自治区の多数派を占めるムスリム系住民ウイグル族に対する迫害、──こうした状況を前にしてもメディアは沈黙している★46。

　加えて、原理主義や過激主義といった概念が、ムスリムがまるで社会の中の《異物》であるかのようにみせるために利用されている。ムスリム社会が暴力とテロ行為につながるあらゆる過激化を拒絶しているにもかかわらずである。世論調査の対象となったムスリムの 79％がムスリム社会は政府当局と協力して一部の原理主義グループとかかわりをもつ若者の過激化に対処すべきだと考えているのである。

　ムスリム女性もメディアの過熱報道の的となっている。近年、ムスリム女性にかんする報道は劇的に増え、その日常的報道内容にムスリムのみならず世界中の人権・自由の擁護者がますます大きな懸念をいだくようになっている。カナダのメディアはムスリム女性あるいはイスラーム文化出身の女性を主として二つの角度から描写する。つまり、ムスリム女性を一括りにまとめてしまうこと、そして受動性や犠牲といった概念を多用してそれを描写することである。このような言説は以下の三つの操作を繰りかえすことで構築される。その第一は、一口にムスリム女性と言ってもさまざまな出自をもち、共通点がほとんどないにもかかわらず、それを相互に比較し、混同すること。第二は、ムスリム女性は男性の抑圧の犠牲者であるとすること。《ベール》はそうした抑圧の象

徴であるとされ、それに好き勝手な解釈が与えられる。最後に、メディアのいたるところで見られる《ベール》とテロリズムの混同。髭をはやしたムスリム男性がベールをかぶった妻を連れ歩くというお決まりのイメージがメディアにくりかえし現れる。髭をはやした男性やベール着用女性などごく少数しか存在しないにもかかわらず、こうしたイメージが反覆される結果、ムスリムがいたるところに進出しあらゆる街角にテロの危険が迫っていると考える被害妄想的で排他的な偏見が助長される。

　メディアにおける否定的なイスラーム表象に対抗して、カナダのイスラーム系組織や著名人が2001年から活動を開始し、ステレオタイプや脅迫、憎悪犯罪、レイシャル・プロファイリングなどと戦うとともにムスリム系住民と非ムスリム系住民の間の対話を促進しようとしている。

　《カナダ・ムスリム・フォーラム》（FMC）は、(彼らの言葉を引用すると)「勇気のない」政治家と、「一回限りの事件を誇張し、ムスリム社会全体に負の烙印をおすメディア」を告発している。そしてこうしたメディアの無責任な態度の結果、「我々の子弟が信仰のために学校でいじめられ、女性たちは服装を理由に路上で唾を吐きかけられ、男性は名前を理由に侮辱され、採用を断られる」と訴えている★47。FMCはイスラーム嫌悪症とムスリム社会に対する憎悪犯罪が増加しており、そのためにムスリムのカナダ社会への統合が困難になっていると主張している。

11　近年のカナダでムスリムについて
　　　どんなテーマが社会的議論をひきおこしているか？

　「シャリーア」や「イスラーム法廷」、「合理的配慮」などがかつてカナダにおいて議論の的となったが、最近あらたにムスリム系カナダ人にかんしてメディアがとりあげ、人々の関心をひいたテーマがいくつかある。それは《ヒジャーブ》、《ニカブ》、《ブルキニ》などの《イスラームのベール》問題と《国際テロリズム》である。こうしたテーマは議論を呼び、社会問題となって現在でも盛んにとりあげられている。これらの問題のためにケベック的価値憲章や、反テロ法、選挙法、国籍取得の際の宣誓にかんする規則などの法改正等々の政治的決定、さらにはシリア難民のうけいれや連邦選挙結果などに重大な影響があらわれ、それはムスリム系カナダ人の日常生活にもおよんでいる。彼らにたいする就職差別は依然としてつづいているだけではなく、言葉による暴力さらに

は身体的暴力をこうむるようになっているのだ。

12 《ヒジャーブ》とムスリム女性

　《ヒジャーブ》の着用義務についてカナダのムスリム社会でコンセンサスがあるわけではない。それを義務だと考える人もいれば、身体・精神にかかわる《倫理的》推奨にすぎないと考える人もいる。単なる推奨だと考える人によれば、コーランは一般的な方向性を指示し、礼節を尊重し、節度をもった服装をするよう推奨しているだけで、義務だと言っているわけではない。彼らはまた良心の自由を推奨するコーランの一節「宗教に強制があってはならない」[★48] を引用する。とはいえ、近年、カナダの若い世代のムスリム女性の間でスカーフ着用者が増加している。おおくの女性が、それも大学の学位をとった若い女性がケベック的価値憲章をめぐる論争や、またとりわけフランスやベルギーでのテロをうけて、自分たちの宗教を顕示的に示す欲求をより強く感じるようになっている[★49]。

　スカーフが何を意味しているかという点についてカナダの非ムスリム系住民の間でも見解はさまざまである。あるものはスカーフ着用は個人的選択であり、カナダ的な男女平等原理とまったく対立しないと考えている。彼らはベールと一般の若い女性の間のセックスアピール過剰な服装とを対照し、なぜ人々がそんなにベールを恐れるのか不思議だと思っている。他方、ベールを男性への女性の従属の印と解釈し、半世紀前から強く主張されるようになった男女平等原理に反すると考える人もいる。こうしたベールに対する否定的見解のせいで、自分のアイデンティティを明確に主張するために実社会でベールを着用することを選択した女性が社会から排除されるという結果になる。スカーフ着用女性のおおくが人々からの侮蔑的・屈辱的視線や就職差別、さらには街角での攻撃をうけていると述べる。しかしベールにかんする議論はカナダではヨーロッパほどは先鋭化していない。カナダ人の三人に一人がベール着用を禁止する必要はまったくないと考えている。実例を一つあげよう。《ケベック価値憲章》を契機におこった論争のさなか、オンタリオ州のある病院が広告をだした。そこにはベールを着用した医療スタッフの写真が掲載され、英語で「あなたの頭の上に何があるかはどうでもいい、問題は頭の中に何がはいっているかです」と書かれていた。この病院はムスリム系医療スタッフにたいして、彼らが病院で歓迎されていることを明確に意思表示したのである[★50]。

政治的な次元では、ケベックとカナダの他の地域では公的態度が異なる。状況が同じでもなされた選択は正反対なのだ。ケベックでは《イスラームのベール》問題はケベック価値憲章とあいまって政権を担当するケベック党にとって《最重要問題》となってしまった。それは2014年の州議会選挙で政治的争点となり、この選挙でケベック党は敗北してしまった。

13　《ニカブ》、投票、宣誓

　すでに2007年、《ニカブ》、すなわち顔全体を覆うスカーフを投票所で認めるべきかどうかをめぐる論争が新聞の一面をかざった。ニカブを着用する女性はごく少数だったが、投票所で身分確認のためにニカブをはずすことを求めるべきかどうかという問題がおこったのである。この問題に関連して事件がおこり、論争になったことに反発して、左翼運動家やフェミニストがイスラームのベール着用問題にこだわる当時の風潮を批判した。2001年9月11日以来、ブッシュ政権がムスリムにたいする人種差別的措置をおこなうようになり、そのためにカナダでもイスラーム嫌悪症的傾向が増大しつつあった。彼らはそうした風潮に警鐘をならしたのであった。また何人かの女性や《ケベック女性連盟》（FFQ）が、《ヒジャーブ》を着用することと、フェミニストであること、民主主義や男女平等の原則を支持することは矛盾しないと宣言した。
　2007年には《ニカブ》（全身ベール）を着用する女性は少数だったが、近年、ケベックでその数は3倍になっている。カステルはそれはムスリム系住民自体が3倍に増加したためだと説明している。彼はまた「増加の動きが潮流になったとは言いがたい」とも述べている。インヴァイロニックス社が最近おこなった世論調査では[★51]、ベールで頭をおおう女性はイスラーム系カナダ人の48％にも及ぶのだが、《チャードル》着用者は回答者のたった3％、ニカブも3％にすぎない。2015年、ニカブに関連してある事件が新聞の一面を飾った。29歳の若いムスリム女性が顔全体をおおうベールをかぶって国籍取得宣誓式に出席することにしたのである。当時のカナダ保守政権はそれを禁止したのだが、それにたいして女性は裁判をおこし、裁判が長々とつづいた後、女性が勝利した。同年の9月15日、カナダ連邦控訴院は国籍取得宣誓式の際のニカブ着用を許可する判決を確認した。2011年以来、カナダ国籍を取得した新市民は68万人いるが、このうち200人の女性がベールを着用しており、そのうちベールを脱ぐことを拒否したのはたった2名だった。このように数が極めて

少数であるにもかかわらずニカブ問題はこの前の連邦選挙の選挙戦の中心的な争点になり、そのために経済や健康・医療・地球温暖化・先住民族の権利主張など重要な争点がぼやけてしまった。メディアはニカブが争点になったのをみて、スティーヴン・ハーパーはニカブ着用女性のおかげで得票をのばすだろうと予想した。この保守党出身首相はニカブ問題を単純化し、自分を女性解放の擁護者とみせかけて女性票をとりこもうとしたのだ。それにたいし、三党の党首が公的空間におけるニカブ着用の自由を支持した。

《ニカブ》問題は現在もなお新聞の第一面を飾りつづけている。2週間前にもケベック党党首選候補者ジャン゠フランソワ・リゼが《ブルカ》着用禁止について《議論》することを提案している。彼はそれを治安と男女平等原理尊重という問題にしたてあげたのである[52]。

14 《ブルキニ》

ブルキニ問題が一番騒がれたのはフランスだが、ケベックでも2016年の夏、激しい議論の的となった。これについてケベック自由党政府の立場は明確だった。すなわち、女性は海水浴場で自分の望む服装を着用できるというものである。それにたいして《ケベックの未来連合》(CAQ)など野党の一部はブルキニ着用を禁止する法律の制定を要求した。水着とテロを同一視し、人々の恐怖心を煽りたてる恐れがあるにもかかわらず。CAQ党首は自分たちが政権をとればブルキニ支持者には国籍付与をしないという宣言さえした[53]。一方、連邦レベルでは自由党政府首相は明確にこう宣言している。「確かにいつものとおりちょっとした論争があちこちでおきている。しかし個人の権利と選択を尊重することが我々の発言そして公的議論において第一の原則であるべきだと私は思う」[54]。彼はさらに「差異があるにもかかわらず、ではなく差異があるからこそ」他者をうけいれ、他者に心をひらき、友情をいだき、理解すべきであると強調した。

15 テロ

あきらかにテロはカナダ国民の感情をもっとも動揺させた事件である。イスラームへの改宗者による2名のカナダ人兵士襲撃、パリ、ブリュッセル、フロリダ、サン゠バーナーディーノでのテロ事件──不幸なことに、こうした事

件が世論に否定的な影響をあたえてしまった。しかしカナダ人の反応はまちまちである。宗教の名をかたる急進派・過激派に影響された人間は少数だし、そもそもイスラームそのものとは無関係だと理解している人もいる。が、残念ながら、一部の人々はムスリム民衆やその宗教とそうした悲劇的事件とを結びつけ、同一視する。しかし、イスラームへの改宗者がテロ・グループに参加したために、またとりわけ安直に改宗とテロとを直結させる連想をもっている人がおおいために、ムスリム社会は数年前から情報機関の監視対象となっている。さらに最近、監視・規制を強化するためにテロ防止法も改正されている。

　《テロ》やさまざまな形態の《イスラームのベール》など、こうしたすべての要素があわさって、カナダのムスリム社会に甚大な被害をもたらしている。法制、日常生活、雇用、治安、青年の自己評価など、ムスリム系カナダ人の私生活や公的領域での活動が悪影響をうけているのである。

16　ケベック価値憲章

　2007年に《合理的配慮》という概念をめぐって論争がおこり、それをうけて2008年ケベック州自由党政府が二人の著名な研究者にその問題を検討する報告書作成を依頼したことを思い起こそう★55。報告書がだされると、すべてのケベック州民がその報告書に明記された大原則にそって政策が実施されるものと考えた。が、2013年、当時、政権を握っていたケベック党★56のポリーヌ・マロワ州政府首相は法案第60号すなわち《ケベック的価値憲章》を発表した。民主主義的制度・市民参加担当大臣ベルナール・ドランヴィルはコミュニケで「この憲章は宗教にかんする合理的配慮原則の枠組みとなり、男女平等原則や国家の宗教的中立性などケベック的価値を再確認するものである」と述べた★57。ケベック的価値憲章は詳細が発表になる以前から議論の的となった。憲章が《イスラームのベール》を主たるターゲットにしているように思われたからである。要するに憲章の隠された意図は「この法案のターゲットはユダヤ教徒やシーク教徒やキリスト教徒ではなくイスラーム教徒の女性である」★58ということだと考えられたのである。こうしてあらゆる形態の《イスラームのベール》（ヒジャーブ、ニカブ、ブルカ等々）が一瞬にして、さまざまなメディアの中心的話題となり、それが何カ月もつづく。マロワ首相は最終的に政府がベール着用問題と男女平等問題とを直結させて考えていることを明らかにする。首相はイスラームのベール着用禁止が《男女平等原則からの逸脱の示唆や

女性の従属の主張》★59 を阻止するための手段であると明言したのだ。この法案は公的領域において激しい議論をひきおこした★60。クロップ社が 2014 年 2 月 13 日から 16 日におこなった世論調査によると、回答者の 51％ が憲章に賛成であった。ケベックのフランス語話者に限ると 68％ が賛成だったが、それにたいして非フランス語話者では賛成は 21％ しかいなかった★61。

　《社会的亀裂》★62 を激化させた原因は、この憲章に書きこまれた《価値》が《ケベック的》と形容されたことにある。つまり、逆説的なことなのだが、ケベック州が社会統合モデルとして異文化交流主義★63 を掲げ、さまざまな民族的・文化的出自をもった移民を毎年うけいれているにもかかわらず、同質主義的なフランス的・カトリック的アイデンティティを主張しているということになる。ドニーズ・エレはケベック党の政策を次のように要約している。「ケベック党は宗教がケベックとその《国民》の存在を脅かしている」と主張し、「宗教的マイノリティーに負の烙印をおすようなキャンペーンがひろがるのを放置し、民主主義的政党の責任を放棄し、不寛容な発言の横行を許し、複数文化主義にかんする議論を硬直化させて対話を不可能にし、暴力的傾向を助長している」と述べている★64。

　ムスリム女性団体は公的空間やメディアですぐさま反論し、差別や自分たちの宗教に対する偏見、原理主義とイスラームの混同を批判した。

　こうした激しい論争はケベック党政権が倒れた 2014 年 4 月 7 日★65 まで公共空間を占有しつづけた。しかし、その後、2015 年 10 月 19 日の連邦選挙の際にも《イスラームのベール》問題は再び新聞の一面をかざり、種々のメディアのとりあげるところとなった点を強調しておこう。その際に議論の中心となったのは《ニカブ》つまり《全身を覆うベール》の問題であった★66。

17　雇用問題

　こうした問題の影響は雇用問題にも及んでいる。ある調査によると、2000 年代初頭にはすでに、2001 年の《ニューヨーク同時多発テロ》のために、文化的民族的マイノリティー一般、特にアラブ系・ムスリム系住民にとって就職先をみつけることは困難だった。たとえヨーロッパ系カナダ人と同じ能力・学位をもっていてもである。実際、統計では新規移民は生粋のカナダ人よりも高い学位や経験をもっていることが実証されているのだが、給料にしても両者の間にはおおきな格差があった★67。2001 年に実施された国勢調査をもとに、フ

レデリック・カステル★68 は次のような事実を指摘している。すなわち 25 歳から 44 歳のムスリムは一般カナダ人よりも大学の学位をもつ者の比率が 2 倍なのに、失業者率はカナダ全体（8％）に比べて非常に高い。カナダのムスリム系住民は他のカナダ人よりも非常に高学歴であるようで、2001 年には 30 歳以上の女性の 24.5％、男性の 33％ が大学の学位を有している。それにたいして生粋のカナダ人の場合、その平均は女性で 14.9％、男性で 16％ である★69。2001 年以来、学位を有するムスリム系カナダ人の数はかなり増加しているにもかかわらず、雇用差別の状況には変化がない。

18　言葉の暴力と身体的暴力

　ムスリム系カナダ人のネガティヴなイメージや表象がメディアによって増幅され、それが彼らにたいする言葉の暴力や身体的暴力につながる場合もある。ケベック人権委員会は 2001 年 9 月 11 日以来、ムスリムに対する差別や人権侵害の訴えが増加していると述べている。最近、《反イスラーム嫌悪症ケベック団体》は 2013 年 9 月 15 日から 10 月 15 日の間に 117 件の訴えをうけ、そのうち 114 件は女性が被害者で、3 件は男性が被害者と述べている。また 2013 年から 2016 年の 3 年間のあいだに訴えが倍増していることにも注目しよう。インヴァイロニックス社の最近の世論調査では、おおくのムスリムが最近 5 年間のあいだに宗教を理由にした差別や不当な扱いをうけたことがあると回答している。カナダ人ムスリム、とくにその青年層は自分たちに対する差別に深刻な懸念を抱いていると述べている★70。ムスリム、特にベールを着用した女性がうけるこうした差別は時とともに減少しているようには思われない。実際、ベールを着用するムスリム女性のおおくが公的空間で暴行されたり、罵られたり、テロリスト扱いされたりしている。そうした攻撃的態度を示すのは男性だけではなく、女性もいる。モスクその他のイスラームの礼拝所が襲撃されたりするほか、ソーシャルネットワークやウェブニュース、ビデオで流れる人種差別主義的イスラーム嫌悪症的発言がムスリム青年たちの日常生活や将来への展望に深刻な影響をあたえている。

　こうした認識は彼らの他者との関係を改善することもあれば悪化させることもある。今、「他者」と記したが、それはマジョリティーグループの場合もあればムスリム以外のマイノリティーグループの場合もある。カナダのムスリム青年たちは自らにおしつけられた負の烙印や差別にたいして無関心ではいられ

ない。ムスリム系移民の第二世代の人々はその大半が自分たちの民族的宗教的ルーツに愛着を感じつづけているが、やむをえずそれを放棄する場合がしばしばある。2001年9月11日やこの20年ほどの間におこった国際舞台での一連の事件の後、自分の民族的ルーツや宗教と絶縁することを選んだ人たちもいる。極端な場合には名前も変えて、アラブ人だとかムスリムだと悟られないようにする人たちもいる。テロに対する報復や差別を恐れるためである。こうしたムスリム青年たちは自分たちの民族的・宗教的価値と折り合いをつけることが難しいと感じている。言うまでもなく、うけいれ社会が彼らをどんな風に見ているかが彼らの自己認識、態度、社会への適応度に大きな影響をあたえる。しかしまた自分たちの民族的・宗教的アイデンティティに誇りをもち、それを高らかに唱えるムスリム青年もおおい★71。彼らの大部分が自分たちのルーツの価値を保持しながら、公的にも私的にも充実した人生を送ることに成功している。彼らは自分たちのルーツになる文化の価値が民主主義的価値や自由の原理と両立可能だと考えているのだ。学問の世界や大学や職業生活で成功を収めているものもおおいが、ただ政界に進出しているものはまだ少数である。

19　シリア難民

　テロ事件や西洋諸国におけるさまざまな出来事は世論に大きな影響をあたえた。自由党政府はシリア難民を2万5000人うけいれると発表したが、これをうけてソーシャルネットワークではイスラーム嫌悪症的人種差別主義的ビデオが氾濫し、街頭ではファシスト団体がデモをおこない、ムスリム系シリア難民うけいれ反対の署名運動がネットで展開された。ムスリム系難民が信奉する価値は「ケベックやカナダとは相容れない」からであり、また彼らはカナダでテロをおこす危険があるからという理由であった。人々の興奮を鎮静させ、シリア難民と《イスラーム国》や《テロ》とを安直に同一視してしまう人々を安心させるために啓発運動を展開しなければならなかった。一部の団体の反対をおしきって、連邦政府と自由党出身の首相はカナダ国民の一部やNGO、地方政府・市当局と協力して2015年11月から難民家族やその子供をカナダにうけいれることに成功した。

　ムスリム系カナダ人に対する負の烙印や差別に対抗するために《カナダ人ムスリム全国委員会》が《うけいれ社会憲章》を発表した。この憲章は政治家や治安当局メンバー、市民社会のメンバーの支持をうけた。憲章は多様性を包摂

する社会を推進し、イスラーム嫌悪症を批判する運動をカナダの六つの都市で展開している[72]。こうして政府のさまざまな機関、特に自由党連邦政府、諸団体が開放的包摂的社会実現のための継続的努力をおこなっている。

　議会も手をこまねいてはいない。公的議論でも暴力的発言が増加しているし、ソーシャルネットワークでもムスリム系住民やシリア難民到来に反対するイスラーム嫌悪症的言説・人種差別主義的発言や不適切なコメントが爆発的に増加している。こうした現象に懸念をもったケベック国民議会は 2015 年 10 月、敵意を誘発し、不和の種をまき散らすそうした発言を非難する動議を採択した。

　差別やイスラーム嫌悪症、ソーシャルメディアでのイスラームに対する激しい攻撃、メディアが流す悪いイメージ、一部のムスリム（特にベールを着用した女性）がこうむる暴力被害——こうしたものにもかかわらず、カナダのムスリムの 83％がカナダ人であることに「誇りをもつ」と言い、カナダは「自分の故郷」であり、カナダでの生活は快適であると述べている。こうした肯定的な回答は 2006 年以来 10％増加している。

20　《共に生きること》

　民主主義国家カナダが自由と平等を原理として掲げ、差別を禁じる法が遵守されるよう努力していることは言うまでもない。そうした法律は出身国・宗教にかかわらず全ての可視的マイノリティーを保護するためにずっと以前から存在しているものだ。1988 年の多文化主義法はその点を明確に規定し、すべての国家機関で公務員は文化的差異を推進し、マイノリティーの国内での地位向上をはかり、差別をもたらすステレオタイプを避ける義務があるとしている。また個人やグループにたいして自分たちの権利を周知させ、よりよく自分たちを保護できる手段を提供するためのプログラムも実施されている。それと平行して異なった文化集団間の交流を目的とした活動も推奨されている。そのために近年、巡回展覧会や発表会、講演会などをつうじて文化や科学・芸術に対するイスラームの貢献をカナダ国民に宣伝するための事業がおこなわれている。

　さらに、イスラーム知識人や指導者は自分たちの置かれた状況を考察し、イスラームの教義の新しい解釈をとおして、イスラーム系住民の市民としての社会参加を促進する努力をおこなっている。《ウンマ》（イスラーム共同体）や《ジハード》（聖戦）などの概念が市民権や平和と正義の探求、善の推進と悪の禁止などと結びつけられている。カナダのムスリムは非イスラーム教徒がマジョ

リティーであるような社会に生きることを自ら選択したのだが、彼らは「努力」を意味する《イジュティハード》という概念に基づいて、どうすればイスラームの概念を用いながらこの新しい社会の公益実現に貢献できるのか熟慮しているのである。そして彼らは、うけいれ社会にとけこみ、民主主義社会の建設に参加したいという自分たちの願いはイスラームの教えに合致すると結論づけた。こうしたイスラームの理論家たちは彼らの社会統合の願いにも、またカナダ社会の期待にも答えるものとして、とりわけ三つの原理をあげている。

1. 第一の原理は《スリム》である。イスラームはその信奉者が自分たちが選んだ社会の多様性・複数性を尊重しながら、他の社会構成集団とともに平和に生きることを推奨する。アラブ語の《スリム》という言葉は従順とか、従属、自己放棄、平和などを意味するのだが、この言葉が《イスラーム》という言葉のもとになっている。イスラームを信奉するということは何よりも神の教えに従って生きることを決心し、世界の公正さを維持する努力をするということを意味している。個人や集団が信仰の原理に従うということは、すべての人間が平等であるというイスラームのメッセージと結びついているのである。

2. 第二の原理は《契約》である★73。イスラームは協定とか契約といった単なる世俗的概念に由来する問題にたいしても答えを与えることができる。契約は神聖なものであり、他の関係より優先する。ある国に居住する許可証であるビザやパスポートも契約であり、約束を守り、うけいれ社会の基礎であるその法律や本質的要素を尊重することが要求される。ムスリムはひとたびビザをうけとったり市民権を獲得したら、新しい国と契約を結んだことになり、その国の法律を尊重することが絶対的な義務となる★74。

3. 第三の、しかし極めて重要な原理は《許可》や《特例》を意味する《ルクサト》★75という概念である。これはカディアトゥッラー・フォールが注目した概念だが、《合理的配慮》をめぐる論争の際に提起された疑問に答えるものである。それは「イスラームがマイノリティーである場合、あるいはイスラームの教えの厳格な実践が困難な場合の宗教実践にかんする調整的措置の理論である」。言い換えればシャリーア（イスラーム法）によれば《ルクサト》とは信者にたいして信仰実践を軽減し、ある種の条件下で、禁止自体を廃止するわけではないが、それを許容することを意味する。《ルクサト》とは《状況に応じた配慮》

なのである。

カディアトゥッラー・フォールは開放的で寛容な宗教であるイスラームは《合理的妥協》を協調的に探求するための責任ある現実主義的な同盟者となることができるし、またそのための概念的道具もそろっているという点に注意を喚起している。だからイスラームは民主主義と共存可能なのである。

21　ラ・コンビベンシア

　カナダに定住したムスリムが他の住民同様、カナダ国民としてのアイデンティティ構築に貢献したいと望んでいることに疑念の余地はない。カナダ風多文化主義であれ、ケベックの異文化交流主義であれ、どのようなタイプの複数主義地域に住んでいるにせよ、彼らはカナダへの社会統合を望み、差別も排除もない社会の建設に積極的に参加しようとしている。しかし同時に、彼らは自分たちの最初のアイデンティティを放棄するように強制されることを望まない。というのも、イスラーム教徒のスイス人でカナダに定住しているサラフ・バスラマフ[76]が述べているように、「二つの宗教的・市民的意識が一つのアイデンティティに収斂する。しかし父祖から継承したものを放棄するわけではない。ただ新しい社会の現実と長期的な展望に適合するような新しい表現をそれにあたえるのだ」。ムスリム系カナダ人の希望は宗教的・民族的アイデンティティを隠したり否定したりすることなく、カナダの国民的アイデンティティを生きつづけることである。彼らはたえず押しつけられるステレオタイプや偏見を克服して自分たちの本当の姿を知ってもらいたいと切望しているのであり、そのために自分たちを説明し、対話しようと努力している。カナダの国内外で生まれたすべてのカナダ人同様、彼らはカナダに貢献できると考えている。そのためには私的空間においても公的空間においても平和と相互尊重の精神が必要である。

　ムスリム系ではない知識人たちもうけいれ社会に対するムスリム系住民の貢献を自覚しているし、また彼らをカナダ社会に統合することの重要性は意識している。だからムスリムと非ムスリムをつなぐ橋を強化することに積極的に関与している。パトリス・ボロドゥール[77]はサミュエル・ハンチントンの文明の衝突論[78]を強く批判し、ヒューマニスト的普遍主義的世界観を提案し、単なる宗教間対話にとどまらない《複数の世界観》の間の対話を提唱する。こうして彼の構想はさまざまな民族的・宗教的出自をもったおおくのカナダ人の夢、

《コンビベンシア》★79 の夢と軌を一にする。《コンビベンシア》とはかつてのアンダルシアを形容する言葉であり、「共生」を意味する。アンダルシアでは8世紀もの間、アラブ・イスラーム文化が栄えたが、そこでは寛容と対話の精神が支配し、支配的文化の周囲に、そこから糧を得ながら、さまざまな文化や宗教が共存していた。元ケベック州首相ベルナール・ランドリー氏は2006年春におこなわれ「モントリオール、新しいコルドバ」と題された講演で《コンビベンシア》という言葉をつかって、モントリオールの種々の民族共同体の共生を論じている。彼はそこでアンダルシアの首都に言及し、それが開放性と民族的・宗教的多様性のために歴史の中で「文化的黄金時代のシンボル」となっていると述べる。ラジオ・カナダのテレビ放送で大成功を収めた連続ドラマでもこの《コンビベンシア》という言葉が用いられている。この番組は偏見を打破し、さまざまな出自・文化をもった人々の間にも《コンビベンシア》が可能であることを示したのだ★80。

2015年10月の選挙以来、カナダ連邦首相となったジャスティン・トリュドーは国内や国外で演説する機会を利用して「我々と異なった外観をもっていたり、話し方や祈り方が異なっているという理由で他者を排斥すること」★81の危険性を警告している。彼はとりわけ「我が国（カナダ）は差異にもかかわらず、ではなく、差異の故に強力なのである」という点を強調している。彼のメッセージは多様性や多様性のために発生するかもしれない対立を超越し、社会に新しいダイナミズムをうみだそうとしているのだ。それは《共生》、《協働》、要するに《コンビベンシア》への誘いなのである。

著者注記 本論文は2009年刊行の南山大学『宗教と政治のインターフェイス』（本書と同一書名の小冊子版研究報告集）に発表された論文「カナダにおけるムスリムと文化的多様性」を加筆修正したものである。原テクストから一部が削除され、データが修正されたが、現時点でも妥当性のある部分は保持された。

注

★1 カナダの標語 *A Mari usque ad Mare*（「大洋から大洋へ」）は聖書の詩編72第8節からとられた。この節は欽定訳ではこうなっている。「神は海から海、川から地の果てまで支配（dominion）するだろう」。この詩節は人々の注意をひいたらしく、英領アメリカ法が作成されたとき、サミュエル・レオナード・ティリーの示唆でカナダ全体を指示する表現として dominion（自治領）という言葉が選択された。

★2 本論では「ムスリム系カナダ人」と「カナダ人ムスリム」という二つの表現を区別なしに用いる。

★3　政治・社会問題担当局マイケル・デューィング、マルク・ルマン『カナダの多文化主義』（2006 年 3 月 16 日改訂）。
★4　J=M・ラクロワ、P=A・ラントー『カナダ市民権構築にむけて』プレス・ソルボンヌ・ヌヴェル、2006 年。
★5　『カナダの多文化主義におけるケベック異文化交流主義』公共政策研究所、2014 年 11 月 24 日。
★6　https://www12.statcan.gc.ca/nhs-enm/2011/as-sa/99-010-x/99-010-x2011001-fra.cfm
★7　S・ウィルキンス=ラフラム『カナダの宗教──統計による概略図』モントリオール大学連合・民族研究センター、2014 年。
★8　「カナダは決然として宗教的自由を保護し、推進する」2013 年 4 月 14 日。http://www.acdi-cida.gc.ca/acdi-cida/acdi-cida.nsf/fra/CAR-41216507-SFD
★9　本論文で論じられたいくつかの点について詳細は著者の先行論文「カナダにおけるムスリムと文化的多様性」（南山大学『宗教と政治のインターフェイス』2009 年、所収）を参考。
★10　2030 年にはカナダの全人口約 3660 万人にたいしてムスリムが約 270 万人になると予測されている。
★11　ケベック大学モントリオール校の宗教問題専門家フレデリック・カステルの発言。ラジオ・カナダのサイト、2015 年 9 月 21 日。
★12　ルイーズ・ルデュック「ケベックとイスラーム。我々はムスリムの波の中に埋没してしまうのか」（プレス紙、2014 年 3 月 16 日）。
★13　「《ムスリム・フォーラム》はムスリムが利用されていると主張する」、ラジオ・カナダのサイト、2015 年 2 月 20 日。
★14　たとえば 2013 年にはケベック在住ムスリムの 30％から 40％が大学の学位を有している。
★15　「ケベックの移民」（2003 年 6 月 4 日）。
★16　フィリップ・ルブラン『カナダ　2016 年にムスリムであるということ』、TV5 Monde。
★17　ケベック大学モントリオール校モントリオール学際的民族・宗教研究グループのメンバーであるフレデリック・カステルのル・ドヴワール紙の記事参照（2006 年 1 月 4 日）。
★18　http://www.postedeveille.ca/2015/01/nombre-record-de-conversions-depuis-lattentat-dottawa.html。
★19　サイト名 Muslimlink.ca。
★20　ムスリムにとって聖なる月で、この間、断食をする。
★21　ラマダン月の間、日没後にムスリムがとる食事。
★22　『無知の印──現実から逆襲されるカナダ人』アクチュアリテ、2014 年 11 月 1 日。
★23　これよりも侮蔑的ではない《民族グループ》という表現のほうが好ましい。
★24　CBC の世論調査。ラジオ・カナダのサイトで 2014 年 11 月発表。
★25　J＝M・レジェ『〈ケベック法典〉──アイデンティティにかかわる七つの特徴』エ

第 7 章　カナダのムスリム

ディション・ド・ロム、2016 年。
★26　「カナダにおけるムスリムの待遇」、2007 年、http://www.ceri-sciences-po.org
★27　かつてはカトリックもプロテスタントも進歩や近代性を阻害すると考えられた。ケベックとカトリック教会の関係については次のサイトを参照。http://www.cccmontreal.org/uploads/bibliotheque/traditions_heritage_catholique_bedard.pdf
★28　同上。
★29　2016 年 5 月実施。
★30　「ケベックにおけるトランプの手先」ハフィントン・ポスト紙、2015 年 5 月。
★31　「ケベックのある村の外国人排斥的十字軍」リベラシオン紙、2007 年 2 月 16 日。これはエルヴィル事件をあつかった記事である。
★32　ラジオ・カナダのサイト、2016 年 9 月 2 日。
★33　ウエスラティ・ベシール、モントリオール大学民族研究センター、2007 年。
★34　アル・ダヘル「9 月 11 日の事件とイスラーム系ケベック人」、2001 年。
★35　ジャック・シャヒーン教授『悪者アラブ人を撮る——ハリウッドはどのようにある民族を中傷するか』オリーヴ・ビーチ・プレス、第二版。
★36　C・ダルネ『連続テレビドラマにおける脅威の文化の表象』、修士論文、ケベック大学モントリオール校、2015 年、87 頁。
★37　同上、121 頁。
★38　R・アントニウス『ケベックの代表的新聞・雑誌におけるアラブ人とムスリムの表象』カナダ文化省に提出された報告書、2008 年。
★39　「まやかしと外国人排斥」ハフィントン・ポスト紙、2016 年 5 月。
★40　エドワード・サイード『オリエンタリズム』、1978 年。
★41　http://www.jannah-news.com/actu-islam/les-musulmans-canadiens-aiment-leur-pays.html
★42　カナダ・イスラーム会議副議長ヴァリアント・ワイダは 2003 年にこのような発言をしている。「我々は北アイルランド紛争に関与した人々を決してカトリック・テロリストとは呼ばない。ボスニアやコソボについてもキリスト教徒や正教徒のテロリストがいるのに、彼らがそうした名前で呼ばれることは決してなく、ボスニアのムスリム・テロリストだけが問題にされたのである」。
★43　ラムジー・バルー『中東の彼方に——ロヒンギャ族ジェノサイド』、インターネットサイト Oumma で 2015 年 6 月 5 日発表。
★44　国連自身が「ビルマのムスリム系住民ロヒンギャは世界でもっとも迫害されているマイノリティー」だと宣言している。ラジオ・カナダのサイトで 2016 年 1 月 16 日発表。
★45　インターネットサイト Islam et Info で 2015 年 4 月 23 日発表。
★46　「中国——依然として迫害されているウイグル族」インターネットサイト Figaro.fr で 2015 年 3 月 4 日に発表された記事。
★47　ラジオ・カナダのサイト、2015 年 2 月 25 日。
★48　2 章 256 節。
★49　「カナダのイスラーム系女性の間でスカーフ着用者増加」、ラジオ・フランスのサイト、

2016 年 4 月 27 日。
- ★50　サイト LaPresse.c、2013 年 9 月。
- ★51　実施期間は 2015 年 11 月から 2016 年 2 月。
- ★52　ル・ドヴワール紙、2016 年 9 月 16 日。
- ★53　マ・プレス、2016 年 8 月 29 日。
- ★54　2016 年 8 月 22 日。
- ★55　哲学者チャールズ・テイラーと社会学者ジェラール・ブシャールの報告書『未来の基礎。和解の時』。
- ★56　ケベック党は自由党にかわって 2012 年から 2014 年までケベック州の政権を担った。
- ★57　「価値憲章。分離と包摂の間で。マロワ政府の提案、本日発表される」、ラジオ・フランスのサイト、2013 年 9 月 9 日月曜日。
- ★58　A・アルスラニアン、J・ファタリ『価値憲章は人権侵害か？』オタワ大学、2014 年。
- ★59　ル・ドヴォワール紙（2013 年 9 月）引用。
- ★60　S・ベリャジド「ケベックのフランス語系メディアの《公式》。ケベック的価値憲章のケース」（A・E・エボンゲ、G・M・メシナ編『メディアと世界のイデオロギー形成』アルマッタン、2014 年）。
- ★61　「憲章賛成が今では過半数を占める」ラ・プレス紙 2014 年 3 月 3 日。
- ★62　ラ・プレス紙、2013 年 9 月 18 日。
- ★63　G・ブシャール「ケベックの異文化交流主義にかんする説明」ル・ドヴワール紙、2015 年 3 月 12 日。
- ★64　「イスラームがケベック党の選挙戦術の脅し文句となる」（『カナダの多様性』第 10 巻 2 号、2014 年所収）。
- ★65　憲章に強く反対したケベック自由党は 41.5％の得票でケベック党に勝利した。ケベック党は 25.4％しか得票できなかった。
- ★66　S・ベリャジド、B・カラミファール「ケベックのメディアの言説と〈イスラームのベール〉」、フランスのロレーヌ大学とトルコのイズミール大学共催コロック「言説の仮面──言語的・社会文化的痕跡」（2015 年 10 月トルコ・イズミールで開催）。
- ★67　http://citoyen.onf.ca/«pasdeCVd'Arabesoudemusulmans» 参照（2004）。
- ★68　ケベック大学モントリオール校の研究者。
- ★69　ポール・エイド『アラブ人であること──モントリオールの移民第二世代青年の民族的・社会的アイデンティティ構築』マックギル＝クイーンズ大学出版、2007 年。
- ★70　同上。
- ★71　全国的にベール着用を選択する若いムスリム女性の数は増加している。
- ★72　ラジオ・フランスのサイト、2016 年 7 月 4 日。
- ★73　INRS 客員研究員ダヘル・アリ「9 月 11 日の出来事とイスラーム信仰をもったケベック市民」『ブレティン・共生』第 10 巻 34 号、2001 年。
- ★74　コーラン 8 章 72 節参照「本当に信仰して移住した者たち、財産と生命を捧げて、アッラーの道のため奮闘努力〔ジハード〕した者たち、またかれらに避難所を提供して援助した者たち、これらの者は互いに友である」。

★75　カディアトゥッラー・フォール「配慮という概念はイスラームの教えの核心に書きこまれている」（ル・ドヴワール紙、2007 年 9 月）。カディアトゥッラー・フォールはケベック大学シクチミ校の間民族・間文化研究講座教授で大学コンソーシアム研究員でもある。
★76　オタワ大学教授「さまざまな潮流の西洋諸国在住ムスリムの挑戦」、モントリオール・アラブ世界フェスティバルの際におこなわれた講演。2006 年 11 月 10 日。
★77　モントリオール大学「カナダ研究　イスラーム・複数主義・グロバリゼーション」講座教授。
★78　『文明の衝突と世界秩序の再構築』1996 年。
★79　マリ＝エヴ・マルテル「ケベック人とムスリムは平和の内に手を携える」ランクト、2006 年、ケベック。
★80　F・V・グレイフェンハゲン「〈大草原の小さなモスク〉と現代のコンビベンシア——カナダ人ムスリムのアイデンティティへの介入」（T・ホフマン、G・ラーソン編『ムスリムと新しい情報・コミュニケーションテクノロジー：興隆しつつある無限のフィールドからのノート』スプリンガー、ロンドン、2013 年）。
★81　2016 年 9 月 20 日の国連での演説。

訳注
＊コーランの翻訳は日本ムスリム協会編「日亜対訳注解聖クルアーン」（http://www2.dokidoki.ne.jp/islam/quran/quran000.htm）によった。

参考文献

Antonius, R. *La représentation des Arabes et des Musulmans dans la grande presse écrite au Québec*, Rapport de recherche présenté à Patrimoine Canada, 2008.

Arslanian, A. et Fathally, J. *La Charte des valeurs, une atteinte aux droits?*, Université d'Ottawa, 2014.

Belyazid, Samira. « Les musulmans et la diversité culturelle au Canada », publié in *Interface between Religions and Politics*, Université Nanzan, Japon, 2009.

―――. « La « formule » dans les médias québécois francophones. Le cas de la Charte des valeurs québécoises », in *Médias et construction idéologique du monde*, dir. Ébongué, A. E. et Messina, G. M., L'Harmattan, 2014.

Bouchard, G. « Précisions au sujet de l'inter-culturalisme québécois », publié dans *Le Devoir*, le 12 mars 2015.

Daher, Ali. « Les événements du 11 septembre et les Québécois de religion islamique», in *Bulletin Vivre ensemble*, vol. 10, n° 34, 2001.

Darné, C. *Les représentations de la culture de menace dans les séries télévisées*, Mémoire de maîtrise, l'UQAM, 2015.

Dewing, Michael et Leman, Marc. «Le multiculturalisme canadien» rédigé pour la Division des affaires politiques et sociales (révisé le 16 mars 2006).

Eid, Paul, *Being Arab. Ethnic and Religious Identity Building among Second Generation Youth in Montreal.* McGill-Queen's University Press, 2007.

Hunchinton, Samuel. *The Clash of Civilizations and the Remaking of World Order*, Simon & Shuster, 1996.

Lacroix, J-M et Linteau, P-A. *Vers la construction d'une citoyenneté canadienne*, Presses Sorbonne nouvelle, 2006.

Leduc, Louise « Le Québec et l'islam. Est-on en voie d'être noyé par les Musulmans? », *La Presse*, le 16 mars 2014.

Léger, J.-M. *«Le Code Québec»: sept traits identitaires*, Édition de l'Homme, 2016.

Rocher, François et White, Bob. *«L'inter-culturalisme québécois dans le multiculturalisme canadien»*, L'Institut de recherche en politiques publiques, le 24 novembre 2014.

Wilkins-Laflamme, S. *Les religions au Canada : bref portrait statistique.* Centre d'études ethniques des universités montréalaises, 2014.

Shaheen, Jack. *Reel Bad Arabs-How Hollywood Vilifies a People*, Olive Branch Press, 2e éd., Massachussetts, 2009.

Saïd, Edward. *L'Orientalisme*, Pantheon Books, 1978.

Taylor, Charles et Bouchard, Gérard. *Fonder l'avenir. Le temps de la conciliation, Rapport de la Commission de consultation sur les pratiques d'accommodement reliées aux différences culturelles*, Gouvernement du Québec, 2008.

第8章

現代インドにおける
ヒンドゥー・ナショナリズムの実態

キリスト教の視点から★1

アントニサーミ・サガヤラージ

はじめに

　現在インドの政権を担当しているインド人民党（Bharatiya Janata Party：BJP）は、ヒンドゥー・ナショナリズムを基礎とした政党であり、その支持母体として民族奉仕団（Rashtriya Swayamsevak Sangh：RSS）が存在する。民族奉仕団は 1925 年に結成された団体であり、傘下にはインド人民党を含めて多くの団体があることから、それらを総称して諸組織の家族（Family of Organizations）を意味するサング・パリワール（Sangh Parivar）と呼ばれている。傘下の団体は女性や若者、労働者のための活動を目的として作られ、全インド学生議会の他にインド人民党の前身であるインド大衆同盟（Bharatiya Jana Sangh：BJS）や世界ヒンドゥー協会（Vishva Hindu Parishad：VHP）、そしてバジュラング・ダル（Bajrangdal）などがある（サガヤラージ、2015：305）。民族奉仕団はヒンドゥー教に基づく社会運動団体であり、建前としては政治的活動を行わない。そのため、民族奉仕団は、政治活動団体つまり政党としてインド人民党を創設した。両者の関係は、比喩的に表現するなら、日本の創価学会と公明党としてイメージできるかもしれない。インド人民党のメンバーは民族奉仕団のメンバーでもあり、インド人民党はいわば民族奉仕団の政治部門として機能していると言える。
　インド人民党と民族奉仕団は、政治的な勢力を広げるために、様々な方策を

講じているが、特に注目されるのは次の三点である。第一に、インド人民党が北インドのグル（師匠）であるシルディ・サイ・ババのための寺院を建設し、既に寺院がある場所にはシルディ・サイ・ババの像を設置したこと。第二に、民族奉仕団の学生団体である全インド学生議会（Akhil Bharatiya Vidyarthi Parishad：ABVP）を通して、全国の大学で民族奉仕団のイデオロギーに基づいた政治的、宗教的、社会福祉的活動を行っていること。第三に、インド人民党がダリト[★2]からの支持を得るために、ダリト運動を起こしたアンベードカルの生誕125年を祝う式典を盛大に行い、アンベードカルを高く評価していることである。

　本論は、現代インドのヒンドゥー・ナショナリズムの実態を、これら三つの出来事に象徴されるインド人民党と民族奉仕団に注目しながら、キリスト教との関連において明らかにすることを目的にする。第1節では、これら三つの出来事を事例として、インド人民党を支える民族奉仕団が、一般の人々や大学生、そしてダリトに対して行ったヒンドゥー・ナショナリズム拡大のための活動について述べる。次に、第2節では、カースト制度に注目しながら、ヒンドゥー・ナショナリズムの背景としてイスラム教やキリスト教のインド流入に関する歴史について整理する。そして、第3節では、ヒンドゥー教とキリスト教の価値観の違いを確認し、特にキリスト教がインドにもたらした教育制度の影響と、それに起因するドラヴィダ民族運動やダリト運動などの社会運動を考察する。最後に、第4節では、ヒンドゥー・ナショナリズムの台頭に伴うキリスト教徒に対する反発という現代的事象について述べる。これらの議論を通して、現代インドのヒンドゥー・ナショナリズムを特にキリスト教との関連から明らかにしたい。

1　現代インドのヒンドゥー・ナショナリズム

1・1　シルディ・サイ・ババの像

　インド人民党の母体である民族奉仕団がそのイデオロギーを広めるために行っている主な活動のひとつに寺院の修繕や改築がある。大規模な寺院では修繕が行われ、祠などを含む小規模な寺院ではより大規模なものへの建て替えが行われている。このような光景は、タミルナードゥ州の州都であるチェンナイ（旧称マドラス）などの大都市やスラム街のストリート寺院、そして地方にある村々、また「寺院の町」と呼ばれているクンバコーナムとカーンチプラムやそ

第8章　現代インドにおけるヒンドゥー・ナショナリズムの実態

こに至る道路沿いなどでも見られる。小規模な寺院には司祭階級であるバラモンが配置されていないことが多かったが、こうした修繕や増・改築を通じて新たにバラモンが配置された。バラモンは寺院で儀礼を行い、人々はその儀礼を受けるために寺院に訪れる。バラモンの寺院への配置は、人々を寺院に集め、人々に自らがヒンドゥー教徒であるという自覚をもたせるためのものである。また、民族奉仕団は、北インドのグル（師）でありヒンドゥー教徒の間で大きな崇敬を集めているシルディ・サイ・ババの像を寺院に設置した。彼らは、新築の寺院や修復された寺院にサイ・ババの像を祀り、また以前からシルディ・サイ・ババが祀られている寺院★3 にも古い像の代わりに新しいサイ・ババの像を祀るように誘導した。そして、毎週木曜日を特別な力を持つサイ・ババの日として、バラモンを中心に儀礼や宗教音楽★4 の演奏などが行われるようになった。

　新しく設置されたサイ・ババの像について特筆すべき事柄がひとつある。それは像が現インド首相であるモディ首相に似ていることである。以前からモディ首相とサイ・ババの容貌が似ていると言われることがよくあった。しかし、ヨーガ行者であったサイ・ババは顔が痩せこけた人物であり、従って今までのサイ・ババの像も痩せこけた姿に造られていたが、新たに祀られた像の顔はそれに比べると明らかにふっくらとしている。これによって、サイ・ババの姿はモディ首相をより強く連想させるものになっているのだ。ここには、サイ・ババへの信仰を通して人々の中に無意識のうちにインド人民党への支持をひろげ、ひいてはヒンドゥー・ナショナリズムに導こうとする意図がある。

　像を利用したヒンドゥー・ナショナリズムへの誘導という現象はこれ以外にも見て取ることができる。もともと、南インドの寺院には現地の信仰に根ざした神々の像が祀られていたのだが、近年、サイ・ババの像だけでなく、北インド・アーリア系の神々の像もまた、南インドの神々の像とともに祀られるようになってきた。こうしたアーリア系の神々の像は、現地で製作されたものではなく、北インドから寄付されたものである。ちなみに、寄付金の贈り主の氏名はわかっているものの、地元の信者でもなければ外部からの信者でもなく、その人物の素性は不明とされている。

　以上のように、シルディ・サイ・ババの像を設置し、またアーリアの神を寺院に祀ることは、一般の人々の間にヒンドゥー・ナショナリズムを広げる動きとして捉えることができる。しかし、民族奉仕団の活動はこれだけにはとどまらない。彼らは傘下の学生団体をとおして大学生の間にも影響力を拡大しよう

221

としている。

1・2　全インド学生議会の活動

　民族奉仕団は1949年、左派的イデオロギーに対抗するために全インド学生議会★5という学生団体を組織した。その主な目的は、大学生の間に自分たちの考えを広め、支持を広げることであり、そのために大学内で活発に活動している。

　全インド学生議会が作られたきっかけは、1911年に中国で辛亥革命がおこり、1949年に中華人民共和国が建国したことに刺激されて、インドでも共産主義的な考え方が広がったことである。このような中、民族奉仕団は共産主義の勢力拡大を抑えるために全インド学生議会を結成した。共産主義のイデオロギーをインド社会に当てはめれば低カーストやダリトに平等に権利を与えることになり、そうした人々が政治的にも無視できない力をもつようになることを恐れたからである。インド独立以降、民族奉仕団は、インドはヒンドゥスターン（ヒンドゥー教の国）になるべきであるとし、上層カーストが支配するカースト・システムに基づく政治体制や社会を維持しようとしてきた。これは共産主義的な考えとは相反するものであった。

　全インド学生議会は結成当初からヒンドゥー教重視の姿勢を取ってきたが、ここ20年間で過激化し、他の宗教を攻撃するようにもなっている。大学内は頻繁に行われるデモ活動やストライキ、暴動によって緊張状態に陥り、宗教的マイノリティー（イスラーム教徒・キリスト教徒）や社会的弱者（低カースト・ダリト）の居場所がなくなりつつある。例えば、コーエンバットゥールで発生した民族奉仕団メンバー殺害に関する報道では、その殺害の動機は個人的なものであったにもかかわらず、殺人を犯したのはダリトであるという点が強調され、大学内でデモ活動が行われた。この事件は大学とは関係のない犯罪であるが、全インド学生議会が学内で活動を展開したため、大学運営に支障をきたした。

　もともと、大学には全インド学生議会の他にも共産党や国民会議派を支持する諸団体が存在していた。この種の団体は、それまでは学生の権利を訴えたり、学生にとって必要な設備を要求したり、教員に関する抗議活動をしたりするなど、主として大学内の問題を扱う活動をしていた。また、それぞれの政党を支持する活動も同時に行っていた。しかし、全インド学生議会は、インド人民党政府が打ち出した上層カーストやヒンドゥー教を優先する政策を支える活動を

学内で行うため、それに感化されて他の団体の活動も過激化し、大学内が政争の場となってしまった。

1・2・1　大学生によって行われた様々な活動

　全インド学生議会のインド人民党を支持する活動は大学内で混乱をもたらすものであった。しかしその一方で彼らのこうした動きのために学生団体の活動が活発になるという波及効果もあった。そして国民会議派や共産党を支持する団体が共に活動することで、評価された運動もある。それらの活動の中にはインド人民党に対抗して起こした運動もあった。

　一つ目は、2000年に社会運動活動家アンナ・ハザレーが行った反汚職運動である。この運動はもともと1991年から小規模で行われており、社会全体のモラルの低下に不安をもつ市民が支持していた。しかし、2011年のアンナ・ハザレーの断食行動をきっかけに反汚職運動が拡大し、学生にも参加が呼びかけられ、学内で活動が行われるようになった。学生たちは支持する政党や宗教に関係なくこの活動に参加した。この反対運動に参加したアンナ・ハザレーの弟子アルヴィンド・ケジリワル★6は、後にアーム・アードミ党を結成しデリーの首相に就任している★7。

　二つ目は、2012年にデリーで起こった強姦事件である。ある女性看護師がバスに乗車している際、複数の男性から乱暴される事件があった。これをきっかけに、女性に対する性的暴行が増加していると考える若者たちが立ち上がり、インド全土の大学で運動が行われた。この運動では、女性を守る法律の制定や警察の監視の強化などを求めるデモ活動が行われた。

　三つ目はインド人民党の法案に対する反対運動である。カースト制度を強化することを目的に近代的な教育制度の中で伝統的なカーストに基づいた職業訓練を必須科目にしようと考えるインド人民党に対して、反対運動が大学内で行われている。

　四つ目はマハトマ・ガンディー国家農村雇用保障法（MGNREGA）と呼ばれる法律を廃止しようとした際に起こった大学内での反対運動である。マハトマ・ガンディー国家農村雇用保障法は、国民会議派が政権を握っていた際、貧困層の救済を目的に制定された。これは、中央政府が成人男性や女性に、1年のうち少なくとも「100日間の仕事」を与えて土木作業をさせ、給料を支払うというものである。しかし、この法律に対しては上層カーストからの不満が大きかった。もともと、貧困層である低カーストは上層カースト所有の土地での

農作業に従事し、経済的に彼らに依存していた。上層カーストの土地での労働は過酷であり、給料が安く、時にはごまかされたり延滞されたりした。マハトマ・ガンディー国家農村雇用保障法が施行され、低カーストの人々が「100日間の仕事」に従事するようになって以降、上層カーストの土地で働く人々の数が減少した。それは、「100日間の仕事」で支払われる給料の方が、高額かつ一日の終わりに確実に支払われるからである。「100日間の仕事」をきっかけに、低カーストは上層カーストへの経済的依存から徐々に脱却することに成功した。すると、次第に低カーストは社会的、政治的、文化的に上層カーストの意向に従わなくなり、最終的には祭りに関する権利など、村の中での自らの権利を主張し始めた。このような流れは、上層カーストにとっては不都合であり不愉快である。そのため、インド人民党が政権についた際、上層カーストがマハトマ・ガンディー国家農村雇用保障法の廃止を政府に求め、政府もそれに応じようとした。その際に挙げられた理由は、マハトマ・ガンディー国家農村雇用保障法があるため農業に従事する人が減少した、農業発展にはマハトマ・ガンディー国家農村雇用保障法は必要ない法律である、というものである。しかし、法案の廃止に対して、大学内では反対運動があった。そもそも、「100日間の仕事」は農繁期に行われる。マハトマ・ガンディー国家農村雇用保障法の廃止に反対する人たちは、「100日間の仕事」の時期をずらせば政府の指摘する問題も解決することができると主張している。

　インド人民党は日頃から「インドは一つ」というスローガンを掲げている。しかし、現実の彼らによる政策は、上層カーストやヒンドゥー教徒を優遇するものであり、社会を分断する結果になっている。インド人民党の政策を支持する全インド学生議会に参加している学生は、社会に出る前から、このような政策を支持する活動に参加している。彼らは、大学卒業後も党員としてインド人民党を支持する活動を継続するので、全インド学生議会での活動は社会の分断を強化するものでしかない。これはインド人民党が言及する「インドは一つ」というスローガンとはかけ離れたものであると言えるだろう。次に、不可触民に対して行われた民族奉仕団の活動について述べる。

1・3　アンベートカル記念館をめぐる問題
　2015年はアンベートカルの生誕125周年[★8]の記念の年であり、それを祝うために一年を通して至る所で記念行事が行われ、その中には政権与党であるインド人民党主催のものもあった。しかし、インド人民党が率先してアンベート

カルの記念行事を行うことと、インド人民党のイデオロギーは合致せず、このことは少し奇異に感じられる。

　インド憲法の父と呼ばれているアンベートカルは仏教徒であり、インド人民党や民族奉仕団とは対極的なイデオロギーの持ち主である。彼はカースト制度に反対し、上層カーストのイデオロギーや彼らの行動、そして彼らが考えるインドの在り方に関して批判的であった。しかし、民族奉仕団はアンベートカルを高く評価し、彼を素晴らしいヒンドゥー教徒であると強弁して、そのイデオロギーが自分たちのものと共通すると主張している。更に、インド人民党の党首であるモディ首相にいたってはアンベートカルを自身のグル（師匠）であるとまで述べている★[9]。彼らがここまでアンベートカルを絶賛するのには理由がある。それは2017年に北インドの州（ウッタルカンド、パンジャーブ、ゴアなど）で行われる予定の州議会選挙である。インドの中で最も人口の多いウッタル・プラデーシュ州でも選挙が予定されている。現在ウッタル・プラデーシュ州では低カーストが支持するサマジワーディ党（Samajwadi Party）が政権を握っているが、ダリトが支持する大衆社会党（Bahujan Samaj Party：BSP）も優勢である。インド人民党は過去にこの州で政権についていたことがある。インド人民党にとって、この州議会選挙は州の政権を奪還するための重要な選挙であり、そのために支持を広げる必要があるのだ。これらを考慮するならば、アンベートカルを高く評価し記念行事を積極的に主導することは、低カーストやダリトからの支持拡大が目的であり、アンベートカルを心から尊敬したために起こした行動ではないと考えられる。そのことを示すのが、次に述べるアンベートカル国際センターを巡る出来事である。

1・3・1　アンベートカル国際センターからアンベートカル記念館へ

　2000年にアンベートカルの孫であるプラカス・アンベートカルは、アンベートカルの功績を讃えるために、当時のインドの首相であったインド人民党のヴァジパイ首相に彼の名前を冠した施設の建設を要請した。彼はその要請に応え、アンベートカル国際センターの建設を計画した。ヴァジパイ首相は多くの人々から支持されており、インド人民党に所属していたが右派でも左派でもない中道であると言われている。アンベートカル国際センターは、アンベートカルの研究機関としての役割を持つことが予定されており、アンベートカルのイデオロギーやカースト差別、個人の権利と自由、平等社会などについての研究機関になると期待されていた。ヴァジパイ首相が政権を退き、国民会議派が政

権を握ったときにも、国際センターの建設計画は引き継がれた。しかし、その後就任したインド人民党のモディ首相は、アンベートカル国際センターの代わりにアンベートカル記念館や公園を建設し、そこにインドの中で一番大きなアンベートカルの銅像を建てることを計画した。そして施設の開館式典に自らが出席することで、アンベートカルに対する尊敬の念をアピールしようとしたと考えられる。こうして、アンベートカルのイデオロギーを広めるために作られる予定であったアンベートカル国際センターは、モディ首相のアンベートカルへの尊敬の念を象徴する記念館となった。実際、モディ首相はこのようにアンベートカル国際記念館の建築を自ら主導的に行うことによって二つの効果を狙ったと考えられる。一つは民族奉仕団のイデオロギー浸透の妨げとなるアンベートカルの影響力をそぐことであり、もう一つはアンベートカルへの尊敬を象徴的に示すことによって自らの支持を拡大することである。

　このように、インド人民党が記念館を建設する目的は低カーストやダリトからの支持拡大のみであり、アンベートカルに対する尊敬の念を彼らが抱いているわけではないということは、インド人民党の主張を考えれば明白である。目的はあくまでも政治権力の確保であり、そのためにアンベートカルを利用したに過ぎない。インド人民党による宗教的マイノリティーや社会的弱者に対する態度はきわめて冷淡であり、彼らのイデオロギーはアンベートカルのイデオロギーとは相容れず、また実際のインド人民党の行動もアンベートカルのイデオロギーとは大きく乖離している。このことは、民族奉仕団のメンバーが起こした次に挙げる事件からも明らかであろう。

1・3・2　牛を殺す人・牛を守る人

　2016年8月1日にグジャラート州のウナという地域で、ダリトが上層カーストに暴力を振るわれる事件が起こった★10。グジャラート州は現在インドの首相を勤めているモディ首相が、かつて州知事として3期★11連続して当選した州である。この事件には、民族奉仕団のメンバーが設立した「牛を守る人」（Gau rakshaks）が関わっていた。「牛を守る人」は上層カーストの団体であり、彼らは、牛を扱うことを生業とし牛を食べる習慣のある人々のことを「牛を殺す人」（Gau hatyaras）と呼んで自分たちと区別していた。もちろん「牛を殺す人」とは多くの場合ダリトのことを指している。グジャラート州の事件は、「牛を守る人」が「牛を殺す人」を罰するという名目で引き起こされた。当時のグジャラート州の政権を握っていたインド人民党はこの暴力事件を不問

に付し、民族奉仕団は彼らの仲間である「牛を守る人」の行動を正当化した。
　「牛を守る人」は、「牛を殺す人」に対する暴力による処罰に関して次のように主張する。すなわち、インドはヒンドゥー教の国であり牛を神聖な動物としているため、ヒンドゥー教徒であれば牛を殺すようなことはしないはずである。つまり、彼らは、「牛を殺す人」はヒンドゥー教徒ではないと主張したのである。しかし、その一方で、民族奉仕団はダリトがヒンドゥー教徒であると認めており、彼らを差別しないとかねてから主張していた。メディアからこの点を指摘された際、民族奉仕団は、「牛を守る人」に罰せられたダリトはキリスト教徒に改宗した人々であると主張した★12。しかし、この主張はキリスト教徒に対する暴力は許されると言っていることに等しく、キリスト教徒や改宗者に対する彼らの偏見を露呈する結果となった。たとえキリスト教徒であっても暴力は決して許されるものではない。また、「牛を守る人」が牛肉を食べる人排除することは、国民の食習慣★13に政治が介入するということであり、それが正しいかどうかは多いに問題であろう。
　同様の事件は他の州でも起こっている。ウッタル・プラデーシュ州ではイスラム教徒の男性が「牛を守る人」に殺害されるという事件が起こった。被害者は、村の人々から「牛を殺害し、牛肉を食べ、余った肉を冷蔵庫に保管した」という噂を立てられたことで襲撃された。家は破壊され、彼は公衆の面前で息子と共に暴行を加えられた。息子に命の別状はなかったが、被害者は殺害された。
　グジャラート州同様に、この事件も「牛を守る人」が「牛を殺す人」を罰するという名目で事件が引き起こされたが、ここで注目すべきことは、この事件の被害者はイスラム教徒であったということである。ウッタル・プラデーシュ州のイスラム教徒の多くは州政権を担っているサマジワーディ党を支持している。そのため、「牛を守る人」はイスラム教徒を攻撃することで、サマジワーディ党による州政府が無力でありイスラム教徒を守ることができないことを彼らに示し、州政府の支持率の低下を狙うことができるという効果もあった。もちろん州政府は「牛を守る人」が起こした事件に対して一応の対応はしたが、事件が集団によって起こされ、関与した人々の数があまりにも多かったために、全員を逮捕することもできず、根本的な解決は難しかった。
　以上のように、民族奉仕団やインド人民党は、表面上はアンベートカルを評価することで、この高名なダリトに対する尊敬の念を表し尊重していると主張しているが、実際には宗教的マイノリティーや社会的弱者を攻撃しており、彼

らの言動は全く一致しない。それは、彼らがアンベートカルを政治的に利用しているだけであり、アンベートカルのイデオロギーに対して共感しているわけではないことを表しているからであると言える。これら三つの事例は、現在進行中の社会現象であるが、これにはインドの歴史的背景や社会体制が関連している。それを理解するために、次節では、カースト制度に注目しながら、キリスト教とイスラム教がインドへ流入した歴史的背景について整理する。

2　カースト制度とキリスト教・イスラム教の流入

2・1　インド社会の基礎としてのカースト制度

はじめに、カースト制度に基づくインドの思想的特徴をみていこう。カースト制度には三つの特徴がある。第一は人間や社会は不平等であるという「不平等思想」である。カーストは内婚集団であり、職業集団である。同一カースト以外との交流はなく、他のカーストと食事をすることもない。第二は、「生あるものの魂は不滅であり、生死を繰り返し、前世での生き方（カルマ）によって後世での生まれ変わりが決定される」とする「輪廻思想」である。輪廻思想では、神に最も近い存在であるバラモンの男性として生まれ変わることが最終的な理想とされる。三つ目は生まれながらにして身分・宗教・教育・居住地が制限されるという「先天的制限」である。人は生まれた時から所属するカーストが決められ、様々な拘束を強いられる。

インドで最も早くカースト差別に批判的に言及したのはクシャトリヤ出身の釈迦（ブッダ）である。釈迦は、修行や悟りを通して、人はバラモンに生まれ変わらなくても解脱が可能であると説いた。しかし、バラモンは釈迦の思想が広まらないように、釈迦をヴィシュヌ神の化身の一人として位置づけた。ヒンドゥー教には多くの神々が存在し、人々は必要に応じて自由に神を選んで拝むという信仰形態をとる。釈迦を多くの神々の一人として位置づければ、釈迦の教えが強調されることはない。こうして、釈迦の教えは、さほどインドに浸透することはなかった。これに対して、一神教であるイスラム教やキリスト教はインドになじまず、後に、ヒンドゥー過激派による迫害を受けることになる。

このようなカースト制度を基礎としたインド社会に、それとは全く異なる価値観に根ざしたイスラム教やキリスト教が、外国の政治勢力とともに流入することになる。

2・2 ムガール帝国と英国統治

13世紀から18世紀にかけてムガール帝国がインドを支配し、それに伴いイスラム教がインドに流入した。イスラム教は一神教であり、偶像崇拝を禁じ、全ての人間の平等を唱える。それは、多神教であり、偶像崇拝を行い、カースト制度を中心としたヒンドゥー教の思想とは全く異なるものだった。ムガール帝国の支配下で、イスラム教徒は強制的にヒンドゥー教徒をイスラム教徒に改宗させた一方、イスラム教の平等性に惹かれてヒンドゥー教徒が自らの意志でイスラム教徒に改宗することもあった。ムガール帝国の皇帝はヒンドゥー寺院を破壊し、その跡地にモスクを建設した。例えば、アヨーディアという地域は、インド二大叙事詩の一つ「ラーマーヤナ」の主人公ラーマ生誕の地としてヒンドゥー七大聖地の一つとされ、多くの巡礼者がこの地を訪れており、ヒンドゥー寺院も存在した。しかし、1528年にムガール帝国の皇帝バーブルはヒンドゥー寺院を破壊し、その跡地にバーブリー・マスジッドを建立した。こうして、ムガール帝国時代にイスラム教徒が増加し、ヒンドゥー教徒が減少したことに対して、ヒンドゥー教徒の中から不満が生まれた。

反イスラム感情が爆発した事件の一つに、1992年にアヨーディヤー★14で起こったバーブリー・マスジッド★15破壊事件がある。この事件は、ヒンドゥー、ムスリムが互いのコミュナル・アイデンティティを強化していく中で、緊張と対立を深めた結果、民族奉仕団から派生したサング・パリワールの一部であるバジュラング・ダルや世界ヒンドゥー教会主導で引き起こされた。コミュナリズム★16の激化に伴い、ヒンドゥー・ナショナリストが「モスクを破壊し、そこにラーマ寺院を再建すべきである」と主張したことで、バーブリー・マスジッドが破壊されるに至ったのである（サガヤラージ、2009：180）。

一方、キリスト教は18世紀頃からヨーロッパの商人と共に流入し、インド全土に広まった。イギリスがインドを統治下に置いたときも、その流れは止まることはなかった。この時代について、「イギリス人は片手に刀、片手に聖書をもってインドにやってきた」と言われることがある。つまり、イギリス人は武力と宗教という二つの武器を携えてインドを支配したのである。キリスト教徒もイスラム教徒と同様にヒンドゥー寺院を破壊し、代わりに教会を建設した。キリスト教は他の宗教を「悪魔の宗教」と呼び、他の宗教の神々を悪魔と称することで布教活動を行った。しかし、キリスト教がイスラム教と異なる点がある。それはキリスト教がインドで教育制度を作ったことである。この教育制度は、キリスト教的な価値観や教えに基づくものであり、ヒンドゥー教の思想と

は大きく異なるものであった。次節では、特にキリスト教がインドにもたらした教育制度の影響と、それに起因するドラヴィダ民族運動やダリト運動などの社会運動を考察する。

3　キリスト教とインド社会

3・1　キリスト教的価値観対ヒンドゥー教的価値観

　ここで現代インドに影響を与えていると考えられるキリスト教思想の特徴を簡単にまとめよう。一つ目は、キリスト教の平等思想である。『ルカによる福音書』（ルカ 4：16-19）には、「貧しい人に福音を」や「捕らわれている人に解放を」、「圧迫されている人を自由に」という言葉がある。この貧しい人や捕らわれている人、そして圧迫されている人は、インド社会においては低カーストとダリトを指す言葉として想像される。つまり、低カーストとダリトの中にキリスト教があると言うことを示している。これに対して上層カーストは強く反発する。カースト制度は不平等思想に基づいており、この教えはカースト制度とは合致しないものである。

　二つ目は、キリスト教における信仰に関する厳しい態度である。『マルコによる福音書』（マルコ 16：15-16）には「不信仰の者は罪に定められる」という一節があるが、これはキリスト教を信仰しない者は地獄に堕ちるという意味である。インドで布教活動を行った宣教師たちは、この一節を根拠に、ヒンドゥー教徒をキリスト教に改宗させようとし、これに対する上層カーストからの反発があった。

　三つ目は、「神の民」思想である。キリスト教においては、人間は神の民であり、神のみ前において兄弟姉妹として平等であるため、差別はない。こうした考え方は、不平等思想に基づいているカースト制度とは明らかに異なるものである。

　四つ目は、人間は「神の似姿」という言葉である。人間は「神の似姿」であり、一人一人が生まれながらにして人間の尊厳をもち、侵さざるべき人権を有する。一方、カースト制度では、バラモンは頭からクシャトリヤは腕から、ヴァイシャは腿から、シュードラは足から生まれたとされており、人間は「神の似姿」という考え方とは異なる。

　五つ目は、聖典の存在である。キリスト教は聖典を持つ。ユダヤ教から由来するキリスト教やイスラム教では、神の言葉が書かれている聖書が重んじられ

る。それは信仰者が聖書を生活の指針とするからである。しかし、聖書を理解するためには読み書きができることが必須である。それゆえ、キリスト教を広めるためには教育の場が必要であり、誰でも望む者には教育の場が与えられる。

六つ目は、『ルカによる福音書』(ルカ 4：16-19) に基づくと同時に、共産主義イデオロギーからの影響を受けた、「解放の神学」★17 という思想である。ラテンアメリカで生まれた「解放の神学」は全世界に影響を与え、インドもその例外ではない。「解放の神学」をとおしてインドに共産主義のイデオロギーが広まった。共産主義のイデオロギーをインドに当てはめれば、低カーストやダリトに平等に権利を与えるということであり、これはヒンドゥー教の思想とは異なるものである。

七つ目は、「蛇」に関するキリスト教とヒンドゥー教の違いである。蛇はキリスト教の解釈ではサタン、ヒンドゥー教の解釈では神とされる。

以上のように、キリスト教的価値観はヒンドゥー教的価値観と異なる点が多い。そのため、キリスト教徒が迫害の対象となるのである。しかし、ヒンドゥー・ナショナリストたちは、キリスト教徒が強制して人々を改宗させるからこそキリスト教に反対するのだと述べ、責任はキリスト教側にあると反論する。そのため、両者の主張は平行線をたどらざるをえない。

3・2　キリスト教がもたらしたもの

ヨーロッパ人宣教師たちがインドで宣教活動を行うようになってから、インドにはキリスト教の思想に基づく教育制度や医療体制、社会福祉活動がもたらされた。この中でも教育制度は特に低カーストやダリトに影響を与え、この影響に起因する様々な社会運動が発生した。

元来、カースト制度の根づいたインドにおいて、教育を受ける権利があるのはバラモン、クシャトリヤ、ヴァイシャであるが、教える権利を持つのはバラモンのみであった。バラモンは、宗教を含めた全ての学問を教えて、教育・宗教・政治体制・社会などにおいて中心的役割を占めてきた。他方、人口の大多数を占める低カーストやダリトは、教育を受ける権利がなかったため、文字が読めず、口頭伝承という方法で、知識を得ていた。インドは元来「口頭伝承の国」であり、それによって演劇・叙事詩・神話・歌・踊り・演説などが豊かに発展してきた。

キリスト教によってもたらされた教育制度は、文字の文化から来た宣教師が、口頭伝承になじみが深いインドの人々に、キリスト教の教えを伝えるために作

られた制度である。キリスト教の平等思想によって、これまで教育を受けることを許されなかった低カーストやダリトが、近代的な教育を受ける機会を得たのである。彼らはここで、それまでバラモンから教えられてきたものとは異なる価値観や個人の権利と自由、人間の尊厳という考え方を学び、近代的な雇用にアクセスする方法を学んだ。その結果、それまではカースト制度によって規定された仕事に従事することしかできなかった低カーストやダリトの間で近代的な職業選択が可能となり、生活水準が向上するに至った。そして、経済的な独立を達成するにつれて、上層カーストの意向に従う必要がなくなっていった。このような従来のヒエラルキーの崩壊をきっかけとして、反バラモン・反上層カースト・反北インド・反サンスクリット語・反アーリア民族を訴える運動が引き起こされていく。そして、その流れの中で起こった運動がドラヴィダ民族運動とダリト運動である。次に、キリスト教徒がインドに教育制度を与えたことによって起きたこれら二つの運動を具体的に見てみよう。

3・3　ドラヴィダ民族運動

ドラヴィダ民族運動は、バラモンの政治的、社会的、宗教的優位に対抗する様々な運動の総称であり、非バラモン運動・反バラモン運動・タミル・ナショナリズムという三つの段階からなる。

3・3・1　非バラモン運動

ドラヴィダ民族運動は非バラモン運動から始まる。非バラモン運動は、非バラモンのエリートによる「バラモンのように英語教育を受けたい」、「バラモンのように公務員になりたい」などという羨望から始まった。この運動の主体となったのは、1917年に結成された南インドの政党である正義党である。彼らは、バラモンが公職・専門職を独占していることに不満を抱き、非バラモンによる政治権力の獲得を主な目標に掲げていた。そして、1920年にマドラス州の州議会選挙に勝利し政権を握ったことで、非バラモンへの留保制度が実現した。この運動が、後に反バラモン運動へと転換していくことになる（Sagayaraj, 1999: 3; 志賀、2013a：399）。

非バラモン運動が起こるきっかけは、1915年に北インドでヒンドゥー・マハーサバーが結成されたことに由来すると考えられる。国民会議派はイギリスからの独立運動を主導していた団体であり、様々な宗教を信じ様々なカーストに属する人々から構成されていた。しかし、成員の多くはヒンドゥー教徒であ

り、中心人物が上層カーストであったため、国民会議派の中では上層カーストの意見が主流となっていた。これに対して不満を抱いていた少数派であるイスラム教徒は、国民会議派の中で自らの影響力の強化を目的として、1906年にムスリム連盟を結成した。そして、このようなイスラム教徒の動きに刺激されたヒンドゥー教徒の上層カーストがヒンドゥー・マハーサバーを結成することになる。インド独立の際、アーリア人はイスラム教の国であるパキスタンとヒンドゥー教の国であるヒンドゥスタンに分離独立しようとしていた。しかし、話し合いはバラモンの間で行われ、非バラモンに発言権はなかった。ヒンドゥー・マハーサバーの結成は、インド独立後も低カーストであり続けるのではないかという危機感を非バラモンが持つことに繋がった。そのため、少しでも自らの置かれている状況を改善しようと、非バラモン運動を展開し、雇用や教育の権利を訴えるようになったのである。

3・3・2　反バラモン運動

　1925年に結成された民族奉仕団の影響は南インドに波及し、反バラモン運動の誕生へとつながっていったと考えられる。

　反バラモン運動は、思想家でありマドラス州国民会議派の総裁であったペリヤールの自尊運動に遡ると言われる。南インドの学校にはバラモンの食堂と非バラモンの食堂があり、子どもたちは学校教育の場でも自らがバラモンなのか非バラモンなのかを意識せざるをえない環境に置かれていた。ペリヤールは、このような「二つの食堂」という状況を、カースト制度を強化するものであるとして反対した。彼は、南インドを訪れたマハトマ＝ガンディーにそのことを伝え、「二つの食堂」を廃止するよう要求した。しかし、カースト制度に批判的ではないガンディーはそれを拒否し、それに立腹したペリヤールが1925年に国民会議派から脱退し、自尊運動を起こしたと言われている。もちろん、これが大きな理由であることは事実であろう。しかし、自尊運動の高まりには、それ以外にも民族奉仕団の結成という要因があるように思われる。

　民族奉仕団の中で考えられている「民族」という言葉は、上層カーストであるアーリア人を示す言葉であり、民族奉仕団は上層カーストのイデオロギー拡大を目的として活動していた。また彼らは、インドはヒンドゥスタン(ヒンドゥー教の国家)でありその支配者は上層カーストである、という考え方を持っていた。これに対して、南インドの主要な民族は低カーストに位置づけられているドラヴィダである。そのため、南インドの人たちにとって、民族奉仕団の

活動はドラヴィダ民族の低カーストへの位置づけが強化されるものであった。つまり、民族奉仕団のイデオロギー拡大の阻止を目的に、ペリヤールが自尊運動を起こしたと考えることもできるのではないだろうか。

　この自尊運動は、非バラモンでありインド亜大陸の先住民族であるドラヴィダ民族の末裔であることに自尊心を持つべきであるという意味が含まれ、カースト制やバラモン的価値観を否定する急進的な運動だった。ペリヤールは、バラモン教徒とカーストに基づく社会秩序は合理的ではないと主張し、バラモンとカースト制度を全面的に否定した。そして、カースト制度を正当化するヒンドゥー教それ自体を批判・否定しながら自尊運動を展開した（Sagayaraj, 2004: 5-7; 志賀、2013a：400）。

　1944年、ペリヤールは自尊運動をドラヴィダ連盟と名づけた。それは、北インドのアーリア人に対して、南インドの人々が自らをドラヴィダ民族と名乗ったからである。「ドラヴィダ民族」という言葉は、ヨーロッパ人宣教師であり言語学者でもあるコールドウェルによって名づけられた。彼はドラヴィダ語族の核はタミル語であると主張し、ドラヴィダ語族に分類される言語を母語とする人たちはドラヴィダ民族であるとした。これが、南インドの人たちはドラヴィダ民族であるという根拠になった（Sagayaraj, 2004: 13-16）。

　自尊運動の中心的な活動は、反バラモン・反ヒンドゥー教・反北インド・反アーリア人という考え方に基づく攻撃的なものだった。こういった反バラモン運動の興隆は、当時マドラス州の政権を握っていた国民会議派にとって、「インド民族」統一の危機と映った。そこで、マドラス州政府は、「インド民族」共通のコミュニケーション手段という目的でヒンディー語を国語にしようと考え、公立学校でのヒンディー語学習を必須科目とする政策を打ち出した（志賀、2013a：401）。しかし、この動きに対して、ペリヤールをはじめとする反バラモン運動の主な指導者が猛反発し、反ヒンディー語運動を起こした。この運動は、主にタミル語を母語とする人たちが中心となって行われた（アントニサーミ、2012：160）。そのため、後にこの運動はタミル・ナショナリズムにつながっていくことになる。

3・3・3　タミル・ナショナリズム

　ペリヤールを中心に行われた自尊運動は、神や宗教、アーリア人やバラモン、北インドを否定することで自尊心を持つという否定的な意味合いが含まれていた。しかし、1949年になるとドラヴィダ民族が積極的に自らを評価すること

により自尊心を持ってもいいのではないかという考え方が生まれた。この動きがPro-Dravidian Movement、つまり自らの言語や文化をそれ自体で積極的に評価することで誇りを持ち、その発展に努めることで自尊心を持とうという運動である。そしてこの運動を推進したのがペリヤールの弟子であるアンナ・ドゥライである（サガヤラージ、2003：21）。彼はマドラス州の脚本家であり、演説が上手く、英語を話すことができたため、若者や大学生からの尊敬を集めていた。彼は1949年にドラヴィダ連盟を脱退しドラヴィダ進歩連盟を結成した。それはペリヤールとアンナ・ドゥライの政治参加に対する意見が異なっていたためである。ペリヤールはドラヴィダ連盟を社会改革団体であると主張し、政治に参加すべきではないという考えだった。なぜなら、政権を獲得するためには多くの支持が必要であり、それが自分たちのイデオロギーの希薄化に繋がることを危惧したためである。また、そもそもペリヤールは「反宗教」という考えを持っていたため、たとえ政治に参加したとしても、支持を得ること難しかったと考えられる★18。一方でアンナ・ドゥライは、改革を実践するためには政治参加が必要だという考えを持っていた。彼はOne People One God（神は唯一我々は一つ）という考え方を生みだした（Sagayaraj, 2005: 5-6）。またアンナ・ドゥライは、シヴァ神信仰は古くアーリア人がタミルナードゥ州に来る以前から存在していたというヨーロッパ人宣教師G・U・ポップの主張を前面に出すことで、シヴァ神信仰がタミルの宗教であると主張した（Sagayaraj, 2004: 16-19）。そうすることで、アンナ・ドゥライはマドラス州で支持を得ることに成功し、1967年にはマドラス州の首相に就任した（サガヤラージ、2003：31）。そして、彼は、タミル・ナショナリズムという観点から、州の名前をマドラス州からタミルナードゥ州に変更した。

　その後1969年にアンナ・ドゥライが病気で亡くなると、彼の弟子であるカルナニディが政権を握るようになる。アンナ・ドゥライは、ドラヴィダ・イデオロギー拡大のために、映画スターであるラーマ・チャンドラン（Marudur Gopalam Ramachandram：通称MGR）とシヴァジ・ガネーシャを積極的に映画に出演させていた。その際に脚本を手がけていたのがカルナニディだった。ドラヴィダ進歩連盟の中で最も人気だったのは、映画スターであるラーマ・チャンドランだった。そのため、カルナニディとラーマ・チャンドランの折り合いが悪く、後にラーマ・チャンドランはドラヴィダ進歩連盟を脱退し、アンナ・ドゥライの遺志を継ぐとして1972年にアンナ・ドラヴィダ進歩連盟を結成した。それ以後今日に至るまで、タミルナードゥ州ではドラヴィダ進歩連盟

とアンナ・ドラヴィダ進歩連盟が交互に政権を担い二大政党制が確立している（Sagayaraj, 1999: 6, 11）。

このように南インドでは社会運動が頻繁に起こっていたことから、研究者の間では、南インドは北インドよりも人権意識が高く差別などに対して敏感であると言われている。

3・4 ダリト運動

ダリトとはカースト制度の枠組みの外に置かれ、差別の対象となっている人たちである。ダリトの中にもいくつか集団があり、タミルナードゥ州の主なダリトはパッラル、パライヤル、チャッキリヤルである。この中でパッラルの身分が一番高くチャッキリヤルが一番低い。ダリトには様々な名称がつけられており、元々は不可触民と呼ばれていた。しかしイギリス統治時代に、不可触民という言葉が差別用語だとされ、アウト・カーストと呼ばれるようになった。

マハトマ・ガンディーは彼らのことをハリジャンと読んだ。「ハリ」はヴィシュヌ神の別名であり、「ジャン」には人々という意味がある。したがってハリジャンとは「神の民」という意味になる。ガンディーは、イギリスや南アフリカに住んでいたことでキリスト教に接していたため、しばしばイエス・キリストの言葉を引用した。キリスト教では信者のことを「神の民」と呼ぶが、ガンディーもキリスト教の影響を受けて不可触民のことをハリジャンと名づけたと考えられる。しかし、不可触民が神の民であるならば、バラモンは神になるのではないかと考えたアンベートカルがハリジャンという言葉を批判した。そして、アンベートカルは不可触民をダリトと呼び、今ではダリトという言葉が定着している。

20世紀初頭に非バラモン運動★[19]が起こると、不可触民は非バラモンの一部として行動するか、あくまでもダリトとして独自の運動を展開するかという問題に直面した。非バラモン運動は、カーストに基づく差別を糾弾するという点でダリトの不満を汲むものだった（志賀、2013b：19）。しかし、非バラモン運動が行われるようになっても、不可触民に対する差別や暴力はやまなかったため、不可触民の間では不満が蓄積されていった。そして、彼らは次第に自分の尊厳、社会に存在する意義を確認したいという欲求を強めていくようになる（志賀、2013a：403）。

このような南インドでの非バラモン運動と同じ時期に、マハーラーシュトラ州でもカースト差別撤廃を目指した運動があった。このマハーラーシュトラ州

での運動で先頭に立ったのが、社会改革家のプーレ・ジョティ・ラオである。そして、南インドでの非バラモン運動やマハーラーシュトラ州の改革運動の影響を受け、また、プーレの思想に基づいて不可触民解放運動の先頭に立ったのがアンベートカルである。彼はマハーラーシュトラ出身で不可触民とされるマハール＝カーストに属していた。彼は、それでも教育を受け弁護士資格を獲得し、不可触民解放運動の指導や不可触民のための法整備に尽力した。しかし、差別が改善されることは難しかった。アンベートカルは、不可触民差別が正当化されるのは、ヒンドゥー教の教義やバラモン主義にあると考え、仏教に傾倒していった。

　アンベートカルの本格的な政治活動は、1924年に「被抑圧者救済会」を設立したことから始まる。この組織は、被抑圧層への教育の普及や経済状況の改善、不可触民大衆の苦情や陳情の受付を目的にしていた。1927年にはマハード・サティヤーグラハと呼ばれる非暴力闘争を実行し、上層カーストの居住地付近にある貯水池の使用をカースト・ヒンドゥーに求める運動を展開した。そして、アンベートカルは、非暴力闘争の終盤にヒンドゥー教がカースト差別の元凶であるとして、ヒンドゥー教の古典書『マヌ法典』を焼き捨てた。また、1955年に仏教の普及を目的とするインド仏教徒協会を設立し、1956年にはアンベートカルは夫婦で仏教に改宗した。改宗式には、30万人から60万人の支持者が集まったと言われており、アンベートカルの改宗式後には、式に参列した人々も一緒に仏教に改宗した。またアンベートカルはインド憲法の父として有名である。1947年にインドがイギリスから分離独立を果たすと、アンベートカルは法務大臣に就任し、憲法起草委員の一人として、インド憲法の制定に携わった。彼の草案には被差別カーストに対する留保制度も規定された。1950年に制定されたインド憲法ではカーストによる差別が禁止された（舟橋、2014：83-88）。

　インド政府が行ったダリトに対する優遇政策を実施するようになると、ダリトはそれを利用して社会の様々な場面に進出する機会を得られるようになった。例えば留保政策はダリト、少数民族などの「指定カースト」、「指定部族」、さらに「その他後進階層」に対して大学入学や公務員採用、議席数などを一定枠で優先させる政策であり、ダリトの社会進出が可能になった。しかしたとえ、法整備を進めたとしても、農村では居住地がその人の身分を表すなどの閉鎖的な社会関係やカースト慣習が存在し続けたので、そこから逃れるためにダリトたちは都市に出ていったが、都市でも村と同様に職業や居住の面で差別を受け

た。またダリトは留保政策を活用して大学を卒業することができても、学歴相応の職を得られる者は少数で、不可触民であるがゆえの差別は変わらなかった（志賀、2013a：403-404）。このように、ダリトに対する差別を根絶することは困難であるが、留保政策によってダリトの経済的地位は向上しつつある。それに対してダリトは低カーストから妬みを買うことになる。

　1990年代後半になるとダリトが低カーストから暴力を受ける事件が増加した。それは、低カーストによる差別に対してダリトが反発するようになったからである。こうしたダリトの動きはダリトの経済的地位の向上とともにキリスト教の影響もあるのではないかと考える。

　タミルナードゥ州のキリスト教徒におけるダリト信者の割合は多く、全体の70%である。それにもかかわらずキリスト教内のダリトに対する差別は根強い。キリスト教が運営する様々な組織のトップに立って権力を握り取り仕切っているのは非ダリトであり、神父やシスターといった聖職者や修道者も非ダリトが多かった。教会内ではダリトと非ダリトで席が分かれており、ミサの際に神父の補佐する侍者になることや聖歌隊に入ることができなかった。また、聖木曜日の洗足式にダリトが参加することが拒否された。さらには葬式の時にダリトの行列が教会の正面のメインストリートを通過することが禁止されていた。それはメインストリートの両側に住んでいるのはその村の支配カーストであるからである。

　こうした差別から脱却するために、ダリト信者は「解放の神学」をもとに上層カーストに対して声をあげるようになった。こういったダリトの動きを主導していたのがイエズス会によって結成されたパルメラ（People's Action for Liberation Movement in East Ramnad Area：PALMERA）という団体である。この団体は、暴動を受けた人に対する援助やダリトの現状の記録などを行った。また、メディアとダリトのパイプ役になり、ダリトがメディアを通して自分たちの現状を訴える機会を作った★20。そして、1925年にイエズス会は全インドカトリック大学連盟（The all India Catholic Universities Federation：AICUF）をインド全土の各キリスト教大学内で結成し、インド全国でダリトの学生に対する援助を行った。こういったパルメラや全インドカトリック大学連盟の活動によって、教区や修道会の修道院に1980年代頃から次第にダリトの聖職者や修道者の志願者を優先して受け入れるようになった。

　また、1990年代には、イエズス会がダリトクリスチャン解放運動（Dalit

Christian Liberation Movement：DCLM）を結成し、キリスト教内のダリトに対する差別脱却のための活動を行っている。ダリトクリスチャン解放運動の活動では、ダリト出身のリーダーを養成するために様々な講座を開き、訓練を行っていた（Mosse, 2009: 189）。そして、次第にダリトのリーダーが生まれるようになった。このようなキリスト教内で起こった動きは成功し、ダリトの主張がみとめられダリトに対する差別が少しずつ解消されるようになってきた。このことは一般社会のヒンドゥーのダリトの間にも影響を与え、宗教関係なくダリトが一緒になって政党を作り、ダリト解放運動を行うようになった。その代表的な人物が、ティルマヴァラヴァンとクリシュナ・サーミである。ティルマヴァラヴァンは1988年に解放パンサー党（Vithuthalai Chiruthaigal Katchi：VCK）を結成し、ダリットクリスチャン解放運動と共に、ダリト運動を展開していった。この政党はパライヤルに支持されており、主に北タミルナードゥで活動している。クリシュナ・サーミは1996年にプディヤ・タミラガム（Puthiya Tamilagam）を結成した。主にダリトでありディヴェンドラ・クラ・ヴェッラーラ（Devendra Kula Vellalar）を自称するパッラルが支持し、南タミルナードゥで活動している政党である。ちなみに、ヴェッラーラは、カーストヒンドゥーであり上の身分を表す。しかし、こういったダリトの動きに対して支配カーストは反発し、暴動事件に発展していった。このようなダリトと支配カーストの対立の例にエライユール（Eraiyur）村での暴力事件がある。

　2008年の3月9日にキリスト教の村であるタミルナードゥ州北部ヴィルプラム地区のエライユール村で低カーストであり、エライユール村では支配カーストであるヴァンニヤがダリトの居住地で暴動を起こす事件が発生した。直接的な原因は、エライユール小教区であるロザリオのマリア教会を巡る問題だった。ロザリオのマリア教会では、ダリトは、ヴァンニヤから差別的な扱いを受けており、それに対して不満を持っていた。ダリトの不満が爆発したのはあるダリト神父の母親の葬儀での出来事である。ダリト神父の母親の葬儀では、教区長である大司教[21]や司祭、シスターなどが参列しており、葬儀のミサを執り行うために、村のメインストリートを通って教会へ移動していた。しかし、メインストリートにさしかかると、ヴァンニヤによってこの行列は止められ、彼らは葬儀を執り行うことができなかった。このことに立腹した大司教は教会に鍵をかけてしまった。ダリトとヴァンニヤは何度も話し合いを重ねたが、話は平行線をたどる一方だった。以前からダリトは自分たちの居住地に祠のよう

な教会を設置し、そこで祈りを行っていた。そこでダリトは、普段自分たちが使用している教会を小教区として認めてもらうよう主張し、断食行動を行うようになる。しかし、大司教は、ひとつの村にふたつの小教区は認められないとした。ヴァンニヤは大司教の決定を歓迎したのだが、気がかりなことがひとつあった。ダリトの断食がメディアの注目を集め、その訴えを支持する人が増加したのである。そのために大司教が自分の決定を覆して、ダリトの小教区を認める可能性がでてきた。そこでヴァンニヤはダリトに断食をやめるように要求したが、ダリトはその要求をのむことなく断食を続けたため、ヴァンニヤはダリトの居住区に赴き暴動を起こした。彼らはダリトの経済的基盤を破壊し、生業の面でもヴァンニヤが農業労働者として雇っていたダリトを解雇したりした。このヴァンニヤの行動はインド全国に知られるようになり、さらには世界から注目されるようになったことで、キリスト教の上層部が動きだした。そしてキリスト教の上層部が解決のために政策を打ち出したことで、ダリトの様々な権利が認められるようになった。しかし、これらはヴァンニヤが快く受け入れたものではなかった（Mosse, 2012: 219-220）。

4　ヒンドゥー・ナショナリズムによるキリスト教への反発

4・1　ヒンドゥー・ナショナリズム

　ヒンドゥー・ナショナリズムは、ヒンドゥーを統合し、インドを多数派であるヒンドゥー教徒の国家にしようとする運動である。ヒンドゥー・ナショナリズムの核にはヒンドゥトゥワという概念がある。ヒンドゥトゥワは、インドで生まれた全ての人がヒンドゥー教徒であるという主張のもと、ヒンドゥー教徒以外の宗教を信仰する者を「ヒンドゥー文化に忠実でない外国人」と見なす。つまり、その中心には、ヒンドゥー教徒ではない人々はインドから出ていくべきだという排他的な思想がある（サガヤラージ、2009：178）。

　ヒンドゥトゥワが生まれた背景としては、中世のムガール帝国の侵略や大英帝国の侵略による外来の文化・習慣やイスラム教及びキリスト教の流入、また布教活動を行わないためヒンドゥー教徒の信者が増加しないことなどが挙げられる。ヒンドゥトゥワには、インドの一体性を目指す文化ナショナリズム、イスラム教徒とキリスト教徒による植民地化の影響からの脱却、カースト制度を含むヒンドゥー的秩序の保守、あるいはヒンドゥー教徒の権益擁護という意味合いが含まれる。

比較的古い時期に組織されたヒンドゥー教改革団体にブラーマン・サマージやアーリア・サマージがある。ブラーマン・サマージは1828年に組織され、西洋思想やキリスト教、イスラム教などの影響を受けて、ヒンドゥー教の改革を主張していた。この団体の目的はサティ[22]や一夫多妻制を批判し、カースト制度を廃止することだった。アーリア・サマージ[23]は1875年に創設され、男女差別への反対やダリトの地位向上などの社会改革を推進した団体である。これら二つの団体はキリスト教やイスラム教の影響を受けて組織されたが、その活動は、ヒンドゥー・ナショナリズムとは異なる運動だった（サガヤラージ、2009：179）。

初期のヒンドゥー・ナショナリズム団体に、1915年に創設されたヒンドゥーイズムに基づいてインドを統一しようとする団体であるヒンドゥー・マハーサバーが挙げられる。そして、その後ヒンドゥー・マハーサバーよりもさらに過激な思想を持つ民族奉仕団が結成されることになる。サング・パリワールのひとつで、「ヒンドゥー・ナショナリズム」を推進する政党であるインド人民党の成長は「ヒンドゥー・ナショナリズム」がインドで存在感を増すことにつながる（サガヤラージ、2009：179）。

インド独立後、国民会議派がインドの政権を長年担ってきたが、社会経済開発に大きな成果をあげられず退潮傾向に陥っていく（近藤、2009：271）。その際に広範な支持を得たのがインド人民党であった。インド人民党の成長は、ヒンドゥー教とイスラム教やキリスト教との社会的緊張を高めた（近藤、2009：273）。そしてそれがコミュナル暴動につながっていくことになる。

4・2　コミュナル暴動――コンダマル事件

はじめヒンドゥー・ナショナリストは非バラモン運動やダリトと低カースト間の争いを利用し、自らの支持拡大を狙ってダリトへの働きかけを強めていた。そのため、ヒンドゥー・ナショナリストの諸団体は、ダリトが集住する都市部スラムに活動拠点を置き、劣悪な住環境を改善するかのような一見福利厚生的な活動を展開した。しかし、90年代半ばを過ぎる頃から、ヒンドゥー・ナショナリズムはその限界を露呈するようになり、ダリトもそのことに気がつくようになった。つまり、ヒンドゥー・ナショナリストたちがダリトをヒンドゥー・コミュニティに取り込もうとするのはあくまでもヒンドゥー人口の減少を防止するためだけであり、ダリトに対する差別問題を根本的に解決するためのプログラムはヒンドゥー・ナショナリズムの中には存在しないということに気づい

たからである（志賀、2013a：408）。そのため、ヒンドゥー・ナショナリストは今度はキリスト教徒をターゲットにすることでヒンドゥーのダリトと部族の支持を得ようとするようになった。それが、コンダマル事件である。

　オディッサ州の首都プハネーシュワルから約 200 キロメートルに位置するコンダマル地区では、アーディヴァーシーと呼ばれる先住民であるコンドとパノ（ダリト）が互助関係を形成しながら暮らしていた。コンドは土着の神であるダルニ・ペヌ（大地の女神）を信仰しながら平地で農耕を営み、パノはコンドの女神に対する儀礼や農耕の準備を請け負ってきた。しかしこの関係は、19 世紀後半のキリスト教の流入で徐々に変化した。不可触民としての差別から脱却できると考え改宗したパノはキリスト教の思想に基づいた教育や社会福祉援助を優先的に受けられるようになり、また、西洋文化の影響を受けることで徐々に文化、教育、習慣に変化が生じ、生活水準が上昇した。このようなパノの環境の変化に伴い、コンドとパノの間に存在していた互助関係は大きく変化し、それに対するコンドの不満は募っていった。こうした状況の中、民族奉仕団のサング・パリワールである世界ヒンドゥー協会が介入していく（サガヤラージ、2015：309-311）。

　1966 年、世界ヒンドゥー協会はコンドのキリスト教に対する反感を強めるため、この地域の土地問題に介入し、1994 年にはパノとコンドの間で問題が勃発、最終的にオディサ州政府が介入することになった。コンドル地区は、フルバニという地域の一部だった。しかし、州政府が介入することで、フルバニはコンドが多く居住するコンダマル地区とその他の人々が多く居住するボードゥ地区に分割された。この政府による介入は、コンダマル地区はコンドのものであるという意識を強め、問題を悪化させる結果となった（サガヤラージ、2015：311）。

　2008 年、世界ヒンドゥー協会の指導者であるサラスワティがマオイストによって殺害される事件が勃発した。しかし、世界ヒンドゥー協会のメンバーはサラスワティ暗殺の加害者は大司教の指示に従ったカトリック教徒によるものであると主張した。彼の葬儀後、殺害現場に集まったヒンドゥー教徒は暴徒化し、孤児院を襲撃したり、4 人のキリスト教徒を剣で殺害したり、パノの村々を襲撃したり、キリスト教徒の家や礼拝堂、修道院を焼き払ったり、女性を強姦して殺害したりした（サガヤラージ、2015：314-315）。この事例もバーブリー・マスジッド破壊事件と同様に、反キリスト教の流れの中で起こった事件である。

4・3 キリスト教への反発

　ムガール帝国や英国統治によるインド支配やそれらによってインドに流入したイスラム教やキリスト教はヒンドゥー・ナショナリズムが生まれるきっかけであった。イスラム教やキリスト教は平等性が根底にある宗教であるため、ヒンドゥー社会の階級制度には合致しない。ムガール帝国がインドを支配しそれによってイスラム教が流入した際、彼らは宗教と政治的な支配権だけに注目し、人々を改宗させ、寺院があったところにモスクを建設し、政治的にはインド全土をほぼ侵略したが、インド社会に改革を起こすような活動は行わなかった。英国統治によるキリスト教の流入もムガール帝国の支配と同様であったが、大きな違いはどんな人に対しても教育を受ける権利を与えたということである。このことをきっかけに、特に低カーストやダリトが教育を受ける機会を得られるようになった。彼らは教育を通して今まで彼らにとって常識だったバラモン的価値観とは異なる価値観や外部の世界について知るようになった。そして海外で起こった改革運動について知るようになったことで、自分たちも同じ事ができるのではないかと気づくようになった。こういった低カーストやダリトの動きを活性化させたのが、宣教師である。彼らは、バラモンとバラモン教は必要ないという布教活動を行いさらにドラヴィダ民族が誇りを持つようにドラヴィダの言語・宗教・文化を北インドのサンスクリット語・バラモン教・アーリア民族の文化と比較して優れていると評価した。こういった宣教師の介入によって低カーストやダリトが自分たちの言語・宗教・文化に誇りを持つようになり、個々人が自尊心を持つようになり、人権や尊厳にかかわる問題を訴え、権利・人権・平等などを主張するようになったので、サング・パリワールはキリスト教やその信者に対する様々な対策を考えるようになった。

おわりに

　現代のヒンドゥー・ナショナリズムの実態を理解するために本論ではまず三つの事例を取り上げた。それは、シルディ・サイ・ババの寺院建設や彼の像の設置、全インド学生議会の活動、そしてインド人民党がダリトの支持を得るためにアンベードカルを評価したことである。こういった政策には歴史的・宗教的・政治的な背景があるということを明らかにするために、まず、ムガール帝国支配と共に流入してきたイスラム教や、英国統治と共に流入してきたキリス

ト教、そしてそれらがインド社会に与えた影響などについてまとめ考察した。これによって明らかになったことは、キリスト教が与えた教育制度が低カーストやダリトの運動につながったということである。ドラヴィダ民族運動やダリト運動は、上層カーストや支配カーストに対して反発することで低カーストやダリトが自分たちの権利を訴える運動であった。これらの運動によって上層カーストや支配カーストに対する低カーストやダリトの依存関係が解消しつつある。このようなことに危機感を感じたサング・パリワールは様々な政策を打ち出した。そういった政策の中には、バーブリー・マスジッドやコンダマル事件などイスラム教やキリスト教に対する暴動という過激的な活動やダリトや大学生の間に支持を広げるという政治的な活動がある。こういった背景の中で、エライユール村での事件や「牛を守る人」の活動などのような宗教問題やカースト問題が起こっている。このような宗教問題やカースト問題はサング・パリワールが主体となって起こっているものであり、サング・パリワールは宗教を前面に出すことで、ヒンドゥー教対その他の宗教という対立構造を作り出した。しかし、インド社会の根底にあるのは社会・政治・経済的諸問題であり宗教対立はそういった問題を覆い隠しているだけだと筆者は考える。

注

★1 本論は南山大学パッヘ研究奨励金 I-A-2（2013 年度）「サンスクリット化・非バラモン／ドラヴィダ運動・ダリト化」の成果をまとめたものである。この論文を書きあげるために古澤夏子さんの協力があった。心より感謝を申し上げる。
★2 ダリトは不可触民と呼ばれ、カーストの枠組みの外に置かれた人たちのことを指す。
★3 シルディ・サイ・ババを祀っている寺院は、今では巡礼地になっており、多くの人が訪れている。
★4 バジャンと呼ばれるヒンドゥー教の献身歌であり、それを歌い行う宗教儀式そのものをも指す。サンスクリット語で「捧げる」という意味を持つ。
★5 http://www.academia.edu/15056144/The_Changing_Nature_of_Student_Politics_in_India_A_Review
★6 彼は中央政府の IAS（Indian Administrative Service）に勤めていた経歴をもち、政府の決めた政策を実行する立場にいた人物である。
★7 https://www.boell.de/sites/default/files/study-new-citizens-activism-in-india.pdf
★8 死後 59 年の年である。
★9 http://zeenews.india.com/news/india/pm-narendra-modis-speech-on-dr-br-ambedkars-125th-birth-anniversary-top-10-quotes_1876137.html
★10 http://indianexpress.com/article/india/india-news-india/gujarat-dalit-protes

第 8 章　現代インドにおけるヒンドゥー・ナショナリズムの実態

ts-dalit-thrashing-una-skinning-dead-cow-gau-rakshaks-2937803/
- ★11　1期は5年間である。
- ★12　https://www.facebook.com/RajaSinghOfficial/videos/vb.237255583102040/587851641375764/?type=2&theater
　　http://www.rediff.com/news/interview/not-dalits-una-victims-were-christian-converts/20160801.htm
- ★13　彼らは外部からの影響によってヒンドゥーの文化が破壊されたと主張する。例えば牛肉を食べるという行為はダリトによって行われているものだが、サング・パリワールは反ヒンドゥー教的な行いだとし、それをムガル帝国支配や英国統治による影響によってヒンドゥー教的な文化が破壊されたことによるものであると主張する。
- ★14　アヨーディアはインド北部のウッタル・プラデーシュ州に位置する静かな田舎町である。ここはかつてのコーサラ国の都で、古代インドの叙事詩『ラーマーヤナ』の主人公ラーマが生まれ統治したヒンドゥー七大聖地のひとつであると言われている。1528年、この町にムガル皇帝バーブルの元で、バーブリー・マスジッドが建立された（内藤・中村、2006：252）。
- ★15　19世紀半ばから、このバーブリー・マスジッドは「ラーマ生誕の地に建てられていたヒンドゥーの寺院を破壊し、その上に建立された」というヒンドゥー教徒の主張が始まり、ムスリムとの間に衝突が起きるようになった。この主張は「マスジッドを破壊しラーマ寺院の再建へ」と発展し、ヒンドゥーのもとに奪還すべきという声をあげ始めた。この動きは1980年代に急速に高まっていった。そして1992年12月6日、RSSから派生したVHPのメンバーが先頭となり、マスジッドを一瞬のうちに破壊した（木村、1996：152）。
- ★16　コミュナリズム（宗派主義ではない）とは、ある共通の利害・職業・言語・宗教で結ばれた社会集団が自らを他と区別してその特質または優位性を強調する思考様式のことであり、宗教の相違が両コミュニティ間の障壁であるとするイデオロギーの総体を指す。
- ★17　解放の神学は特に社会正義、貧困、人権に関わるもので、社会的弱者・マイノリティーの側に立ち、民衆の中で実践することが福音そのものであるというような立場をとる。
- ★18　一般的に、タミル人は信心深く宗教を大事にする傾向がある。そのため、反バラモンになっても、反宗教になることは難しい。
- ★19　ドラヴィダ民族運動のことを指す。
- ★20　http://www.sjweb.info/sjs/pjnew/PJShow.cfm?pubTextID=8489
- ★21　彼はヴァンニヤである。
- ★22　未亡人殉死のことである。
- ★23　イギリスによる英語教育を受けたヒンドゥーのエリートたちは、教育によって西洋的近代制度や理念を吸収し、それらに一定の共感を抱いていた。その上で、英語で書かれたイギリス人によるインド研究に触れ、思想的、哲学的深遠さをもつインドを「発見」した。彼らは「あるべき理想のインド」をヒンドゥーの聖典に求める一方、教育を通じて吸収した西洋的近代の理念を指標に自己を客体化し、その視点から現実社会に改良を加えようとした。そのため、彼らはインドの現実に存在する伝統社会を「ダルマが危機

245

に瀕した状態」にあると認識し、それを「古代の理想社会からの堕落」と捉え、理想的ヒンドゥー社会の復興を唱えた。このような観点からエリートたちは、古典的ヒンドゥー法（シャーストラ）に記載されていないことを根拠に、夫に先立たれた妻が火の中に飛び込み殉死する「サティ」（寡婦殉死）や幼児婚、寡婦再婚禁止などの風習を、本来のインド的伝統から逸脱した悪習と捉え、これらを改善することで「あるべき姿のヒンドゥー」を復興させようとした。これは一般に「社会宗教改革」（socio-religious reform）と称される。この社会宗教改革運動の中で最も成功をおさめたものの一つが、スワーミー・ダヤーナンダ・サラスワティによって1875年に創設された「アーリア・サマージ」であった。アーリア・サマージは、ヒンドゥー教徒がムスリムとクリスチャンに改宗させられて消滅することを恐れたために、「ヴェーダに帰れ」のスローガンの下、キリスト教徒やムスリムに対する再改宗運動を積極的に展開した。このため、このアーリア・サマージの活動を、「ヒンドゥー・ナショナリズムの起源」と位置づける学者も存在する（中島、2005：86-87）。

参考文献（＊は表記が異なるが同一著者。＊＊も同様）

アントニサーミ・サガヤラージ＊ "Annadurai and The Dravidian Movement"『歴史と構造——文化人類学的研究』31号、南山大学大学院文化人類学研究室編、2003年、19-31頁。

―――「多言語国家インドにおける言語とアイデンティティ」加藤隆浩編『ことばと国家のインターフェイス』行路社、2012年、143-167頁。

木村雅昭『インド現代政治——その光と影』世界思想社、1996年。

近藤則夫「インドにおけるヒンドゥー・ナショナリズムの展開」近藤則夫編『インド民主主義体制のゆくえ——挑戦と変容』アジア経済研究所、2009年、267-316頁。

サガヤラージ・アントニサーミ＊「社会を反映する映画『ボンベイ』を事例として」南山大学地域研究センター委員会編『映画の多元的解釈のための基礎研究』行路社、2009年、174-188頁。

サガヤラージ アントニサーミ＊「キリスト教改宗問題とナショナリズム」三尾稔・杉本良男編『現代インド6 環流する文化と宗教』東京大学出版会、2015年、305-326頁。

志賀美和子（2013a）『セキュラリズムと「カースト問題」の変容——タミルナードゥ州の場合』龍谷大学アジア仏教文化研究センター、ワーキングペーパー、No.12-13、2013年、397-413頁。

―――（2013b）『非バラモン運動における平等言説と「不可触民」——普遍化と独自性をめぐるディレンマ』専修大学人文科学研究所月報（267）、2013年、17-41頁。

内藤雅雄・中村平治『南アジアの歴史 複合的社会の歴史と文化』有斐閣アルマ、2006年。

中島岳志『ナショナリズムと宗教——現代インドのヒンドゥー・ナショナリズム運動』春風社、2005年。

船橋健太『現代インドに生きる「改宗仏教徒」——新たなアイデンティティを求める不可触民』昭和堂、2014年。

Antonysamy Sagayaraj＊＊, "Dravidian Nationalism And Tamil Cinema"『歴史と

構造　文化人類学的研究』第 27 号、南山大学大学院文化人類学研究室、1999 年、3-21 頁。
A. Sagayaraj**, "Tamil Muslims and the Dravidian Movement" Salaam Fr. Pushpa Anbu Islamic Studies Association, 2005, pp.4-12.
Mosse, David, "Dalit Christian Activism in Contemporary Tamil Nadu" in Gellner David etd. *Ethnic Activism and Civil Society in South Asia*, Sage Publications, New Delhi, 2009.
――――, "The Saint in the Banyan Tree: Christianity and Caste Society in India", University of California Press, Berkeley, 2012.
Sagayaraj, A.**, "The Contribution of European Missionaries to Tamil Language and Dravidian Consciousness", *Indian Church History Review*, vol.38, No.1, Bangalore, India, 2004, pp.5-36.

第9章

現代日本における政教関係論

奥山 倫明

1 戦後日本の宗教政治史をめぐる論点

　2015年刊行の著書『戦後日本の宗教史——天皇制・祖先崇拝・新宗教』において、1945年から95年までの半世紀にわたる戦後日本の宗教史を概観するに際し、著者の島田裕巳は三つの主題を設定した。同書の副題が掲げるように、天皇制、祖先崇拝、新宗教がその三つである。戦後50年にあたる1995年は、1月に起こった兵庫県南部地震が甚大な被害をもたらした激甚災害（阪神・淡路大震災）だったが、宗教史という観点から言えば、3月の地下鉄サリン事件を機に発覚した一連のオウム真理教事件もまた日本社会に大きな衝撃を与えた。島田は戦後の50年間の宗教史をたどることで、オウム真理教事件までの日本社会を考察しようとしている。島田のこの著書は、とりわけ宗教と政治の関係に注目したものではないが、それでも戦後日本の政教関係に関連していくつかの事象を取り上げている。以下、島田の著書を参考にして、戦後日本の宗教政治史に関連する主な論点を確認しておこう。

　戦後日本の国制と政治体制のうえでは、まず天皇の位置づけと宗教にかかわる法制が、戦前と比べてどのように変更されたのかが重要な論点となる。その変更によって生じた戦後の象徴天皇制と、1947年施行の日本国憲法と、1951年に公布・施行された「宗教法人法」によって規定される宗教法制が、戦後の宗教政治史の大枠を形づくっていく。憲法と宗教法人法によって定められた宗教をめぐる法的環境は、端的にいって、「信教の自由」と「政教分離」を特徴とするものとして捉えられている。なお宗教法人制度はその運用上、行政における宗教法人の管掌が生じるので、戦後日本においては、戦前から継続してきた宗教行政においても変更が生じ、現在では文化庁宗務課という中央官庁と各

都道府県における担当部署が宗教法人関連の行政を管轄している。

　こうした大枠のなかで個々の宗教法人や法人以外の宗教団体の活動が展開されていくが、そこで政治と関連するいくつかの事象が出現した。戦後の国政選挙においてはさまざまな宗教団体の関係者が立候補し、何人もの当選者が出ている。特に注目すべきは、1955年の地方議会選挙、次いで56年の参議院議員通常選挙以降に進められた創価学会の政界進出であり、島田は「創価学会の政治進出と宗教政党・公明党の結成」と題した章を設けている。当初、創価学会の政治活動の目的は国立戒壇の建立であり、これはいわば政教一致の中核施設の建設が目的だったと捉えることができよう。このことはまた、創価学会（当時は日蓮正宗に所属）の信仰を国教化することとほぼ同義である。島田は次のように要約する。

> 要するに、創価学会の政界進出は、日蓮正宗の信仰を国教に近いものに祀り上げるために国立戒壇を建立することを目的としたものであると会員のあいだで理解されていたことになる。だからこそ、会員たちは創価学会から立った候補者の選挙活動に熱意を燃やしたのである。
> 　　　　　　　　　　　　　　（島田裕巳『戦後日本の宗教史』、162頁）

　やがて1961年結成の公明政治連盟を経て、1964年には公明党が結成された。1960年代後半に、都市部の中下層階級に支持者を広めようとしていた日本共産党は、公明党とのあいだで支持者獲得をめぐって競合することになった。また政治評論家、藤原弘達の著書『創価学会を斬る』が1969年に刊行されると、創価学会・公明党による出版妨害が起こった。この時期にはその他の創価学会・公明党批判の書物も刊行され、それに対する妨害が、一連の「言論出版妨害事件」と称されている。やがて1970年に創価学会・公明党は妨害行為を改め、路線を変更する。国立戒壇の建立という目的を撤回、政教分離を明確化し、公明党は──創価学会からの支持を受けることは変わりないが──国民政党になることをめざすことになる（同書、214-221頁）。また1974年には創価学会と日本共産党とのあいだでいわゆる「創共協定」（「日本共産党と創価学会との合意についての協定」）が結ばれ、相互の誹謗中傷が抑えられることになった。その後、創価学会は1990年代に日蓮正宗からの分離を図っていくが、その経緯についてはここでは追わない。

　戦後日本の政教関係に関するもう一つの重要な焦点は、靖国神社である。敗

戦まで陸軍省・海軍省が管轄する国家施設だった靖国神社は、戦後、単立の宗教法人として存続した。靖国神社は明治維新前後の内戦における戦没者、その後の対外戦争における戦没者（軍人・軍属）を祭神として祀る、すなわち「合祀する」施設である。戦後は国家によって管理運営される施設ではなくなったが、戦没者に関する情報は海外からの復員、また引き揚げを管掌する官庁が把握していたため、そうした部署との連携が進められた。これに関しては、幾度か組織改編があったが、厚生省内局の引揚援護局が靖国神社とのあいだで合祀事務協力を担った。結果的に、民間の一宗教法人のために国家機関が費用・用務を提供していたことになる（同書、176-179頁）。

　さらに戦後の靖国神社に関しては、戦前と同様の国家施設化を求める運動が起こってくる。1953年に財団法人として結成された日本遺族会（前身は1947年設立の日本遺族厚生連盟）は、靖国神社祭祀費用の国家負担を求める決議の表明から、さらには靖国の国家護持を求める運動を推進してゆく。また自由民主党は1969年から靖国神社国営化をめざす法案を5回国会に提出したが、1974年までにいずれも廃案となった。この靖国神社の国家護持運動をめぐって、新宗教諸教団は、賛成、反対の大きく二つの立場に分かれていった。特に賛成の立場を明確にしたのは、生長の家、佛所護念会などである★1（同書、187-188頁）。靖国神社法案が廃案になったあと、1975年8月15日に、当時の三木武夫首相が靖国神社を参拝した。それまで昭和天皇も歴代総理大臣も靖国神社には特に春秋の例大祭の折などに、たびたび参拝していたが★2、8月15日の総理大臣の参拝は初めてのことで、これ以降、この日の参拝が政治的に注目されるようになる★3。

　その後の靖国神社の歴史で問題視されるようになるのは、1978年10月のいわゆるA級戦争犯罪人（戦犯）14名の合祀である★4。昭和天皇が1975年を最後に参拝することはなくなったのに対して、1982年から87年まで総理大臣を務めた中曽根康弘は、83年から85年春までの9回の靖国参拝を経て、85年8月15日に「公式参拝」を明言した形で参拝を行なった。それに対して、中国、韓国、香港、シンガポールなどから批判の声が上がった。これ以降、戦犯を祀る神社への首相や閣僚の参拝は、国際問題化する構図となっていく。また国内でも首相の公式参拝は違憲と訴える訴訟が起こされた（1992年に福岡高等裁判所、大阪高等裁判所ではともに控訴棄却）。その後、歴代総理大臣の靖国神社参拝はしばらく実施されることはなく、1996年の橋本龍太郎、2001年から6年までの小泉純一郎の毎年の参拝、2013年の安倍晋三の参拝となる。

創価学会、靖国神社といった個別の宗教団体と政治との関わりといった論点に加えて、戦後の政教関係におけるもう一つの重要な問題は、政教分離をめぐって幾度か訴訟が提起されたことである。島田の著書では、津地鎮祭訴訟（1977年、最高裁で地鎮祭への公金支出を違憲とする訴えを棄却）、箕面市忠魂碑訴訟（1993年、最高裁で市から遺族会への忠魂碑敷地の無償貸与を違憲とする訴えを棄却）、愛媛県靖国神社玉串訴訟（1997年、最高裁で靖国神社・護国神社への公金支出を違憲と判断）について触れられている。政教分離の適用について最高裁の判断は分かれているが、訴訟が相次いで提起されたこと自体、行政が宗教団体と関わることに慎重であることを促す結果となった。島田はこう記している。

> 訴訟が相次いだことで、国や地方自治体は、少しでも宗教や宗教団体がかかわる事柄に公金を支出することが難しくなった。そうした行為を実行すれば、提訴される可能性が高く、それは、かなり面倒な事態に発展する可能性があった。これによって、行政や宗教団体は、政教分離の厳格化を求められるようになったのである。　　　　　　　　　（同書、214頁）

　島田のこの著書では、宗教と政治との関係にかかわる論点として、昭和天皇の死去の際に問題となった天皇の葬儀のあり方や、1990年のオウム真理教の衆議院議員総選挙への立候補についても触れられている。天皇のかかわる祭祀のあり方については以下の叙述でも立ち戻ることになる。少なくとも島田の著書からは、創価学会と公明党の活動、また靖国神社の政治性やそれを問う訴訟の事例などが、戦後日本の宗教政治史をたどるうえで重要な問題であることが示されていることがわかる。なお、政治と宗教との関係については、近年、改めて注目を浴びる主題となっている。それに触れるために、また別の論者による議論を、次節において振り返ってみよう。

2　政教関係論の具体例

　戦後日本における宗教と政治の関係について、特に新宗教運動に注目して論じた宗教社会学的研究の一つの成果として、塚田穂高が2015年に刊行した『宗教と政治の転轍点――保守合同と政教一致の宗教社会学』がある。塚田は新宗教運動が一方で普遍的救済をめざすユニヴァーサリズムを志向しながら、他方

でナショナリズムをも包含していることに着目し、その観点から宗教運動の政治関与、政治進出を論じていく。以下、塚田が同書第Ⅱ部で論じている宗教団体の政治進出（国政選挙に自前の候補を擁立するような場合）は論じることはせず★5、第Ⅰ部で検討している政治関与（既存の政党や政治家を推薦・支持するような場合）にかかわる要点を簡単に振り返ってみよう。

塚田は同書第Ⅰ部において、特に戦後日本の保守勢力の合同運動に見られる宗教団体の政治関与に焦点を当てている。ここで扱われるのは現在の安倍晋三政権の支持層の一翼を担っており、現代的な関心からも注目すべき諸団体である。まず保守合同運動の中核を担った、神社本庁を母体とする「神道政治連盟」、生長の家を母体とする「生長の家政治連合」、そして「日本会議」が取り上げられる。

戦後、民間の一宗教団体として設立された神社本庁は、戦後の国民の祝日から除外された紀元節（神武天皇即位の日とされる2月11日）の復活をめざす運動からその政治的活動を開始したとされる。1951年のサンフランシスコ講和条約締結前後から復活運動が進められ、1966年に祝日法が改正されるにいたり、敬老の日、体育の日とともに国民の祝日に加えられた。さらに政治的活動を推進するために、1969年に神道政治連盟（神政連）が結成された。紀元節復活運動に加えて、神政連が推進した運動として塚田はいくつか挙げているが、そのなかで何らかの結果が出ているものを抽出してみると以下のようになる（塚田穂高『宗教と政治の転轍点』、42-43頁）。

①元号法制化運動（1968年〜）→ 1979年法制化
②剣璽御動座復古の活動〔天皇が皇居を離れるときに剣と璽――三種の神器の草薙の剣と八尺瓊勾玉――を携行する古式の復活をめざす運動〕（1971年〜）→ 1974年実現（伊勢神宮式年遷宮後の親拝において）
③国旗国歌法制定運動→ 1999年法制化
④昭和の日制定運動→ 2005年法制化

その他、靖国神社国家護持運動は、前述のとおり靖国神社法案が廃案となり頓挫したが、「以後は、靖国神社の公共性を広く知らしめ、首相参拝・天皇陛下御親拝の実現を求める方向に転換した」とされる（41頁）。また種々の政教分離訴訟では、被告側に立った言論活動を展開しているという。なお塚田は、上掲の四つの運動などの成果について、それが神道界、神社本庁、神政連のみ

の運動の成果ではないという点も注記している（43 頁）。

　神道政治連盟の結成後、神社界を動員した自民党議員に対する選挙支援が本格化する（その後、他の政党の議員への支援も見られる）。1970 年には衆参あわせて 18 名の会員を擁する神政連議員懇談会が発足、翌 71 年の参議院選挙から選挙支援運動が展開されてゆく。神政連は、衆議院・参議院の選挙区選挙で推薦を出すほか、参議院選全国区（のちの比例代表）でも毎回 1 〜 3 名程度の推薦を出し、多くを当選させてきた（2016 年現在、山谷えり子と有村治子の両議員を支援）。神政連国会議員懇談会の人数は、以下のように増加している（同 46 頁）。

　　　1984 年　　1990 年　　2000 年　　2005 年　　2015 年 1 月
　　　43 名　　　105 名　　　229 名　　　248 名　　　290 名★6

　神政連の現時点でのホームページから、その主張を引用してみよう（http://www.sinseiren.org/shinseirentoha/shinseirenntoha.htm ［2017 年 1 月 10 日確認］）。

神政連とは？

神道政治連盟（略称・神政連）は、世界に誇る日本の文化・伝統を後世に正しく伝えることを目的に、昭和 44 年に結成された団体です。戦後の日本は、経済発展によって物質的には豊かになりましたが、その反面、精神的な価値よりも金銭的な価値が優先される風潮や、思い遣りやいたわりの心を欠く個人主義的な傾向が強まり、今日では多くの問題を抱えるようになりました。神政連は、日本らしさ、日本人らしさが忘れられつつある今の時代に、戦後おろそかにされてきた精神的な価値の大切さを訴え、私たちが生まれたこの国に自信と誇りを取り戻すために、さまざまな国民運動に取り組んでいます。

神政連の主な取り組み

・世界に誇る皇室と日本の文化伝統を大切にする社会づくりを目指します。
・日本の歴史と国柄を踏まえた、誇りの持てる新憲法の制定を目指します。
・日本のために尊い命を捧げられた、靖国の英霊に対する国家儀礼の確立

を目指します。
・日本の未来に希望の持てる、心豊かな子どもたちを育む教育の実現を目指します。
・世界から尊敬される道義国家、世界に貢献できる国家の確立を目指します。

　塚田は神政連の運動について、「戦前・戦後との連続性と断絶性のはざまで、皇室崇敬、敬神崇祖、愛国心、侵略戦争史観の否定、保守的価値観等を基軸として過去との連続性に根拠を求めつつ、現前の戦後状況に対応しようとしている運動」と見なし、特に、その戦前からの連続性を重視して「戦後日本における宗教ナショナリズムの『正統』」と位置づけている（塚田前掲書、48-49頁）。
　次に塚田が論じているのが生長の家、生長の家政治連合である。まず塚田はこの教団の概要と政治的傾向について、小野泰博、島薗進、日隈威徳らの先行研究に拠りながら次のようにまとめている。

　　生長の家は、大本でも活躍していた谷口雅春（一八九三 - 一九八五）が、一九二九年に天啓を受け、一九三〇年三月一日に「心の法則」の研究を説く『生長の家』誌を創刊したことに始まる新宗教運動である。以降、文書伝道と講習会により各地に会員を増やした。「万教帰一」の普遍主義とともに、霊的・宇宙的な独自の天皇中心観を持ち、戦時下では皇軍必勝を唱えた。谷口は一九四七〜五一年の間、公職追放を受けた。その後、天皇中心・反共の国家救済運動に乗り出したのだ。　　　　　　　　（49頁）

　生長の家は、戦後ただちに社会活動、政治活動に乗り出し、1947年の参議院選挙では役職者1名が立候補し当選している（以下、同書第Ⅰ部第2章の2-2を参照）。1953年に生長の家選挙対策委員会、57年に国家対策委員会を結成、1964年に生長の家政治連合（生政連）を組織した。1962年の参議院選挙では自民党の玉置和郎を立てたが落選、生政連結成後の65年参議院選挙では玉置は85万票余りの得票により全体の3位で当選した。なお生政連結成の動機について谷口雅春は、当時の優生保護法に基づいて実施されていた人工妊娠中絶の過ちを訴えるためだったと述べたという（70頁、註25）。その後、1966年に生長の家学生会全国総連合（生学連）を結成、また参議院選挙全国区では玉置和郎のほか村上正邦らも自民党候補として立てた。また、既成政党

（自民党、民社党）の国会議員を生政連国会議員連盟に所属させた★7。この間、生政連は、紀元節復活運動、元号法制化運動など前述の神政連の運動の下支えをしていたと言われる（52頁）。生政連は1983年に解散、85年に谷口雅春が歿し、その後、生長の家はナショナリズム路線からエコロジー路線に方針を転換している。

　神社本庁と神道政治連盟、生長の家と生長の家政治連合の活動の展開と並行して、戦後保守運動の合同をめざす動きが進んでいった。1973年の伊勢神宮の式年遷宮を機に、神社本庁元総長の富岡盛彦と臨済宗円覚寺派管長の朝比奈宗源を中心に、宗教団体、修養団体、社会教育団体の代表者らが集まって、1974年に「日本を守る会」が結成された。発足時の代表役員は以下のとおりである（55頁）。

　　安岡 正篤
　　山岡 荘八
　　蓮沼 門三　　修養団主幹
　　広池 千太郎　モラロジー研究所所長
　　篠田 康雄　　神社本庁事務総長
　　塙 瑞比古　　笠間稲荷神社宮司
　　伊達 巽　　　明治神宮宮司
　　岩本 勝俊　　曹洞宗管長
　　金子 日威　　日蓮宗管長
　　朝比奈 宗源　臨済宗円覚寺派管長
　　清水谷 恭順　浅草寺貫主
　　小倉 霊現　　念法眞教燈主
　　関口 トミノ　佛所護念会教団会長
　　谷口 雅春　　生長の家総裁

基本運動方針として、以下の項目が掲げられた。

　一、わが国の伝統的精神に則り、愛国心を高揚し、倫理国家の大成を期する。
　一、正しい民主主義を守り明るい福祉社会を建設する。
　一、偏向教育を排し、ひろく教育の正常化を推進する。

一、言論報道の公正を求め、唯物思想や独裁的革命主義を排除する。
一、国際協調の中にあらゆる世界平和の道を求め、祖国日本を守りぬく。
(54頁)

　また靖国神社法案の頓挫したあとの1976年には、英霊顕彰をめざす「英霊にこたえる会」が設立された。設立当初、日本遺族会、神社本庁、日本郷友連盟、全国戦友会連合会、生政連や、新宗教教団の佛所護念会教団、世界救世教などが参加したという。自民党内には、「英霊にこたえる議員協議会」や「みんなで靖国神社に参拝する国会議員の会」が結成された（後者は現存し超党派の会になっている）。さらに1979年の元号法制化ののちには、元号法制化実現国民会議を母体として、1981年に「日本を守る国民会議」が結成された。これは政財界、文化人を中心とする会議だが、生長の家、国際勝共連合、神社本庁などが下支えをしていたとされる。1970年代以降進んできた、こうした保守勢力の合同運動を受けて、1990年代後半に出現したのが「日本会議」である。

　塚田はこの時期が、昭和天皇の崩御と大嘗祭をめぐる議論を経たのち、1993年の細川護熙連立政権発足により自民党が下野した時期であり、直前の1997年4月に愛媛県靖国神社玉串料訴訟の最高裁判決で違憲判決が下されていた（上述）という時代状況に言及する（57頁）。日本会議が設立されるのは翌5月である。日本会議については以下でも論じることとして、ここでは塚田の議論の要点のみ振り返っておこう。塚田は「戦後保守合同運動の展開の現在行き着いた先として、同会議がある」（60頁）として、その主張と活動について、「皇室崇敬の最重視」「憲法改正」「歴史認識」「靖国神社」「教育再生」「女性とジェンダー」「安全保障と外交」といった主題ごとに順次論じていく。また日本会議は発足当初から日本会議国会議員懇談会を組織しており、実際の政治家とのかかわりが強いことが注目される。参加する国会議員は神政連国会議員懇談会との重複も目立つという（65頁）★8。

　塚田の見方によると、皇室崇敬、敬神崇祖、愛国心、伝統重視、保守的価値観などを基軸とする理念・方針が「正統」的宗教ナショナリズムの中核となり、それが求心力を発揮することで保守合同が実現してきたと捉えられている（66頁）。この保守合同運動において（生長の家を除いて）諸宗教団体が独自の政治進出をする必要がなかったことについて、塚田は次のように論じる。

多くの諸団体と共有する部分が大きいのであれば、自らが特別な自前の政治団体を創設して、独自の活動を展開し、自前の候補者を擁立するような必然性は低下する。「自分たちの願い・思いを理解・共有している」と想像される、目指すところが近い諸団体と合同し、目指すところが近いと思われる既成の政党・政治家を組織的かつ協同的に推薦・支援すればよいのである。 　　　　　　　　　　　　　　　　　　　　　　　　　　（同頁）

　このような理解から、塚田はいくつかの新宗教教団の政治参加（既存の政党・政治家への推薦・支持）について章を改めて論じてゆく（「第3章　保守合同運動と新宗教運動」）。そこでは日本会議の代表役員に就任している新宗教教団関係者の所属するそれぞれの教団★9の概要を略述したのち、特に解脱会と真光系諸教団（世界真光文明教団と崇教真光）については節を改めて詳述している。塚田は安丸良夫の議論を受けて、天皇制的正統説のなかに生まれた異端説を「O（オーソドキシィ）異端」、それとはまったく異質な思想的系譜に立つ異端説を「H（ヘテロジーニアス）異端」として自己の議論に採り入れている（16頁）。その観点から解脱会については、以下のように結論づけられている。

　　素朴な愛郷心と皇室崇敬に重きを置き、戦後もその路線を歩み続けてきた解脱会は、「正統」的宗教ナショナリズムにかなり距離が近い「O異端」の運動だと言ってよいものだろう。よって、その近さゆえにラディカルな社会変革や独自の「政治進出」のような道が取られることはなく、「正統」の求心力に引き寄せられる形で、保守合同運動の理念に高い親和性を持ち、その一角を積極的に担う「政治関与」姿勢につながっているのである。
　　　　　　　　　　　　　　　　　　　　　　　　　　（90頁）

　真光については竹内巨麿のいわゆる『竹内文書』の影響、特にその霊的世界観とナショナリズムが関口榮（真光文明教団二代教え主）を介して流入していることが指摘される（94頁）。そのうえで真光に関しても塚田は「O異端」の類型に含め、次のようにまとめている。

　　日本が人類の発祥地であり、日本語が古代世界言語であり、天皇が太古世界を巡幸していたといった独特な世界観を有していると主張しても、それは日本中心主義・日本文化の伝統性・皇室崇敬という枠には（はみ出しつ

つも）収まっているのである。　　　　　　　　　　　　　　　（102頁）

　塚田の見るところ、保守合同運動に参加してきた新宗教教団は多少なりとも異端性を示しつつも、皇室崇敬、敬神崇祖、愛国心、伝統重視、保守的価値観を基軸とする「正統」的宗教ナショナリズムの求心力の圏域にあり、既存の政党・政治家への推薦・支援という形で政治参加してきたと捉えられる。それに対して、「正統」的宗教ナショナリズムに収斂されない「H 異端」性を示す新宗教教団が「政界進出」をめざした事例が、塚田の著書の第Ⅱ部では論じられているが、ここではそれについての議論は省く★10。
　塚田が保守合同運動の事例として取り上げた日本会議は、2016年、突然、マスメディアの注目を浴び、何冊もの書籍が刊行された。そこでの議論の一端について、次に検討を加えてみよう。

3　現代日本における宗教的政治運動──日本会議とその周辺

　2016年春、日本会議についてのニュースが急にマスメディアで取り上げられた。これは菅野完が扶桑社新書の一冊として5月1日付で刊行した『日本会議の研究』に対して、日本会議が事務総長椛島有三名で、4月28日の時点で扶桑社に対して出版差し止めを求める動きを示したことによる★11。その後、上杉聰『日本会議とは何か──「憲法改正」に突き進むカルト集団』（合同出版、5月刊）、俵義文『日本会議の全貌──知られざる巨大組織の実態』（花伝社、6月刊）、『週刊金曜日』成澤宗男編著『日本会議と神社本庁』（金曜日、6月刊）、青木理『日本会議の正体』（平凡社新書、7月刊）、山崎雅弘『日本会議──戦前回帰への情念』（集英社新書、7月刊）と立て続けに類書が出版されている。日本会議自体から異議申し立てを受けた形の菅野の著書はその後も販売され続け、すでに15万部以上の売り上げがあることから、報道の対象となった日本会議の出版停止の申し入れが、逆に宣伝になったのではないかとも推察される。
　ここでまず、日本会議のホームページの情報を参照し、同組織の現状をまとめておこう。同ホームページには1997年5月発足時の「設立宣言」「設立趣意書」とともに、次のような「綱領」が掲げられている。

　　一、我々は、悠久の歴史に育まれた伝統と文化を継承し、健全なる国民精
　　　　神の興隆を期す

一、我々は、国の栄光と自主独立を保持し、国民各自がその所を得る豊かで秩序ある社会の建設をめざす
　一、我々は、人と自然の調和をはかり、相互の文化を尊重する共生共栄の世界の実現に寄与する
　　（http://www.nipponkaigi.org/about［2017年1月10日確認］）

　また「日本会議が目指すもの」と題したページには、「1、美しい伝統の国柄を明日の日本へ」「2、新しい時代にふさわしい新憲法を」「3、国の名誉と国民の命を守る政治を」「4、日本の感性をはぐくむ教育の創造を」「5、国の安全を高め世界への平和貢献を」「6、共生共栄の心でむすぶ世界との友好を」と6項目の目標が掲げられ、それぞれについて説明が付されている。さらに「日本会議の活動方針」と題したページの大見出し、小見出しは以下のようになっている（漢字かな表記の不統一は原文のママ）。

　1、私たちは、我が国の正しい進路を求め大切な時局問題に迅速に取り組みます。
　　　国の基本問題への取り組みを
　　　時局問題への果敢な国民運動を
　2、私たちは、「国会議員懇談会」とともに誇りある国づくりを進めます。
　　　超党派の「国会議員懇談会」の設立へ
　3、私達は、全国の津々浦々に国を愛する草の根の国民運動の輪を広げます。
　　　全国47都道府県、3300市町村に拠点を
　　　10万ネットワークで世論喚起を
　4、私たちは、青少年の健全な育成を願い女性運動や教育運動に取りくみます。
　　　女性による国民運動を推進中
　　　教育関係者による国民運動を
　5、私たちは、誇りある国づくりのため、全国に情報ネットワークをつくり上げます。
　　　正しい情報を迅速、的確に全国へ
　　　国民運動の情報センターを
　　　健全なマスコミの支援を

6、私たちは、美しい日本の心を伝えるため、さまざまな文化事業に取りくみます。
　　　伝統的行事を通じ国の誇りを
　　　日本の心を伝える出版・映像事業
　　　国際交流で文化の相互理解を

　役員の構成については、宗教関係者を中心に見てみよう。役員名簿には、名誉会長１名、顧問３名、会長１名、副会長４名、代表役員39名、監事２名、理事長１名、事務総長１名、事務局長１名が挙げられているが、宗教団体の関係者と思われる人物は以下のとおりである★12。特に代表役員は、39名中17名が宗教ならびに宗教関係団体の役職者であることが眼を引く。

顧　　問	北白川 道久	神社本庁統理
	鷹司 尚武	神宮大宮司
副 会 長	田中 恆清	神社本庁総長
代表役員	秋本 協徳	新生佛教教団最高顧問
	稲山 霊芳	念法眞教燈主
	打田 文博	神道政治連盟会長
	岡田 光央	崇教真光教え主
	岡野 聖法	解脱会法主
	小串 和夫	熱田神宮宮司
	小野 貴嗣	東京都神社庁庁長
	黒住 宗晴	黒住教教主
	小堀 光實	比叡山延暦寺代表役員
	関口 慶一	佛所護念会教団会長
	髙城 治延	神宮少宮司
	德川 康久	靖國神社宮司
	中島 精太郎	明治神宮宮司
	中野 良子	オイスカインターナショナル総裁
	廣池 幹堂	（公財）モラロジー研究所理事長
	保積 秀胤	大和教団教主
	丸山 敏秋	（社）倫理研究所理事長
理 事 長	網谷 道弘	明治神宮崇敬会理事長

2016年、相次いだ日本会議に関する出版物のなかで先駆となった菅野完『日本会議の研究』は、前述のとおり日本会議自体から出版停止を求められた。同書において、特に政教関係という観点から、どのような議論が展開されていたのかを振り返り、次いで日本会議側からの見解をたどってみよう。
　菅野の著書で興味深いのは、現在の日本会議の背景に、かつての生長の家の関係者たちの存在があることを明らかにしたことである。先の役員構成のリストには表われない生長の家は、今日、日本会議とは無関係である★13。しかしながら、かつての生長の家は、上述の塚田の議論に見られるように政治参加に熱心だった。
　学生運動が盛んだった1970年前後に、左翼に対抗して右翼・民族派の学生たちも結集した大学があった。そのなかで生長の家の学生信徒を中心に「長崎大学学生協議会」が結成され、九州地区の「九州学生自治体連絡協議会」の組織化を経て、1969年に「全国学生自治体連絡協議会」（全国学協）が結成された（菅野『日本会議の研究、』、44-45頁）★14。次いで翌70年にそのOB組織として「日本青年協議会」が結成された（46頁）★15。その中核が椛島有三（同協議会現会長）であり、彼はまた日本会議の現在の事務総長である。日本青年協議会はその後2005年に、日本協議会を結成し、現在、日本協議会・日本青年協議会が単一のホームページを有している（http://seikyou.org）。菅野は日本青年協議会と日本会議が、椛島を介して「密接不可分な関係にある」と指摘している（87頁）。
　なお塚田が論じたように、生長の家は生長の家政治連合を1964年に結成したが、83年に解散した。谷口雅春歿後、第二代総裁となった谷口清超が2008年に歿し、翌年谷口雅宣が第三代総裁となると生長の家は保守的な政治運動から方針を転換し、現在は特にエコロジカルな環境保全運動に力を入れるようになっている。これに対して、谷口雅春の政治路線を堅持しようとする分派が生じた。これが「生長の家本流運動」と呼ばれるもので、そのうち最大の組織が「谷口雅春先生を学ぶ会」である（112頁。またhttp://manabukai.org）。
　菅野はまた、安倍首相のブレーンの一人とされる伊藤哲夫・日本政策研究センター代表の背景も明らかにしている。このセンターは1984年に設立された。これについて菅野は、生長の家の幹部だった伊藤が、生長の家が政治活動を停止したのちこの政策研究センターを立ち上げたと見ている（『日本会議の研究』第五章「一群の人々」参照）。菅野はさらに、安倍首相と近い立場にある憲法

学者の百地章・日本大学教授（当時）、教育学者の高橋史朗・明星大学教授（当時）、内閣総理大臣補佐官の衛藤晟一がいずれも生長の家での活動の経験があったことを明らかにしている（同章）。菅野は1945年生まれの椛島、46年生まれの百地、47年生まれの衛藤と伊藤、50年生まれの高橋より、少々年長の1939年生まれの安東巖という人物が彼らに影響を及ぼしているのではないかと考えている（同書第六章「淵源」参照）。安東は1969年当時、長崎大学学生であり、全国学生自治体連絡協議会書記長を務めていた。なお、同協議会の初代委員長は、早稲田大学で右翼学生運動の中核を担っていた鈴木邦男が短期間務めていた。鈴木もまた当時は生長の家の信者だった。

　日本会議会長、田久保忠衛は同会議のホームページ上で、2016年9月6日付のオピニオン「日本会議への批判報道を糾す」を掲示している。それによると、「事務局で『日本会議の研究』を調べた結果、虚実、装飾、誹謗中傷、事実誤認、印象操作、著作権侵害、肖像権侵害、プライバシー侵害など、数えると百五十カ所以上あった」とされ、椛島有三から扶桑社に以下のように出版停止を申し入れたという。

> 1、『日本会議の研究』は、過去の一部学生運動・国民運動体験者等の裏付けの取れない証言や、断片的な事象を繋ぎ合わせ、日本会議の活動を貶める目的をもって編集された極めて悪質な宣伝本であり、掲載されている団体・個人の名誉を著しく傷つけるものである。
> 2、ことに、日本会議の運営が、宗教的背景を持つ特定の人物によって壟断されていると結論付けていることは、全く事実に反している。日本会議の意思決定は政策委員会、常任理事会、全国理事会など各種役員会を通じて機関決定されており、長年にわたり本会運営に携わった役員・関係者各位への冒瀆である。
>
> 　　　（http://www.nipponkaigi.org/opinion/archives/8392）

　また、同年9月9日付の「日本会議広報部」による「日本会議に関する最近の一連の報道について——日本会議報道における虚偽・誤解・偏見に関する反論」と題された記事では、特に生長の家との関係について、以下のように記している。

> 　一部報道では、〔生長の家の〕元信者が日本会議の運営を壟断していると

いう指摘がある。
　しかし、日本会議の活動において、特定宗教の教義に影響され運動が展開されるということは全くあり得ない。日本会議は極めて民主的に運営されており、さまざまな運動方針や人事は、規約に則り政策委員会、常任理事会、全国理事会など役員会の審議を経て、決定・推進されているのである。（http://www.nipponkaigi.org/opinion/archives/8397）

　日本会議側の反論はもっともとしても、生長の家での政治活動の経験者たちが、今日においても、継続して活動を行なっていることそれ自体が注目すべき点だろうと思われる。
　かつて政治活動に熱心だったころの生長の家との関係では、鈴木邦男の回顧について言及しておきたい。母親が生長の家の熱心な信者だった鈴木は小学生のころから生長の家の活動に参加することがあったという（鈴木邦男『新右翼〈最終章〉——民族派の歴史と現在』新改訂増補版、15頁）。早稲田大学入学後は生長の家の学生道場で寮生活を送り、やがて生長の家学生部での活動を経て、1966年に結成された生長の家学生会全国総連合（生学連）では書記長を務めるようになる（21-24頁）。1969年に全国学生自治体連絡協議会（全国学協）が結成されると、鈴木が委員長になった。この頃のもう一つの右翼・民族派の学生組織が1966年結成の日本学生同盟（日学同）であり、やがて全国学協と対立するようになった。全国学協は生長の家の動員力を背景に、鈴木によると、当時、「二十八大学の自治会を掌握し、十四大学の自治会選挙にアタックしていた」という（29頁）。のちに日学同と全国学連との内ゲバのなかで、「信仰的でない」「暴力的だ」として鈴木は生学連、全国学協から追放された（31頁）。その後、鈴木は1970年夏にサンケイ新聞社に入社し、会社員生活を送ることになる（1974年まで）。
　なお三島由紀夫が1968年に結成した楯の会には、日学同から脱した参加者や生長の家からの参加者があったという（24頁）。1970年11月の三島事件の際に自衛隊市ヶ谷駐屯地で事件を起こした三島のほか4人の楯の会会員のうち、小賀正義、古賀浩康は生長の家のメンバーだった（歩兵・王希亮『日本の右翼——歴史的視座からみた思潮と思想』、360頁）。三島とともに自殺した森田必勝はかつて日学同に所属し、鈴木は旧知の間柄だった。鈴木は森田の死に衝撃を受け、1972年に一水会を結成するにいたる（鈴木前掲書、45頁）。こうして見ると、かつての生長の家、とりわけ谷口雅春の政治思想がその後の右

派、保守派の政治運動に及ぼしている影響はなかなか複雑であり、また看過しえない波及力を保持しているようにも思われる。

　日本会議と神社界との関係については、『週刊金曜日』成澤宗男編著『日本会議と神社本庁』を参照し、確認しておこう★16。成澤は同書所収の「日本会議と宗教右翼」と題した章で、日本会議の地方組織の結成にあたり各地の神社関係者が地方支部の役員に就いている例を列挙するほか、支部組織が各都道府県の神社庁に置かれている事例、また日本会議の各種集会が地元神社で開催されたり、地元神社との共催で実施されたりしていることに注目している（成澤宗男「日本会議と宗教右翼」、107-111頁）。

　なお同書には、現在の神社本庁の政治的なスタンスに批判的な清州山王日吉神社宮司、三輪隆裕へのインタビュー「明治時代の天皇崇拝は神道の長い歴史では特殊」も掲載されている（『週刊金曜日』2016年5月27日号掲載記事に加筆したもの）。三輪はもとのインタビューが『週刊金曜日』に掲載されたあと、同神社のホームページ上での自身のブログにおいても自己の見解を公開している（http://hiyoshikami.jp/hiyoshiblog/）。2016年10月11日付けのブログ記事では、神道政治連盟の政策委員会の2012年と現在のメンバーを比較している（肩書きは補った箇所がある）。

2012年	2016年
委員長　吉田茂穂（鶴岡八幡宮宮司）	委員長　打田文博（小國神社宮司）
委員　　田尾憲男（神道政治連盟主席政策委員）	委員　　田尾憲男（神道政治連盟主席政策委員）
同　　　大原康男（國學院大学教授）	同　　　大原康男（國學院大学名誉教授）
同　　　百地　章（日本大学教授）	同　　　百地　章（国士舘大学大学院客員教授）
同　　　田中光彦（宮城県護國神社宮司）	同　　　茂木貞純（國學院大学教授）
同　　　髙山　亨（乃木神社宮司）	同　　　伊藤哲夫（日本政策研究センター代表）
同　　　門家茂樹（忌部神社宮司）	同　　　八木秀次（麗澤大学教授）
同　　　松本　慈（神社新報社）	同　　　新田　均（皇學館大学教授）
	同　　　塙　東男（笠間稲荷神社宮司）
	同　　　大中陽輔（神社新報社）

　三輪は、2012年と2016年を比べると委員のなかで神職が占める割合が減り、生長の家出身者・日本会議系の影響が強まっていることを指摘している。彼は「神社本庁と日本会議のイデオローグは、現在では、ほぼ同じと考えてよい」と捉え、「神社本庁の政策立案の部分を、特定の思想で同志的な連帯感を持つ人々に占有されている」と問題視している。

こうして再び議論の対象として、神社、神道と政治との関係の問題に戻ってきたことになる。次の節では、神社と政治を主題とする近著を取り上げ、いくつかの論点を提示してみよう。

4 『神社と政治』をめぐって

2016年に小林正弥が刊行した『神社と政治』は、神社をめぐるいくつかの問いとともに、コミュニタリアニズムに依拠する公共哲学的な観点から神社と政治という問題にもアプローチを試みている興味深い論考である[17]。小林は、国家レベルでの「公」とは異なる「公共性」を提示しうる可能性を神社神道に見出し、同書を著した（小林正弥『神社と政治』15頁）[18]。以下、特に現代における神社と政治との関係をめぐる小林の見解のいくつかをまとめてみよう。

「第一章　神社が改憲運動をしてよいのか？――政教分離と公共性」では、安倍政権のもとで神社界の関連組織が改憲に向けた署名運動を行なっていることにふれて、日本国憲法下において宗教団体の政治参加は政教分離に反しないことを指摘したうえで、さらに宗教団体が公共的・社会的な関心から政治的主張を行なうことの意義を説いている[19]。

> でも本当は大きな問題であればあるほど、現実の利害から離れて考えることが大事である。宗教にはこのような意見を提起することが期待される。そもそも信仰は超越的な世界へと向けられるものだから、現実の世界（俗世）から離れた世界観から考えることが可能なはずである。そのような意見が公共的に発信されることは、利害関係にとらわれがちな娑婆の世界に対して別の観点からの意見を提起することになる。そのような議論もあってこそ、現実の世界における政治的議論も豊かになるだろう。ここに宗教は公共的な役割を担いうるのである。　　　　　　　（33頁）

ただし、小林は神社が署名運動に協力するなどの政治的な活動を行なうのであれば、「宗教的な考え方からみてその政治的主張が正しいという説明が公共的になされるべきである」（37頁）として、神社本庁、また関連する神道界に説明責任を果たすことを求めている。

神道の概説（第2章）、神道の歴史（第3章）についての概観ののち、小林

は「第4章　伝統からの考察――多様な神道解釈」において公共哲学と近代神道とを照らし合わせたうえで、柳田国男、折口信夫の議論を参照し、三層の神道を想定している。すなわち、家族的・地域的レベルの神道（民俗神道）、国家的レベルの神道（敗戦時までのいわゆる国家神道、また小林の提唱する用語での「公神道」）、さらに未成立ながら新たな可能性として日本の国レベルの神道を超えた地球レベル、人類レベルの「人類神道」の三層である（118-120頁）。

　続いて祖霊信仰についての考察（第5章）ののち、小林は「第6章　コミュニティの神道――神社創生へ」では戦後の神社神道について、法的には宗教法人となったものの、特に伊勢神宮や靖国神社について敗戦時までに保持していた公的性格を回復することを願っている人々がいることを指摘する一方で、伝統的な習慣・習俗という捉え方のままであることで「公共宗教」としての役割が十全に認識されていないとも見ている（150-152頁）。なお、神社が宗教としての役割を果たしていないのは、近代の国家神道が法制度的に「宗教」ではなく「道徳」や「祭祀」として取り扱われたことも関係がある。小林自身は神社が祈りの公共的空間として、また鎮守の森という公共的自然空間を提供することなどから公共的機能を果たしてきたことを指摘しているが、福祉活動などを通じた外部の公共世界への寄与については、さらに発展の余地があると指摘している（175-176頁）。

　続く「第7章　神社本庁の難題――二つのジレンマと幻の標準解釈」において、小林は戦後に設立された包括宗教法人としての神社本庁の歴史をたどり、神社の結集体として個々の神社の多様性を認めてきた神社本庁が公共的な役割を明示する統一的な教義（「標準解釈」と呼ばれるもの）を制定してこなかった状況をふまえて、公共宗教的な神道、すなわち公共神道として神社が自己を解釈しなおす可能性に期待を寄せている。次いで「第8章　祭政一致の国家論――靖国神社と天皇の即位祭祀」では、神社神道がめざしうる三つの道として前掲の三層の神道のあり方が想定されている。そこにおいて小林は、柳田国男の提示した「地域的神道」、折口信夫の提起した「地球的神道」に対して、特に葦津珍彦が天皇や皇祖神を中心にした「公的」性格の回復をめざしたとして、その目標を「国家的公神道」と呼んでいる（215頁）。小林は葦津の議論を詳しく検討し、天皇中心の祭政一致の国家体制（国体）の回復、伊勢神宮の公法人化といった主張についてふれている。靖国神社のあり方についても論じられているが、靖国神社のいわゆるA級戦犯の合祀（1978年）を経て、葦津の議論も複雑に変化している。また皇室祭祀（宮中祭祀）について、小林は葦

津の議論を、公的な（国事としての）世俗的行政の外に「神聖な私的公共」の祭祀を位置づけるものと捉えなおしている（239-243 頁）。

　「私的な公共」という考え方をふまえ、小林は「第 9 章　国家神道と国民神道――日本における市民宗教の可能性」において、戦後の神道が「国民宗教」として――すなわち「公共宗教」としての「国民神道」として――再生する可能性があることを指摘している（257 頁）。たとえば、伊勢神宮が 2013 年の式年遷宮の際に初穂料と寄付（財界と神社界から）によって約 550 億円という経費をまかなったことについて、小林は民間に支えられた公共的な神社のあり方のひとつの示唆を見出している（260 頁）。それを受け、皇室祭祀についても、「神社神道が今後も人々の信頼を得るように誠意を尽くせば、伊勢神宮の式年遷宮と同じように、『国民という民の公共』として天皇の公共的祭祀を発展させることができるかもしれない」と記している（261 頁）。靖国神社についても、「公的施設」「国家儀礼＝公的儀礼」にするのではなく、「公共的施設」「公共的儀礼」とする捉え方を示している（264 頁）。

　「私的な公共」を象徴天皇制に適用する方策として、小林は小野祖教の議論に言及し、天皇に憲法 20 条の「信教の自由」を認めるという小野の考えを評価している。それは「天皇の祭祀権」を「私権」として認めることである。小林によると、天皇の私的な祭祀権を認めることは、アメリカ合衆国の市民宗教に類する日本の市民宗教の可能性を開くことになるという。

　　この「天皇」は「国民統合の象徴」であるとともに、祭祀を公共的に行うことにより政治の宗教的次元を形成するという点で「市民宗教」の核となる。だからここには、象徴天皇制のもとで「日本の市民宗教」を発展させる可能性が提示されているといえよう。皇室の私的な祭祀権に基づいて、象徴天皇制と政教分離に基づいて、「国民の神道」の扉を開く可能性を示したわけである。
　　　　　　　　　　　　　　　　　　　　　　　　　　　　（271 頁）

　さらに小林は、自身の考える「神道的政治」について、「第 10 章　神道的な政治とは何か？――環境・平和・経済と象徴天皇の祈り」で論じてゆく。小林は「神道の考え方や解釈は多様だから、それに基づいて政治を考える時も、多様な政治的主張が導きだされうる」という（275 頁）。たとえば、自然環境の尊重、保護といった考え方は共有されているが、文明や産業の神々もいる。原発再稼働については意見が分かれているという（280-282 頁）。また日本神

話からは、「武力行使容認」と「平和主義」の両方の解釈を引き出すことが可能だと捉えられている（286頁）。他方、神社神道は「尊皇」「祭政一致」を主張するので、天皇の「お言葉」（明仁天皇による、先の大戦を深く認識し、日本国憲法を守り、平和と民主主義を尊重するという言葉も含め）を「真剣に受け止めてそれに基づいて行動しなければならないことになる」（296頁）。

　天皇自身が尊重することを明言している日本国憲法については、「第11章　本来の『まつりごと』――憲法問題と政治の理念」でさらに論じられている。前述のように葦津珍彦は祭政一致の国家体制を回復することをめざした。しかしながら、今日の改憲をめぐる議論において神道界の人々が祭政一致をめざしているわけではない（312-313頁）。ここで小林は小野祖教や薗田稔の解釈を参照して「まつりごと」を「神の御心に従って他者の幸福のために奉仕・献身すること」と捉え、祭政一致についても「人々が自ら職務や生活によって神々と一致する」こと――すなわち「祭務一致」――と捉えなおしている（315頁）。この考えからすると祭祀（権威）と統治（権力）は分化したものとして捉えられ、めざされるのは国家的公神道ではなく、祭祀の公共的な確立ということになる。小林はこう記している。

　　奉仕事〔まつりごと〕解釈〔祭政一致を祭務一致として解釈すること〕は、このような方向〔政教分離を前提としたうえで、神社神道が公共的生活でも役割を果たし公共的な美徳を市民に培う方向〕に道を拓く可能性を秘めている。「国民宗教」としての神社神道において、国民主権と象徴天皇制のもとで伊勢神宮や天皇祭祀が「公」ではなく「公共」のものとして確立し、人々と政治家に精神的な規範（模範）が形成されれば、すぐれて宗教的理念が政治に反映し、公共的美徳に基づく民主政治が実現するかもしれないからである。
　　　　　　　　　　　　　　　　　　　　　　　　　　　　（325頁）

　象徴天皇制のもとでの神道的な宗教的理念について、小林は、時の天皇の意思を超えた、皇祖皇宗の遺訓に即した神意のようなものと捉えている。「五箇条の御誓文」の「万機公論に決すべし」に従って、人々は最善を尽くしてその神意の解釈に努めるほかはない。こうして下される決定について、小林は「公共的美徳に基づく自己決定という点で、これは神道的共和主義といえよう」（329頁）と論じている[20]。
　「第12章　グローバル化と国際的神道――地球的な習合と祭祀」は神道の

グローバル化、国際化の可能性を問う思考実験の様相を呈しているが、そのなかで現代の国内政治との関係では、小林は「国家における公的な儀礼や祈りを超宗教的な形に発展させる」可能性（346頁）について言及し、それを戦没者追悼や、皇室祭祀のあり方に関連して敷衍している。小林の見るところ、戦没者の追悼は公共的問題であり、なおかつ小泉純一郎政権下の2002年に福田康夫内閣官房長官の諮問機関「追悼・平和祈念のための記念碑等施設の在り方を考える懇談会」が報告したような無宗教の形式よりは[21]、特定宗教によるのではない「『超宗教・宗派』の追悼施設となることが望ましい」とされる（347頁）。また慰霊の対象は、沖縄の「平和の礎」に見られるような国籍を超え、軍人、民間人を含めた戦没者とすべきだという（348頁）。小林は皇室祭祀についても超宗教・宗派的な形式を構築する可能について検討している（349-350頁）。

最終の「第13章　コミュニティ神道の多層的発展——家族・地域・国民・人類」では、同書のそれまでの章での議論を振り返りながら、巻末に付録として収録されている5人の神道関係者との対談のいくつかの要点がまとめられている[22]。それを詳論するのではなく、最終的に小林が挙げている神道ならではの可能性について、引用しておく。

> もし通常の宗教のように1つの教義が定まっている場合には、教会などでそれにとらわれなく信仰するのは難しい。ところが神道には八百万の神々がいるとされていて固定した教義もないから、作法を守り敬神の心があれば、自由に信仰や考え方を深めていくことが可能である。一人一人がそうすることによって宗教性を高め公共性を実現していくというのは、神道ならではの可能性と思える。
> 　　　　　　　　　　　　　　　　　　　　　　　　　　　　（397頁）

以上、見てきたように小林正弥の『神社と政治』は公共哲学の立場から、神道から汲みだしうる思想を求めて議論を展開している。基本的には今日の神社が民間の宗教法人であることをふまえ、政教分離の憲法原理のもとでの公共的な役割（「私的な公共」）への貢献に期待するのが小林の立場であるように見える。皇室祭祀についても「私的な公共」としてのあり方を展開する可能性が示されている。ただしこうした「私的な公共」としての神道のあり方は、それのみで存在しうるものではない。今日の日本における諸宗教の多元的で相対的な併存の状況下において、神社もその他のさまざまな宗教とともに、一定の独自

性を発揮しつつも、その相互共存のあり方を模索しつつ存立するほかはない。

　この点で小林が、戦没者追悼や皇室祭祀について「超宗教・宗派」の形式を示唆している点は注目に値する。しかしながら、「超宗教・宗派」という概念自体がそれほど自明のものではない。少なくとも単独の宗教・宗派ではなく複数の宗教・宗派の関与を意味しているだろうが、そこで関与する複数の宗教・宗派がいったいどの宗教・宗派であり、その関与の仕方がどうあるべきかは改めて問わなければならないだろう。さらに宗教と言っても宗派と言っても、何をもって一つの単位と捉えるか、またそれぞれの単位の規模の違いをどう考えるか、など容易に解決できるものでもない。すでに問題は、神社、神道のみに限定的にかかわるものではないことがわかる。神社と政治についての問題意識は、他の宗教にもただちに向けられるべき課題になるのである。

むすびにかえて

　近年刊行されてきたさまざまな論著を参考に、現代日本における政教関係論のいくつかの議論を振り返ってきた。創価学会と公明党などあまり詳しく論じなかった論点もあるが、今日においても、靖国神社と戦没者追悼の国家としてのあり方や社会としての公共的なあり方の問題、神道政治連盟や日本会議と保守的政治勢力との関係の問題などが、重要な論点であり続けてきていることがわかる。さらに、象徴天皇制のもとでの皇室祭祀のあり方については、特に明仁天皇の生前退位（譲位）をめぐる問題が浮上してきた2016年夏以降、新たな関心を集めている。

　これらの問題について、現代日本の特異な諸事例という見方も可能だろうが、また視点を変えると、宗教政党のあり方、戦没者追悼のあり方、宗教的ナショナリズムに基づく保守的政治運動のあり方、世襲的君主制（王制）と宗教性との関連といった主題として、比較考察の対象とも見なしうる。こうして見てくると、政教関係をめぐる諸問題は、さらにさまざまな視点から考察を進めるべき重要な主題だと言えよう。

注
★1　島田の表記は仏所護念会だが、同会のホームページに従って「佛」を用いた。
★2　天皇による参拝は「親拝」と呼ばれる。
★3　戦後から1975年までの昭和天皇の靖国神社親拝は、1945年11月臨時大招魂祭、52年10月、54年10月例大祭、57年4月例大祭、59年4月臨時大祭、65年10月例大祭、

69年10月創立100週年記念大祭、75年11月の8回行なわれた。歴代総理大臣の参拝（代理参拝を除く）は1951年から54年にかけて吉田茂が3回、鳩山一郎と石橋湛山は参拝せず、57年から58年にかけて岸信介が2回、60年から63年にかけて池田勇人が5回、65年から72年にかけて佐藤栄作が11回、72年から74年にかけて田中角栄が6回行なっているが、8月15日の参拝はない。三木武夫は75年8月のほか同年4月、76年10月の計3回参拝している（田中伸尚『靖国の戦後史』113頁参照）。

★4　東条英機（陸軍大将・近衛内閣陸軍大臣・内閣総理大臣）、板垣征四郎（陸軍大将・近衛内閣、平沼内閣陸軍大臣）、土肥原賢二（陸軍大臣・教育総監）、松井石根（陸軍大将）、木村兵太郎（陸軍大将・近衛内閣、東条内閣陸軍次官）、梅津美治郎（陸軍大将・参謀総長）、武藤章（陸軍中将・陸軍省軍務局長）、永野修身（海軍大将・広田内閣海軍大臣・開戦当時海軍軍令部長）、小磯国昭（陸軍大将・平沼内閣、米内光政内閣拓務大臣・内閣総理大臣・朝鮮総督）、平沼騏一郎（枢密院議長・内閣総理大臣・近衛内閣無任所大臣）、広田弘毅（大使・斎藤内閣、岡田啓介内閣、近衛内閣外務大臣・内閣総理大臣）、東郷茂徳（大使・東条内閣外務大臣、拓務大臣）、松岡洋右（近衛内閣外務大臣・南南洲鉄道会社総裁）、白鳥敏夫（イタリア駐在大使）の14名（山中恒『「靖国神社」問答』、248-249頁参照）。

★5　第Ⅱ部では創価学会、オウム真理教、幸福の科学といった比較的知られている新宗教教団に加えて、政治進出の例としてさらに浄霊医術普及会と（化粧品会社アイスターを母体とする）和豊帯の会も取り上げられている。

★6　神政連ホームページによると2016年12月の時点では、衆議院224名、参議院79名の303名となっている（http://www.sinseiren.org/ouenshiteimasu/ouensimasu.htm）。なお朝日新聞（2016年10月7日朝刊）が第三次安倍第二次改造内閣の閣僚の神政連との関係、後述の日本会議との関係を一覧表にしている（神政連は2016年9月、日本会議は2015年9月の名簿から作成したという）。形式を変えて引用すると以下のとおり。

	安倍晋三首相	麻生太郎財務相	高市早苗総務相	金田勝年法相	岸田文雄外相	松野博一文科相	塩崎恭久厚労相	山本有二農水相	世耕弘成経産相	石井啓一国交相＊
神政連国会議員懇談会への参加	○	○	○	○	○	○	○	○	○	
日本会議国会議員懇談会への参加	○	○	○	○	○	○		○	○	

	山本公一環境相	稲田朋美防衛相	菅義偉官房長官	今村雅弘復興相	松本純国家公安委員長	鶴保庸介沖縄北方相	石原伸晃経済財政相	加藤勝信1億総活躍相	山本幸三地方創生相	丸川珠代五輪相
神政連国会議員懇談会への参加		○	○	○	○		○	○	○	○
日本会議国会議員懇談会への参加		○	○	○			○	○	○	○

（＊石井啓一国交相は公明党所属）

★7　堀幸雄によると、1978年時点で、同連盟には約180名が所属、12名の世話人には竹下登、田中六助、中川一郎らが含まれていた（堀幸雄『増補　戦後の右翼勢力』、227頁、また242頁註4）。
★8　本稿中の前掲注6を参照。
★9　略述されているのは、新生佛教教団、念法眞教、黒住教、佛所護念会教団、霊友会、（オイスカインターナショナルの母体としての）三五教、大和教団であり、また宗教法人ではないが関連する団体としてモラロジー研究所（現・公益財団法人）と倫理研究所（一般社団法人）にも言及されている。
★10　塚田は第Ⅱ部の諸事例が、濃淡の差こそあれ「『政教一致』を実質的に目指す独自の国家意識やユートピア観」を特徴とすることを論じている（377頁）。
★11　2017年1月6日、東京地裁において販売差し止めを命じる決定が下された。
★12　モラロジー、倫理研究所、三五教を母体とするオイスカインターナショナルも含めた。
★13　2016年7月の参議院議員選挙に際して、生長の家は2016年6月9日付けで、「与党とその候補者を支持しない」とする指針を公表した（http://www.jp.seicho-no-ie.org/news/sni_news_20160609.html）。また6月22日には「不支持政党を追加」と題して、自民党、公明党に加えて、憲法改正を急ぐ、おおさか維新の会、および安保関連法案に賛成した、日本のこころを大切にする党、日本を元気にする会、新党改革も支持しないと発表した。6月9日付け文書には、とりわけ日本会議に関連して、次のような見解が示されている。「当教団では、元生長の家信者たちが、冷戦後の現代でも、冷戦時代に創始者によって説かれ、すでに歴史的役割を終わった主張に固執して、同書〔菅野完『日本会議の研究』〕にあるような隠密的活動をおこなっていることに対し、誠に慚愧に耐えない思いを抱くものです。先に述べたとおり、日本会議の主張する政治路線は、生長の家の現在の信念と方法とはまったく異質のものであり、はっきり言えば時代錯誤的です。彼らの主張は、『宗教運動は時代の制約下にある』という事実を頑強に認めず、古い政治論を金科玉条とした狭隘なイデオロギーに陥っています。宗教的な観点から言えば"原理主義"と呼ぶべきものです。私たちは、この"原理主義"が世界の宗教の中でテロや戦争を引き起こしてきたという事実を重く捉え、彼らの主張が現政権に強い影響を与えているとの同書の訴えを知り、遺憾の想いと強い危惧を感じるものです」。
★14　菅野は「学生自治体連絡協議会」の「体」を省いて表記している。
★15　全国学生自治体連絡協議会は、やがて生長の家の路線を離れる。一方、日本青年協議会は改めて谷口雅春の天皇信仰を中心に置き、反憲法、民族自立路線に立ったという（堀幸雄『増補　戦後の右翼勢力』、74-75頁）。
★16　同書には、鈴木邦男へのインタビュー「左翼との闘いが日本会議の核をつくった」（『週刊金曜日』2016年5月27日掲載記事に加筆したもの）が収録されており、菅野完『日本会議の研究』への椛島有三名義での出版差し止め申し入れや同書買い占めについて、「これらの行動はあの本が間違っているからではないんですよ。あまりにも正確だからです」と指摘している（『日本会議と神社本庁』、200-201頁）。
★17　コミュニタリアニズムについて小林の説明を要約すると、人間がさまざまな水準のコミュニティ（家族、地域社会、国家、国家を超えた世界）などにおける「善い生き方」

の理想に影響を受けて人格形成することから、地域的・文化的に多様な価値観、世界観などを負っているものとしての人間観に立ち、倫理性・精神性と共通性・共同性を重視する思想ということになる。ただし政治権力と結びついて人々を抑圧することは批判され、公共的な美徳を得しつつ政治参加を通じての自己統治することがめざされるという（105-106頁）。

★18 小林は、国家レベルの「公的」次元と、民間レベルで異質性や多様性を包含する「公共的」次元とを区別する。後者は同質性（小林のいう共同性）も内包するが、異質な他者を排除しないと特徴づけられている（130-133頁）。

★19 また逆に政治的な主張を行なわないことも、各宗教団体の自由だとされる。「『宗教の公共性』が大事だとはいっても、全ての宗教が政治的問題に対して発言や運動をしなければならないわけではない。宗教そのものの目的からみてそうすることが望ましくないと考えるのならば、政治的活動を控えることも各宗教の自由として尊重されるのだ」（42頁）。

★20 「共和主義」について小林は、ルソーに依拠した中江兆民の議論を参照している（327-328頁）。

★21 2002年12月24日付けの報告書は以下を参照。http://www.kantei.go.jp/jp/singi/tuitou/kettei/021224houkoku.html

★22 対談相手の5人は、薗田稔（秩父神社宮司・京都大学名誉教授）、小野貴嗣（小野照崎神社宮司・東京都神社庁長）、千勝良朗（千勝神社宮司）、鎌田東二（上智大学特任教授）、藤本頼生（國學院大学准教授）である。

参考文献

朝日新聞「生前退位　揺れる対応　日本会議と神政連　見解示せず」2016年10月7日朝刊。
小林正弥『神社と政治』角川新書、2016年。
島田裕巳『戦後日本の宗教史――天皇制・祖先崇拝・新宗教』筑摩選書、2015年。
『週刊金曜日』成澤宗男編著『日本会議と神社本庁』金曜日、2016年。
菅野完『日本会議の研究』扶桑社新書、2016年。
鈴木邦男『新右翼〈最終章〉――民族派の歴史と現在』新改訂増補版、彩流社、2005年。
田中伸尚『靖国の戦後史』岩波新書、2002年。
塚田穂高『宗教と政治の転轍点――保守合同と政教一致の宗教社会学』花伝社、2015年。
歩兵・王希亮『日本の右翼――歴史的視座からみた思潮と思想』山邉悠喜子・宮崎教四郎・
　　和田千代子・齋藤一晴・奥村正雄訳、明石書店、2015年。
堀幸雄『増補　戦後の右翼勢力』勁草書房、1993年。
山中恒『「靖国神社」問答』小学館文庫、2015年。

ウェブサイト

神道政治連盟　http://www.sinseiren.org/shinseirentoha/shinseirenntoha.htm
神道政治連盟国会議員懇談会　http://www.sinseiren.org/ouenshiteimasu/ouensimasu.htm

生長の家「今夏の参議院選挙に対する生長の家の方針」http://www.jp.seicho-no-ie.org/news/sni_news_20160609.html
谷口雅春先生を学ぶ会 http://manabukai.org/index.html
「追悼・平和祈念のための記念碑等施設の在り方を考える懇談会」報告書 http://www.kantei.go.jp/jp/singi/tuitou/kettei/021224houkoku.html
日本会議 http://www.nipponkaigi.org/about ／ http://www.nipponkaigi.org/opinion/archives/8392 ／ http://www.nipponkaigi.org/opinion/archives/8397
日本協議会・日本青年協議会 http://seikyou.org/katsudou.html
三輪隆裕ブログ http://hiyoshikami.jp/hiyoshiblog/

あとがき

丸岡高弘

　南山大学にある四つの地域研究センター（アメリカ研究センター、ラテンアメリカ研究センター、ヨーロッパ研究センター、アジア・太平洋研究センター）を横断する形で共同研究を行い、その成果の刊行をめざそうという話が持ち上がったのは 2005 年のことであった。当時、地域研究センター委員会の委員長であった私が職責上なにか最初の共同研究のテーマを提案するようにという「無言の圧力」におされるようにして企画したのが「宗教と政治のインターフェイス」というテーマだった。私自身、その数年前からフランスの移民系住民をめぐる論争（国籍法やスカーフ禁止法）に強く関心をひかれ、それに関する論文を書いていたが、それが何人かの同僚の目にとまり、カトリック系である南山大学で共同研究として扱うに最適なテーマではないかと勧めていただいていた経緯もあった。そのときの企画書として書いたのが次のような文章である。本書が「理念」としてめざしていたものをご理解いただく一助となることを期待して引用させていただく。

　　近年、世界の様々な地域で宗教が政治的課題となる事態が頻繁に発生している。欧米において近代化は社会の脱宗教化、世俗化と同義であると見なされ、宗教は個人的信仰の実践として私的空間では価値を持ち続けるとしても、それが政治に干渉することはもうないと考えられてきた。しかし冷戦が終結し、政治的イデオロギーが先鋭に対立する時代がおわると同時に、これまで個人的信仰の領域に身をひそめていたかにみえた宗教が再び公的領域に姿をあらわし、その存在を主張しはじめる。9・11 事件以降、世界の注目を浴びるようになったイスラム主義過激派によるテロはそうした「宗教的なるものの回帰」の最もめざましい現れではあるが、しかしそれはその一つの側面でしかない。そもそもフランスの社会学者ジル・ケペルが 1991 年に刊行された『神の復讐』ですでに指摘しているように政治

的に過激な主張を含んだ「原理主義的宗教運動」はイスラムのみならずキリスト教、ユダヤ教、ヒンドゥー教においても発生し、それぞれの社会に緊張をもたらしている。また広い意味でのグローバリゼーションは国家間、地域間の大規模な人口移動をもたらし、その結果、旧来の伝統とは異なった宗教的信仰をもったエスニック集団が短期間の間に大量に出現するという現象がさまざまな地域で発生する。こうした異なった宗教的伝統をもった集団の出現は、一方では、人口流入受け入れ国に社会的緊張をうみだし、それ自体が国家にとって緊急に解決すべき政治的課題となる場合もあるし、また他方では新しい生活環境の中でマイノリティーとなった移入されたエスニック集団が宗教を核としてみずからのアイデンティティを主張し、宗教を原動力として政治的活動をおこなう場合もある。さらには従来、既存の政治的枠組の中でわりあてられていた社会的役割に満足していた宗教勢力が一般的な宗教の回帰の風潮の中で社会により大きな影響力を行使する誘惑に駆られるようになる場合もある。もちろん、政治の側が宗教の影響力拡大に不安を感じ、それにたいするコントロールを強化しようとしたり、あるいは逆にそれを国民動員のために利用したりしようとする可能性もある。現在において政治的なるものと宗教的なるものとの遭遇はこのように極めて多様な形をとりうるのだが、本共同研究はこうした宗教の公共空間への再登場という現象を、ヨーロッパ、南北アメリカ、アジアなどの地域ごとに比較検討することを目的とする。宗教の回帰自体は現代において世界的に見られる普遍的な現象であるが、宗教が政治的課題となる領域やその様態は地域や国家によって様々である。したがってこうした点を比較分析することは逆に各地域・国家のありかたの特殊性・独自性を照射することになるだろう。

　宗教と政治は歴史の中で、常にとは言わないまでも極めて頻繁に葛藤的であり、問題性を孕んだものであったが、さまざまな葛藤・破局を経験しながら、両者は近代的な民主主義国家においてそれぞれ多少なりとも明確に定義された領域の中に位置づけられ、比較的安定した関係を成立させることに成功した。すなわち一方では政治的なるものがヘゲモニーを握る公的領域と他方で宗教的なるものが十全に活動を展開する権利をもつ私的領域が設定されたということだが、もちろんこの両者をわかつ境界線がすべての地域において必ずしも一様に判然としていたわけでもないし、また両者が相互干渉する地帯がなかったわけではない。しかし現代においてこの

公的領域と私的領域の境界線の自明性が崩壊し、そして相互干渉地帯における両者の関係はより葛藤的になっている。本共同研究においてはこの公的領域と私的領域の境界線(インターフェイス)(それは極めて大雑把に「政教分離原則」と呼べるだろう)が各地域・国家においてどのように設定されているか(いたか)について歴史的展開も含めて比較検討し、さらにそうした制度的境界線が新しい状況のなかでどのような課題によって、どのように問題化されていくか分析する。

　幸いにこの企画は採択され2006年から3年間にわたり共同研究が行われ、その成果報告書も2009年3月に小冊子形式で発行された。もともとこの共同研究は成果を書籍として刊行することを目標としていたのだが、私の怠惰からしばらく放置していた。しかし2014年頃、地域研究センター委員長川島正樹教授からそれを書籍として刊行しないかというありがたいご提案をいただき、2015年から2年間、新たに予算をいただいて、今回の書籍刊行となった。当初、設定された「理念」からすると不足する部分は多々あることは十分自覚している。とりわけアジアについて地域的にもテーマ的にももっと多くの論文を掲載できればよかったのだが、さまざまな事情でそれがかなわなかった。インドの宗教事情を論じてくださったサガヤラージ准教授の論文を掲載できたことがせめてもの慰めである。

　18世紀末に成立した二つの共和主義国家アメリカとフランスはともにその建国の「物語」の中に宗教問題が深く刻印されているが、その「物語」はある意味では極めて対極的である。宗教的迫害を逃れ、信仰の自由を求める人々によって建国されたアメリカと、教会が特権グループのひとつ、打倒されるべき敵対者と見なされたフランス——この二つの国において政教関係が異なった形で構想されるであろうことは容易に想像できる。宗教をめぐる両国のありかたの対照的性格の一端は本書第一部に置かれた二つの論文(川島論文・丸岡論文)からも読みとることができるだろう。
　近代的な民主主義国家ならどんな国でも政教分離原則が存在し、そしてそれにもかかわらず政教関係がさまざまな政治的・社会的議論の的になるということはあるに違いない。しかしそうした中でもとりわけフランスは歴史的にも政教分離が常に国の在り方をめぐる論争の中心になっていた。現代フランスの礎とも言うべきフランス第三共和政の前半期においてほとんどすべての政治的課

題は宗教問題の影を帯びていたと言っても過言ではなく、共和主義はカトリック教会との対立的関係のなかで確立されていったのだ。こうした教会との対立的な関係もやがてローマ教会が近代との融和方針をうちだすにつれ解消されてゆき、政教関係が中心的政治課題と感じられることはなくなっていった。しかし現在、新しい状況の中で新しい問題に直面して政教関係は再びフランス社会において議論の中心的な位置を占有するようになっている。本書には私自身のものを含め、フランス関係の論文が5編収録されている。全9編の本論文集においてこの比率は少々バランスを欠くように見えるかもしれない。が、少々、弁解の言を弄するならば、これはまた現代フランスにおける政教関係問題の深刻さ、重要性の反映と言える。

　フランス関係論文の2編はキリスト教民主主義、2編は学校教育の問題を扱っている。現在、フランスにおいてカトリック教会は共和主義体制と完全に調和的にふるまい、両者の間には葛藤的な課題はもう存在しないかのように見える。土倉論文は共和主義政府への敵意をあらわに示していたフランスのカトリック教会とその信仰共同体がどのようして共和主義政府によって設定された「ライシテ」体制のなかに自らの位置すべき場所を見いだしていったか、その経緯を素描している。とはいえ、それは教会が「ライシテ」原則の厳格主義的解釈（つまり公共空間からの宗教的発言の排除）を遵守し、公的空間への一切の介入を差し控えているということを意味しない。中村論文が言及しているように2013年に成立した同性婚法に対してカトリック教会の反発は大きかったし、法案に抗議する大規模なデモの動員にカトリック系新聞が及ぼした影響は多大であった。邦訳も刊行された『シャルリとは誰か？』（文春新書、2016）でエマニュエル・トッドは「ゾンビ・カトリック」という興味深い概念を提示している（75頁）。一応はカトリックの信者と自認しながら、宗教的実践をほとんどおこなわなくなり、教会への帰属意識が極めて希薄化し、政治的には一見親和性が高そうに見える保守派政党（なかにはキリスト教民主主義系の政党さえ存在する）ではなく社会党支持になっている人たちが、それにもかかわらず「人類学的」にはカトリック的行動様式・心性を保持し続けている――このような社会集団をトッドはゾンビ・カトリックと呼ぶのだが、中村論文がその創刊の経緯を分析した『ウェスト・フランス』はまさしくそうしたゾンビ・カトリックの代表的地域の地方新聞である。近年、ヨーロッパでは信者の教会離れが顕著であるが、それにもかかわらずフランス社会を観察するとき「カトリシズム」という枠組みを採用することで見えてくるものは依然として多いと言

わざるを得ない。

　1905年の法制定に至るまでの政教分離のプロセスにおいて第三共和政が最初に着手したのは1880年代の一連の教育改革であった。また現在のようにフランス社会におけるイスラームの存在が前景化され、問題化されるきっかけとなったのは中学校における「イスラームのスカーフ」問題であった。この二つの事象が象徴的に示しているように、学校はフランスにおける政教分離問題の中心的地位を常に占めていた。第三部に収録された二つの論文はフランスでフィールド調査を継続的に行っている二人の気鋭の社会学者によるもので、学校におけるライシテ問題を扱っている。小林論文は2004年法（スカーフ禁止法）が学校の現場でどのように受容されたかを論じ、その問題点を指摘するとともに、学校における市民性教育のとりくみを紹介している。我々はややもすると「禁止法」のように激しい論争を引き起こす事象に目をとられがちであり、市民性教育のように相当の期間が経過しないとその有効性（あるいは無効性）を評価できない事象を看過しがちである。こうした取り組みの成果について継続的な検証が必要であろう。一方、浪岡論文はフランスにおけるイスラーム系私立学校について論じている。フランスでは1959年に成立したドゥブレ法により国民教育省と教育内容について一定の協定を結べば私立学校も公的助成をうけることができる。浪岡論文は協定校化に成功した（数少ない）あるイスラーム系私立学校の事例を紹介した興味深い論文である。イスラームを共和主義の制度のなかに組み入れることが共和主義的普遍主義に反し、共和主義という均質的空間を分断すると警戒する人々がおおいのだが、この事例はそうした警戒心が的外れであることを示している。すなわちイスラーム系私立学校は共和主義のなかに特殊主義的分断をもちこむ突破口になるどころか、協定校化されることによってむしろ自らがイスラーム的特殊性の主張を希薄化させるようになっているからである。

　本書の刊行にはたくさんの方々の協力をいただいた。ここでそのすべての方の名前をあげることはできないが、南山大学地域研究センター事務室の青木万里子さんには原稿のとりまとめ・出版社との交渉など、大きなご尽力をいただいた。研究者というのは完璧主義者の方がほとんどなので、なかなか原稿の締め切りを守っていただけないことは周知のことがらではあるが、期日を《大幅》にすぎても原稿が届かないことに青木さんとふたりでやきもきとしたことが今では懐かしく思われる。

活動記録（所属は発表時）
（2006 〜 2008 年度、2015 〜 2016 年度）

第 1 回
日時：2006 年 5 月 17 日（水）
「政教分離主義とはなにか？」
報告者：丸岡 高弘（南山大学外国語学部フランス学科教授、共同研究代表）

第 2 回
日時：2006 年 6 月 14 日（水）
「近代日本の『政治と仏教』のクロスロード」
報告者：大谷 栄一（南山大学宗教文化研究所研究員）

第 3 回
日時：2006 年 7 月 28 日（金）
「フランスにおけるライシテをめぐる政治と法」
報告者：小泉 洋一（甲南大学法学部教授）

第 4 回
日時：2006 年 10 月 10 日（火）
「宗教シンボル禁止法論争における『女性抑圧』批判言説をめぐって」
報告者：森 千香子（南山大学外国語学部フランス学科講師）

第 5 回
日時：2006 年 11 月 16 日（木）
「現代ドイツのイスラム問題──移民国ドイツの一面」
報告者：近藤 潤三（愛知教育大学教育学部地域社会システム講座教授）

第 6 回
日時：2007 年 2 月 23 日（金）
「『アメリカ宗教』理解のための基本的な枠組み」
報告者：森 孝一（同志社大学教授）
「ムスリムは大統領になれるか──アメリカ的な政教分離の歴史的理念とその今日的表現」
報告者：森本 あんり（国際基督教大学教授）
コメンテーター：有賀 夏紀（埼玉大学教授）
　　　　　　　　大澤 真幸（京都大学大学院助教授）

第 7 回
日時：2007 年 6 月 13 日（水）
「インドネシア・イスラームをめぐる政治と学問」
報告者：小林 寧子（南山大学外国語学部アジア学科教授）

第 8 回
日時：2007 年 10 月 18 日（木）
「越境するイスラーム？：宗教・政治・経済の関係をめぐって」
報告者：小杉 泰（京都大学教授）

第 9 回
日時：2007 年 10 月 25 日（木）
「マレーシア——不寛容なイスラム」
報告者：原 不二夫（南山大学外国語学部アジア学科教授）

第 10 回
日時：2007 年 11 月 15 日（木）
「日本における政教分離の諸問題」
報告者：奥山 倫明（南山大学人文学部キリスト教学科教授）

第 11 回
日時：2008 年 2 月 26 日（火）
L'Etat-Nation vu par les sans-papiers「サン＝パピエから見た国民国家——ムスリム非正規滞在者がフランス社会に提起する問い」
報告者：エマニュエル・テレ（Emmanuel Terray）（フランス国立社会科学高等研究院・アフリカ研究センター教授）

第 12 回
日時：2008 年 2 月 28 日（木）
「民主主義の検証（一つの視角）」
報告者：友岡 敏明（南山大学法学部法律学科教授）

第 13 回
日時：2008 年 5 月 22 日（木）
La diversité culturelle et la présence des Musulmans au Canada「カナダにおける文化的多様性とイスラム系住民」
報告者：サミラ・ベリャジド（Samira Belyazid）（モンクトン大学准教授）

第 14 回
日時：2008 年 6 月 26 日（木）
「インド政治変動の宗教的要因――ヒンドゥーナショナリズムをめぐって」
報告者：アントニサーミ・サガヤラージ（南山大学人文学部講師）

第 15 回
日時：2008 年 7 月 3 日（木）
"Honoring the Soldiers and Forgetting Their Cause: American Memories of the Civil War and the Second World War"（「戦士の顕彰と大義の忘却――南北戦争と第二次世界大戦にまつわるアメリカ人の記憶」）
報告者：カート・ピーラー（G. Kurt Piehler）（テネシー大学准教授）

第 16 回
日時：2008 年 7 月 25 日（金）
「中国イスラーム復興の〈形〉――政治・教育・ジェンダー」
報告者：松本 ますみ（敬和学園大学人文学部教授）

第 17 回
日時：2008 年 10 月 16 日（木）
「エジプトの「リベラルな時代」（1923-52）における言論活動とイスラーム」
報告者：池田 美佐子（名古屋商科大学教授）

第 18 回
日時：2008 年 11 月 13 日（木）
The development of religious freedom for Jews in Dutch New Amsterdam「オランダ領ニューアムステルダムにおけるユダヤ人の信教の自由の展開」
報告者：ポール・フィンケルマン（Dr. Paul Finkelman）（President William McKinley Distinguished Professor of Law and Public Policy/Albany Law School）

第 19 回
日時：2009 年 2 月 3 日（火）
「サルコジと市民宗教」
報告者：伊達 聖伸（日本学術振興会）

第 20 回
日時：2015 年 9 月 25 日（金）
「シャルリー・エブド事件を考える」
報告者：丸岡 高弘（南山大学外国語学部フランス学科教授、共同研究代表）

第 20 回（つづき）
コメンテーター：ダヴィッド・クーロン（南山大学外国語学部フランス学科准教授）
　　　　　　　　中村 督（南山大学外国語学部フランス学科講師）

第 21 回
日時：2015 年 10 月 26 日（月）
「『共和国』におけるムスリムの問題化」
報告者：浪岡 新太郎（明治学院大学国際学部国際学科准教授）

第 22 回
日時：2016 年 2 月 22 日（月）
「カトリシズムとデモクラシーの間――ライシテとキリスト教民主主義の相克」
報告者：土倉 莞爾（関西大学名誉教授）

第 23 回
日時：2016 年 4 月 29 日（金）
「近代日本の宗教行政・神社行政」
報告者：奥山 倫明（南山大学人文学部キリスト教学科教授）

第 24 回
日時：2016 年 5 月 31 日（火）
「ポスト・モダンとナショナリズム――共生が排除に転化していくなかで」
報告者：松戸 武彦（南山大学総合政策学部総合政策学科教授）

第 25 回
日時：2016 年 8 月 2 日（火）
「アメリカにおける政教分離の文脈的研究」
報告者：川島 正樹（南山大学外国語学部英米学科教授）

第 26 回
日時：2016 年 9 月 23 日（金）
「キリスト教民主主義とジャーナリズム――『ウエスト・フランス』の組織化に着目して」
報告者：中村 督（南山大学外国語学部フランス学科准教授）

第 27 回
日時：2016 年 9 月 30 日（金）
「戦後日本の宗教と政治」
報告者：塚田 穂高（國學院大學研究開発推進機構日本文化研究所助教）

執筆者紹介（五十音順）

奥山　倫明→奥付ページ

川島　正樹（かわしま・まさき）
　1955 年生。1979 年京都大学文学部卒業。1988 年立教大学大学院文学研究科博士後期課程単位取得満期退学。博士（文学・京都大学）。
　現在、南山大学外国語学部英米学科教授、南山大学アメリカ研究センター長。
　主な著作：1)『アファーマティヴ・アクションの行方——過去と未来に向き合うアメリカ』（名古屋大学出版会、2014 年)、2)『アメリカ市民権運動の歴史——連鎖する地域闘争と合衆国社会』（名古屋大学出版会、2008 年)、3)『アメリカニズムと「人種」』（編著、名古屋大学出版会、2005 年）ほか。

小林　純子（こばやし・すみこ）
　1978 年生。2002 年東京外国語大学外国語学部卒業。2010 年パリ第 5 大学大学院人文社会科学研究科教育科学専攻博士課程修了。博士（教育学・パリ第 5 大学）。
　現在、南山大学外国語学部フランス学科准教授。
　主な著作：1)『児童の放課後活動の国際比較』（共著、福村出版、2012 年)、2)『学校選択のパラドックス』（共著、勁草書房、2012 年)、3)『フランス教育の伝統と革新』（共著、大学教育出版、2009 年）ほか。

サガヤラージ，アントニサーミ（Antonysamy Sagayaraj）
　1967 年生。2002 年デリー大学、デリー・スクール・オブ・エコノミクス、社会学専攻博士前期課程修了、2006 年同大学社会学専攻博士後期課程単位習得満期退学。博士前期課程（学術・デリー大学）。
　現在、南山大学人文学部人類文化学科准教授。
　主な著作：1) "Microfinance and Gender: the Magalir Thittam in Tamil Nadu" in Crispin Bates, Akio Tanabe, and Minoru Mio (eds.) *Human and International Security in India*（Routledge, 2016)、2)「キリスト教改宗問題とナショナリズム」三尾稔・杉本良男編『現代インド 6　環流する文化と宗教』（東京大学出版会、2015 年)、3) "Christianity in India: A Focus on Inculturation"（共著）後藤明編『モノ・コト・時間の人類学——物質文化の動態的研究』人類学研究所研究論集第 1 号（南山大学人類学研究所、2013 年）ほか。

土倉　莞爾（とくら・かんじ）
　1943 年生。1966 年神戸大学法学部卒業。1971 年神戸大学大学院法学研究科博士課程単位取得満期退学。法学修士（神戸大学）。
　現在、関西大学名誉教授。
　主な著作：1)『フランス急進社会党研究序説』（関西大学出版部、1999 年)、2) 田口晃・土倉莞爾編著『キリスト教民主主義と西ヨーロッパ政治』（木鐸社、2008 年、共編著)、3) 水島治郎編『保守の比較政治学——欧州・日本の保守政党とポピュリズム』（岩波書店、2016 年、共著）ほか。

中村　　督（なかむら・ただし）
　1981 年生。2004 年慶應義塾大学文学部卒業。2012 年東京大学大学院総合文化研究科博士課程単位取得満期退学。博士（歴史学・フランス国立社会科学高等研究院）。
　現在、南山大学外国語学部フランス学科准教授。
　主な著作：1)『グローバル・ヒストリーとしての「1968 年」』（ミネルヴァ書房、2015 年、分担執筆）、2)『越境する 1960 年代』（彩流社、2012 年、分担執筆）、3)『叢書アナール』IV（藤原書店、2015 年、共訳）ほか。

浪岡新太郎（なみおか・しんたろう）
　1971 年生。1994 年中央大学法学部法律学科卒業、2011 年立教大学大学院法学研究科政治学専攻博士課程退学。法学修士（中央大学）。
　現在、明治学院大学国際学部准教授。
　主な著作：1)『多文化主義の政治学』（法政大学出版局、近刊、共著）、2)『排外主義を問い直す』（勁草書房、2015 年、共編著）、3) 論文 « La solidarité internationale comme identité collective » in *Hommes & Migrations*, no.1302（2013）ほか。

ベリャジド，サミラ（Samira Belyajid）
　1958 年生。1979 年ムハンマド 5 世大学（モロッコ）卒業。1982 年パリ第五大学（フランス）大学院言語学博士課程修了。博士（言語学・パリ第五大学）。
　現在、モンクトン大学（カナダ）教授。
　主な著作：1) *Les masques du discours : traces langagières et socio-culturelles*, publié par l'Université Lorraine (France) et l'Université de Dokuz Eylül-Izmir (Turquie), (soumis pour publication) ［ouvrage collectif］、2) *Médias et construction idéologique du monde par l'Occident*, L'Harmattan, Paris, France, (2014) ［ouvrage collectif］、3) *Littérature francophone contemporaine. Essais sur le dialogue et les frontières*, Édition Mellen Press, New York, États Unis (2009) ［ouvrage collectif］ほか。

丸岡　高弘→奥付ページ

【翻訳】
安藤　本来（あんどう・もとき）
　1987 年生。現在、名古屋大学文学研究科博士前期課程在学中。

編者紹介

丸岡 高弘（まるおか・たかひろ）
1952年生。1975年東京大学文学部卒業。1986年パリ第三大学近代文学専攻第三課程博士課程修了。博士（文学・パリ第三大学大学）。
現在、南山大学外国語学部フランス学科教授。
主な著作：1)『ヴィクトル・ユゴー　人と思想』（清水書院、1981年、共著）、2)『フランス・ロマン主義と現代』（筑摩書房、1991年、共著）、3) *Fortunes de Victor Hugo*（Maisonneuve & Larose, 2005 [共著]）ほか。

奥山 倫明（おくやま・みちあき）
1963年生。1987年東京大学文学部卒業。1993年東京大学大学院人文科学研究科博士課程単位取得退学。博士（文学・東京大学）。
現在、南山大学人文学部キリスト教学科教授、南山宗教文化研究所第一種研究所員。
主な著作：1)『エリアーデ宗教学の展開──比較・歴史・解釈』（刀水書房、2000年）、2)『宗教史とは何か』上巻（リトン、2008年、共著、市川裕・松村一男・渡辺和子編）、3)『別れの文化──生と死の宗教社会学』（書肆クラルテ、2013年、共著、大村英昭・井上俊編）ほか。

2016年度南山大学地域研究センター共同研究
研究代表者　丸岡高弘

宗教と政治のインターフェイス
現代政教関係の諸相

2017年3月20日　初版第1刷印刷
2017年3月31日　初版第1刷発行

編　者──丸岡高弘・奥山倫明
発行者──楠本耕之
発行所──行路社 Kohro-sha
　　　　　520-0016 大津市比叡平 3-36-21
　　　　　電話 077-529-0149　ファックス 077-529-2885
　　　　　郵便振替 01030-1-16719
装　丁──仁井谷伴子
組　版──鼓動社
印刷・製本──モリモト印刷株式会社

Copyright©2017 by Takahiro MARUOKA, Michiaki OKUYAMA
Printed in Japan
ISBN978-4-87534-388-2 C3036